Focus

Focus

比利・華特斯——著
Billy Walters

許可欣——譯

天生賭徒

博彩教皇的傳奇一生，破解人生與賭局的勝負關鍵

GAMBLER

SECRETS FROM A LIFE AT RISK

獻給蘇珊，感謝她對我的信任，並一直陪伴在我身邊。

獻給奶奶，感謝她以正確的方式撫養我長大。

目錄

序

二〇一七年十月十一日

現在已是凌晨兩點，我卻毫無睡意。我平躺在三英吋厚的床墊上，睜著雙眼凝視著上鋪的床底，空氣中瀰漫一股卡車停車場廁所的惡臭。

我們十個人擠在一個僅能容納四名海軍飛行員的小房間裡（十八乘二十二英呎，約十一坪），這是我在彭薩科拉聯邦監獄（FPC）的第一晚，後來，一位獄友說我那天的表情看來真的「嚇壞了」。我正式進到了另一個時空，一個念頭在我腦海中不斷重複：

我今年七十一歲，到底是怎麼進到這裡的？

從邏輯上看，答案很簡單。我因十項內線交易罪而被判刑後，我雇了一位私人監獄顧問，並向他諮詢一些事，他推薦了兩所監獄，一所是位於加州貝克斯非附近的塔夫脫懲教所（Taft Correctional Institution），另一所是位於佛羅里達州的彭薩科拉聯邦監獄。

由於中央谷地的空氣品質惡劣，我排除了塔夫脫。對於住在路易維爾市的妻子蘇珊（Susan Walters）來說，往返彭薩科拉的交通時間較短，而且該機構還提供了住居型藥物濫用治療計畫，考慮到我的酗酒史，我當然符合資格。如果我成功完成九個月的課程，五年刑期或許就能減去一整年。我也相信彭薩科拉的氣候更加溫和，還有舒適的墨西哥灣微風。

但大錯特錯。

我準備去監獄報到時，颶風奈特正在迅速逼近墨西哥灣沿岸。我擔心如果再拖下去會離不開肯塔基州，就會錯過星期二早上的報到時間。

我們在星期六抵達，入住彭薩科拉的一家酒店。那夜颶風奈特帶來猛烈風雨，蘇珊和我蜷縮在房間裡，外面風聲嘶嘶作響。星期二早上我們迷迷糊糊地醒來。

蘇珊無法忍受在監獄大門前說再見，因此我們在沒人的地方擁抱親吻。我的道別本意是為了減輕她的恐懼。

「只要你沒事就好。」我說。

「我會沒事的。」她回答，「不要擔心我。」

早上六點多，我手提一個行李袋，走進了彭薩科拉聯邦監獄的行政辦公室。

「威廉．華特斯報到。」我說。

收監辦公室又稱為「管制室」，當一名獄警嚴厲地對我說：「就站在那裡！」頓時，我明白了這個名字的由來。我謹慎地站在那裡等待，直到另一名獄警出現。

「到外面站著。」他命令道。

我很快就會發現，彭薩科拉寧靜的外表只不過是一種假象，溫馨的小教堂和校園般的環境只是一種幻覺，掩蓋著內部的情況。收監過程的設計是為了去人格化，並傳遞一個單一、鮮明的信息：

你是我們的。

我獨自站在外面，直到早上七點三十分，一位名叫格林的獄警走過來，開始或者試圖開始收監程序。格林警官無法操作新的電子指紋機，把我留在一間冷氣猛烈運轉的狹小牢房裡。我獨自坐著，等待、等待，又等待。直到下午兩點左右他終於再次現身，帶著一個老式的指紋墊。

然後我被轉交給另一位獄警甘博小姐，她很開朗，將在接下來三十一個月擔任我的輔導員。她熱情地詢問我是否吃過飯，我告訴她沒有，於是她到餐廳帶回一些我認不出來的東西。第一次看到監獄食物，我沒了胃口。

隨後前往洗衣房，一位名叫洛克的囚犯給了我五套聚酯纖維的囚服，包括襯衫、褲子、T恤等，還有一雙不合腳的安全鞋。鞋子太緊了，第一天我就掉了一個腳趾甲，襪子都被血浸透了。

從洗衣房出來後，我又回頭找甘博小姐。我們走到一幢老舊的紅磚建築，然後爬了三層樓梯到頂樓C舍。完全住滿時，這層樓會有兩百人，一間房住十到十二人。另外約兩百人被安排在樓下的B舍。行政辦公室位於一樓。另一座格局不同的A舍可以容納多達兩百七十五名囚犯。

B舍和C舍的房間是一樣的，每個房間都擠滿了五組或六組雙層床，存放個人物品的小置物櫃，一張用螺絲固定在地板上的公共餐桌，牆上佈滿黑色黴斑。走廊盡頭有兩間大浴室，裡面有六間廁所和帶簾的淋浴間。浴室裡尿液流淌成河，屁味和食物腐敗味讓空氣污濁難忍。

如果搜尋彭薩科拉聯邦監獄，它被列為最低安全級別的聯邦監獄，位於索夫利飛行場，附屬於當地的海軍航空基地，也就是美國海軍著名的特技飛行隊「藍天使」（Blue Angels）的基地。彭薩科拉距州首府塔拉赫西約一百七十五英哩，離阿拉巴馬州莫比爾東部約六十英哩。遊客為了沙灘、海濱餐廳和酒吧來彭薩科拉，而我再也無法享受這些迷人之處。

如果再深入了解一些，你會發現這裡的空氣充斥著噴射燃料的味道，冬天寒冷刺骨，雨下個不停，飲用水的品質也是美國最糟糕的。

二〇〇九年《富比士》雜誌將彭薩科拉評為全國第二「最舒適的監獄」，一個讓白領罪犯用納稅人的錢享受游泳池和高爾夫球等活動的鄉村俱樂部。如果那曾經是真的，這個地方在我來時已經發生了巨大的變化。

這些在一九四〇年代建造的宿舍破舊不堪、搖搖欲墜，冷氣機運作起來極為寒冷，但在夏季最需要它們時卻不運作。在北佛羅里達的冬天，晚上的溫度可能會下降到華氏二十多度（約攝氏零下七度），為了不被凍僵，我和其他囚犯們不得不購買長褲、長袖運動衫、T恤和冬季手套，晚上還得裹著被子保暖。

第二天又有更多壞消息。醫師路易斯．貝里奧斯（Luis Berrios）檢查了我長期看的醫師開的藥物簡短清單，馬上刪除了其中兩種。為了緩解三次肩膀手術的疼痛，以前的醫師開了一種消炎藥，他卻將它換成另一種傷胃的處方藥。

比起傷胃，貝里奧斯醫師對我的腳比較友善。他看了看我脫落的腳趾甲，然後給了我一雙較軟的鞋子。

當我走進餐廳時，我選了個遠離其他人的座位。當我盯著餐盤上某個我無法辨識的塊狀物時，隔壁桌的囚犯開口了。

「威廉，過來坐在我旁邊。」

他的名字是路易斯．杜魯克（Luis Duluc），大家都叫他路易。他來自多明尼加共和國，家境富裕，爸媽都是醫生。他因名下的物理治療復健公司參與大規模詐騙，在二○一四年十二月被判刑十一年。

那時，監獄的一切已經讓我心力交瘁，我不想再惹上任何麻煩，不管會不會流血。但是路易似乎能掌握局勢，於是，我開始提問。

「你在這裡做什麼？」

「你怎麼找到好工作？」

「福利社怎麼樣？」

路易有問必答，也知道各種眉角，他在彭薩科拉已經待了近三年。

下次我遇到路易時，消息已經傳開，那個新人威廉已經有了另一個名字，而且還頗有名氣。

「那麼，威廉，」路易說，「有人會叫你比利嗎？」

我害羞地對路易笑了笑，說：「我朋友會這麼叫我。」

我的人生在一歲半時就偏離了正軌。父親在四十一歲去世後，二十五歲的母親立刻離開了小鎮，把三個年幼的孩子留給不同的親戚照顧。

我花了幾十年的時間才重新回到正軌。從十幾歲到四十出頭的時候，我一直是個邊緣人，而且以此為傲。我曾經酗酒，菸不離手，也是個嗜賭如命的賭鬼。我和各種問題分子廝混，一起打撞球、玩牌、打高爾夫和其他賭博遊戲。我幾乎每天都活在刀口上，生活起起伏伏。我十七歲時第一次結婚，一年之內當了爸爸。到二十三歲時，我已經結過兩次婚，有三個我愛卻幾乎不認識的孩子。

回想我賭博生涯中最瘋狂的日子，我曾被人拿槍指著丟到後車廂，還被打到面目全非。有一天，我醒來時發現自己幸運地還活著，我的混亂大腦終於閃過一絲光芒。

這樣不行。如果我不改變，我會死。

我在四十二歲時戒菸戒酒，但無疑地，我最明智的舉動是娶了第三任妻子。在我們共度的四十六年歲月裡，蘇珊始終忠誠不渝，即使在我犯下嚴重錯誤時也不動搖。我們在最黑暗的時刻相遇——我是一個破產、離婚的酗酒者，而且年幼的兒子剛被診斷出末期腦瘤。

蘇珊激勵我變成更好的人，她是我最好的朋友，幫助我成為今天的我。

在三十歲時，我終於成熟到足夠能夠成為一位慈愛的丈夫和父親。我的轉變並非一蹴而就，途中跌跌撞撞了十幾次，甚至更多，但是我戰勝了成癮問題，克服了最糟糕的惡習，變成一個成功的賭徒、企業家、商人、投資者、慈善家、父親和丈夫。

我仍然會賭博，但我將它當成嚴肅的生意對待，我通常不去賭場，而是在足球、高爾夫和其他幾個運動賽事上下注。從ESPN到《六十分鐘》（*60 Minutes*）等各大新聞媒體都稱我為史上最成功的運動賭徒，我不會因一時衝動、球隊忠誠或在理髮店偶然聽到的小道消息下注，我的研究比大多數人更精密（後文將說明），而且我身後有一支由專家組成的小軍團。

然而，我不僅僅是一個賭徒。我在股市、商業以及運動賭博中賺了數以億計的財富，我用這些收入，從無到有建立了一個合法的商業集團，包括住宅和商業不動產、十三個高爾夫球場和二十二家汽車經銷商。

現在談談諷刺的部分：我被起訴六次，每次都能成功擺脫，唯有一次被定了罪——肯塔基的博彩指控，我已經七十多歲，正享受一生中最乾淨和正義的生活。

二〇一一年，當我在《六十分鐘》一集大致正面報導的節目裡，最後一刻對美國證券交易委員會（又稱為證監會）進行一番抨擊後，一切都陷入了混亂。

我在那次訪談結尾發表的簡短抨擊言論，無疑激怒了控制華爾街的強大勢力，包括已追捕我二十七年的聯邦檢察官。我被證監會和聯邦調查局調查，被司法部起訴，同時還受到全球高財富產業集團（Global High Wealth Industry Group），也就是國稅局財富小組的稽查。

你可以說，我受到人們的追逐和騷擾，他們不只渴望將我關進監獄，還想埋了我。當我沉迷於賭博、酗酒，與黑幫、騙子或腐敗律師為伍的日子裡，司法部沒有打倒我，我也沒有因冒犯黑幫執法者「螞蟻」安東尼．斯皮洛特（Anthony Spilotro），或在更魯莽的人生中與其他惡人起衝突而被捕。

沒有，我被抓是因為股票交易，這案子與華爾街傳奇人物卡爾．伊坎（Carl Icahn）、職業高爾夫球選手菲爾．米克森（Phil Mickelson），以及當時任職迪安食品（Dean Foods）董事會成員的達拉斯社區領袖湯姆．戴維斯（Tom Davis）有關。

這三人中，我只尊敬卡爾一人。至於米克森，我對他有一些話要說。總而言之，如果在我審判時他能站出來，對我提供的公開訊息講出真相，我相信自己絕不會踏入彭薩科拉那個鼠輩橫行的監獄。

事實上，米克森喜歡賭博的程度不亞於我所遇到的任何人，而我認識幾位世界上最大的賭徒。為了讓你了解米克森多麼喜歡賭博，他曾在二〇一二年九月從芝加哥近郊的麥地那鄉村俱樂部打電話給我，提出一個驚人的要求——他要求我為他下注四十萬美元，押他自己的美國隊在第三十九屆萊德盃（Ryder Cup）中擊敗歐洲隊。

我必須承認，我的思維方式與眾不同。我的腦袋從不休息，我很沒耐心，我被激怒時，可能會很嚇人。這種反覆無常為我帶來更多害處，而非好處，像許多人一樣，我也因此樹敵不少。

我高中差點畢不了業，但多虧了街頭智慧，我還是拿到畢業證書了。然而，如果我聰明，這輩子又怎麼會破產那麼多次？

我在這本書裡記述我的故事時，已經七十六歲了。你會看到一群像史柯西斯電影裡的演員，有著像吉姆浪子、巴哥、中士、樹頂、高麗菜和德州多利這種綽號，還有一些美名遠揚或臭名昭著的人物，可能在檯面上，也可能在檯面下，例如我的死敵、已經聲名狼藉的前賭場大亨史提芬．永利（Steve Wynn）。

我將分享一些故事，希望能給你帶來啟發、娛樂和教育。我也想說一些心裡話，分享一些你之前沒有看過的資訊，而且還會說一些或許會讓某些人不高興的話。

你知道我對此有什麼話要說嗎？

正如故鄉肯塔基州的驕傲，穆罕默德．阿里（Muhammad Ali）在自傳《拳王阿里》

（暫譯，*The Greatest*）中所寫的：

我是一個戰士
我相信以眼還眼
我不會被打了左臉還湊上右臉
我不尊重不會還擊的人
你殺了我的狗，就最好藏好你的貓

但有一點要說清楚：我的動機不是為了復仇。不，我花幾年的時間寫這本書有三個原因：

首先，鼓勵那些困於成癮行為的人過上更好的生活。我真心相信我的故事能幫助人們，也許你已經放棄了希望，也許你在困難的環境下長大，也許你在沒有父母的情況下長大，我希望你能明白如何以及為什麼你可以克服逆境並取得成功。

其次，揭露讓我被判入獄三十一個月重罪的全部真相。解釋聯邦檢察官如何與聯邦調查局的高級探員共謀，在對我進行數十年非法博彩的不實指控後，又控告我進行內線交易，他們在追捕我時，如何違法行事、掩飾不法行為、撒謊，直到被逮捕後才承認自己的罪行。

第三，分享我在運動博彩方面的祕訣。首次揭露我成為成功賭徒的讓分、下注和資金管理系統，幫助休閒、娛樂或專業賭徒在某種程度上提高勝算的祕訣。

我的人生哲學很簡單：你一無所有地來到這個世界，也將一無所有地離開。所以要抓住每個機會留下貢獻，或許能激勵他人充分利用時間。歸根結柢，有兩個人你無法愚弄——你自己和造物主。你的生活方式、你是否遵從你的謙卑之心，都評判了你這個人。

在很長的一段時間裡，我絕不是一個光輝的榜樣。但我堅信，研究罪人的人生能讓我們獲益更多，而不是聖人。

閱讀完我的人生故事後，希望你也有相同的感受。

第一章

雞或羽毛

現在是西岸時間早晨五點半，一個大學足球賽事繁忙的星期六。我在家裡的辦公室，面前三台電腦螢幕不斷閃動著各種顏色、方塊和只有最精明的體育賭徒和分析師才能理解的數字。

白色方塊、紅色方塊、黑色方塊、加分、減分，冠以球隊身分的城市和州別、巴爾的摩、底特律、達拉斯、肯塔基、密西根、明尼蘇達、德克薩斯、以分差劃定的戰線——即博彩商公布他們認為兩支競爭隊伍之間差距的數字。

我從早上四點半就開始仔細檢視比賽，並調整我和我的智囊團共同擬定的預測數字，這個智囊團是由世界上最聰明且最精通數字的專家組成。

我將賠率對自己有利的比賽列在右手邊的易撕筆記本，上面也記錄了相應的實力比對，我的評分和分差之間（也稱為公布線）的差異愈大，我下的賭注就愈大。

我的下注金額小至季賽初期大學籃球比賽僅僅八千美元，大到一場國家美式足球聯盟（NFL）季後賽三百多萬美元不等。

偶爾，我會從桌子上雜亂的筆、筆記本、小糖果和薄荷糖中抬頭，看著擺放在面前的一排電腦螢幕，螢幕上顯示著來自全球四十多家體育博彩商不斷變動的最新消息。

這些資料包括最新的分差、輸贏盤、上下半場的總分、氣候條件、球員傷情、比賽開始時間等，所有內容都會即時波動，隨著線條調整，白色方塊會變成紅色，再變成黑色。

左邊電腦列出今天的大學橄欖球賽，中央的螢幕顯示大學棒球賽事清單，右側的螢幕則提供今晚NBA比賽和明天NFL賽程的資訊。

在接下來的十八個小時裡，我只有在吃飯和上廁所時才會從椅子上站起來。我正全神貫注地指揮著大約一百五十場的賽事賭注，透過複雜的代理網絡連接全球超過一千六百個賭注帳戶，這個網絡由「槍手」、「跑腿人」和「夥伴」組成。為了隱藏我的身分，並在競爭中保持優勢，我的團隊採取跟臥底間諜任務一樣的策略和設備，包括偽裝和變聲器。

為什麼？

因為今天我將押注兩千萬美元。

明天醒來，我還會做一樣的事。我是一個賭徒，但不只是一個普通的賭徒。

我的賭博涵括各種形式——在骯髒的賽馬場洗手間裡丟硬幣猜正反、在偏僻小屋裡打撞球、在高爾夫球場上一桿賭數千元，還有在拉斯維加斯賭場中輸掉數百萬美元，而這還不包括我對幾乎所有美國運動下注了數十億美元。

將近二十五年來，我一直是個成癮者，我無法控制渴望，我需要做些什麼，尤其是喝酒時，這種雙重依賴對我和周圍人的生活都造成了破壞。

他們說聰明人從錯誤中學習，但我花了很長時間才弄懂這一點。幸運的是，我非常頑強且有目標。也有可能是因為堅持到最後，才克服了我的錯誤。

今日，體育博彩是一門巨大的生意，而且每年都在不斷擴大。也許我只是走在時代之前。

這個轉變始於二〇一八年，當時美國最高法院推翻了一九九二年的《職業和業餘體育保護法》（*Professional and Amateur Sports Protection Act, PASPA*），該法案使得在內華達州以外的任何州進行體育博彩都屬非法。

法案推翻後，最高法院允許各州決定是否將體育賭博合法化。在我寫作時，體育賭博在三十八個州、哥倫比亞特區和波多黎各的實體賭場和手機應用程式中是合法的。根據美國博彩協會（American Gaming Association）的數據，僅在二〇二二年，美國商業運動博彩就創下了一千億美元的賭注紀錄。

這個新興產業的快速成長主要得益於體育聯盟的全力支持，而這些聯盟多年來一直反對任何形式的合法賭博，他們過去的立場可以通過NFL總裁皮特．羅澤爾（Pete Rozelle）的這句話來概括：「我經常表達我的觀點，即體育賽事的合法賭博對體育本身具有破壞性，從長遠來看對公眾也有害。」

羅澤爾已逝（願他安息），NFL反對賭博的立場也早已不復存在。為了他們的盈利底線，職業足球及其充滿激情的同業——美國職棒大聯盟（MLB）、NBA、國家冰球聯盟（NHL）和PGA巡迴賽，都很樂於和DraftKings、FanDuel、凱撒娛樂、BetMGM和Fanatics等合作。在二〇二三年，NFL老闆們正式歡迎賭博，投票允許在比賽日時於體育場內進行博彩活動。

這些運動領袖現在承認了他們多年來一直知道的事實——美國人喜愛對比賽下注。通過合法化、允許人們參與體育博彩，包括網上和其他途徑，政府能夠創造就業機會，增加稅收收入，並清除犯罪活動。

賭博網站現在接受各種賭注，包括足球、拳擊、網球、終極格鬥冠軍賽（UFC）和夢幻體育等賽事。如果他們開始接受人們下注明天晚餐前是否下雨，我也不會感到驚訝。賭注接收者和博彩商藉由大量廣告來推廣他們的服務，這些廣告找來了明星運動員和名人站台，包括培頓、伊萊和阿奇・曼寧（Peyton, Eli & Archie Manning，美式足球員）、傑瑞・賴斯（Jerry Rice，橄欖球員）、貝瑞・桑德斯（Barry Sanders，橄欖球員）、凱文・賈奈特（Kevin Garnett，籃球員）、傑米・福克斯（Jamie Foxx，演員）、凱文・哈特（Kevin Hart）及J. B. 史穆福（J. B. Smoove，演員）。

這個蓬勃發展的市場競爭有多激烈？在二〇二一年十一月，紐約州賭博委員會授予行動運動博彩許可證給代表遊戲行業最重要的兩個團體，有效期為十年，其中一個包含凱撒運動博彩（Caesars Sportsbook）、永利互動（Wynn Interactive）和名勝世界（Resorts World）；另一個聯盟則包括FanDuel、DraftKings、Kings、BetMGM和百利互動（Bally's Interactive）。

他們為獲得未來十年在紐約經營博彩業的權利支付了二億五千萬美元（一年繳交兩千五百萬美元的一次性費用），博彩淨收入的五一％也需繳納州稅。在二〇二二年一月，紐約開放線上體育博彩的第一個月，該州創下單月最高總博彩金額的紀錄——十六億七千萬美元。截至二〇二三年三月的財政年度中，紐約總收入已超過一百六十億美元。

作為一名賭徒，一直到我認真將賭博當成一門生意對待之後，才取得最大的成功。

多年來，我的方法一直祕而不宣，即使其他賭徒嘗試各種方法想弄清楚或竊取我的方法也是一樣，他們入侵過我的手機，複製我們的傳呼機，翻遍了我的垃圾，還賄賂我的員工。

我一直都擋住他們，並且拒絕分享我的祕密，直到現在。在這本書中，我將探索並分享的真相，是為了幫助那些尋求優勢的娛樂和專業賭徒。

真相一：我的下注以廣泛的研究為基礎，包括遍及全國的專家和內部人士的龐大網絡，還有我自己精心打磨過的直覺。

即使是熱衷的賭徒，也常常無法掌握專業人士下注時所根據的所有因素和變數。我已經連續五十多年，每天吃飯、睡覺、呼吸時都想著體育博彩，滿腦子都執著於如何在對抗博彩商和其他賭徒時能取得優勢。

真相二：體育賭博關乎一件事，而且只有這件事：價格。這意味著你的預測需要比博彩公司的更準確，同時需要以正確的價格獲得正確的數字。其他都不重要。而這也帶出：

真相三：能成功賺夠生活所需的賭徒比例不到百分之一。老實說，我覺得洗車還比較賺錢。為什麼？專業術語為「十一比十賠率」。一位體育賭徒想贏十元，必須下注十一元，而輸了要付十一元。

警告：如果你無法理解我對賭博計算的熱情，以下的範例可能會引起你的大腦暫時短路。

如果賭徒 A 在一場比賽中下注 A 隊，而賭徒 B 下注 B 隊，每個人都拿出所需的十一美元，博彩商最終從兩位賭徒那裡共收到二十二美元。如果賭徒 A 贏了，他將獲得他最初的十一元加十元，總共二十一元。在同樣的情境下，賭徒 B 輸了十一元，如果賭本平衡，則莊家會保留多出的一美元，也就是所謂的抽頭（Vigorish），又被稱為抽水（the Vig）、水頭（Juice）。

這個數學公式代表賭徒的勝率要達到五二．三％，才能剛好回本。對於一般賭徒而言，這就像想在夜晚以仰泳橫渡英吉利海峽，卻沒穿潛水服，還被鯊魚環繞。

真相四：只有非常少數的賭徒專攻某一項運動，在賠率表公布後立即下注，以此獲得優勢。那些人賺的錢足以維生，但我不覺得能賺大錢。其中大部分的人持續不到五年，使用這種方法的問題是，他們的下注限制額度非常低，且賠率表變化非常快。

我與其他人不同的是，我連續三十六年在所有主要體育賽事中都贏得勝利。我應該提到，我在一九九五年停止下注棒球賽，不是因為我沒有贏。不，我不下注是因為我的團隊幾乎全年無休，對所有主要體育項目的每個層面進行投注，包括勝隊、總分、半場和未來賽事。而這讓我們筋疲力竭。

我的體育賭博方法是軍事化的。

如果一般人自認是個特種兵，可以一個人帶槍上陣且無須後援；那麼，在我的全盛時期，我更像是海豹部隊或ＣＩＡ特種作戰部隊，在連續三十六年的勝利過程中，我擁有一整套先進的武器庫和豐富的情報資源可供利用。

我的下注決策基於天氣模式、場地狀況、球隊士氣、傷情更新和歷史紀錄等因素，專業分析師收集了成千上萬的數據點，並把它們輸入到一台有專屬演算法和機率理論的電腦中。

配備耳機、快速撥號器，以及相當於戰斧巡弋飛彈的賭博裝備，幾乎無窮無盡的現金供應。我利用祕密的帳戶網絡，從拉斯維加斯、哥斯達黎加、英屬維京群島、歐洲、巴拿馬、直布羅陀等地，四面八方地攻擊眾多目標。

如果你能夠突破我多重安全防護，並偷聽到我的作戰室，你會聽到的語言是：

阿拉巴馬減十，最多五萬。

底特律加七，最高六萬。

羅耀拉．馬利蒙特最低八，開放單，沒有限制。

克里夫蘭布朗隊，我們要最低一點五，盡可能下注。

我的特種部隊在一個周末就會進行數百次精準打擊，包括光是在超級盃賽事就下注三百五十萬美元。有時，我每年監督的投注金額超過十億美元。

我從六歲時就開始接觸賭徒了，我見識過所有類型：聰明的、愚蠢的、職業高手、半職業高手、傻瓜和門外漢。我曾經遇到過各種你能想像的老狐狸、小混混、騙子和吹牛大師，也曾和殺手、毒販、名人、億萬富翁及自認為強悍的暴徒打交道。

在很長的一段時間裡，我無法抗拒一種稱為「賭」的甜美誘惑在我耳邊低語，吸引著我、拉扯著我。多年來，我過著南方賭徒所謂的「雞或羽毛」的生活；一天過得很富裕，第二天又窮困潦倒。我曾經失去過汽車、房子、生意和婚姻，我會一直賭到把你的錢全贏走，或者你把我的錢全贏走。

沒有中間地帶。我會用我的每分錢賭你的五分錢，我的目標是贏得你擁有的每一元，在你把我掏空之前把你掏空。我毫無畏懼地賭博。

可以說，在我生命的某個時期，我處於一場自殺任務中。直到我輸掉身上每一分錢，才能感到快樂——如此我才能在醒來後努力贏回一切。雞還是羽毛，一次又一次。

第二章 肯塔基的家

我出生在肯塔基州曼福德維爾的貧困農村，時至今日，那裡仍是個時間流淌緩慢的地方，大家依然喜歡各帶一道菜吃百樂餐，或是在前廊聚聚消遣，這個農業社區裡大約有一千六百人，四周盡是廣袤無際的大豆、乾草和苜蓿田。

曼福德維爾位於哈特郡內，介於路易斯維爾市和鮑林格林市之間，格林河自一旁蜿蜒緩緩流過，約翰．普萊恩（John Prine）一九七一年的煤礦區經典歌曲《天堂》（*Paradise*）中曾歌頌這條河流：「在格林河邊，那裡曾是天堂。」（普萊恩說的天堂不是我的家鄉，而是西邊約八十五英哩的肯塔基州天堂市。）

在曼福德維爾，無論你走到哪裡，都可以看到一座又一座的教堂，大部分是某種形式的南方浸信會。當地的廣告牌宣揚著聖言，如：「不可姦淫」與「聖經。真理。智慧。希望。」我不記得看到過任何譴責賭博的話，但我的肯塔基同胞一向對某些惡習具有較高的容忍度。

和大多數華特斯家族的男人一樣，我的父親以一種猛烈且迅速的方式燃燒生命。瑟曼・華特斯（Thurman Walters）極為嗜酒，唯有賭博能超越他對酒的迷戀。我出生時，他差一個月就滿四十歲了。

我是以我的叔叔「比爾」羅斯科・華特斯（Roscoe "Bill" Walters）命名的，人家也叫他比爾・路克（Bill Luke）。他是個老狐狸、賭徒，也是個認真的撲克牌手，因此我的名字選得很好。比爾叔叔以買賣和交易農場維生，後來他為州政府經營一家高速公路休息站。他不用工作或沒有照顧六個孩子（五男一女）時，大部分都在玩牌。

當時，肯塔基的人們開設早期版本的 Airbnb，但更像是撲克民宿。他們出租自己的家，包括床鋪，讓打牌的人在家裡玩七張牌梭哈遊戲，交換條件是分紅。這些流動牌局經常維持數天，甚至數周，輸家們離開前往下一家，贏家們則打個盹，等下個挑戰者抵達。這些富有的農民和商人每次賭博金額可能高達數千美元。

比爾叔叔以流行電視節目《超級王牌》（*Maverick*）中職業撲克選手的角色，為他兩個兒子取綽號，「大馬華力」加蘭・華特斯（Garland Walters）和「小馬華力」吉米・華特斯（Jimmy Walterrs）。加蘭甚至還跟那個節目演員詹姆斯・葛納（James Garner）一樣，都有點少年白，而且長相英俊。

大馬華力對我來說就像一個大哥哥，很長一段時間裡，他一直被認為是國內最好的撲克牌手之一。後來他搬到拉斯維加斯，靠打牌過著不錯的生活，包括在世界撲克大賽（World Series of Poker, WSOP）和高手一較高下。他於二〇二三年去世，享年八十五歲。他的弟弟吉米是位很厲害的七張牌梭哈玩家，可惜的是，一九七九年七月十三日，他在肯塔基參加一場通宵牌局後，於回家路上出車禍去世了。

我的父親於一九四八年一月二十六日逝於肯塔基浸信會醫院，死亡證明將死因歸咎於與酒精無關的罕見腸潰瘍。當他在四十一歲時離世時，我差六個月就滿兩歲。

因此，我從未認識我的父親，我對他沒有任何記憶，只有一張褪色的照片，上面是我站在他的墳墓邊，牽著我母親的手。然而，不知怎麼的，我在成長過程中一直希望以某種方式紀念他，並讓他感到驕傲。

我在家裡的三個孩子中排行第三，母親「黛兒」愛琳．昆森伯里．華特斯（Aileen “Dale” Quesenberry Walters）是個甜美但麻煩不斷的年輕女性，命運多舛，包括一次導致她左半臉毀容的車禍。父母在一九三七年結婚時，母親只有十四歲，不及父親年齡的一半，連小學都沒有念完。

我的大姐芭芭拉．安（Barbara Ann）在父母結婚後三年出生，又隔三年，二姐瑪莎．黛兒（Martha Dale）也出生了。公開的紀錄顯示，在一九四六年七月十五日我出生之前，母親曾兩次試圖離婚，分別是四三年和四四年。

因為肯塔基農村地區大多數人稱呼他人時都叫名字或中間名，從那天起，我就被稱為「比利・瑟曼」（Billy Thurman）了。我的童年時期沒有什麼美好的回憶，母親沒有能力照顧好三個年幼的小孩，二十五歲時，她仍無法適應這種生活，所以藉喝酒發洩憤怒和挫折感。

在父親過世後不久的某一天，她拿起行李，沿著六十五號公路北上，前往路易斯維爾這個大城市，沒帶孩子。一個姐姐被留給一位阿姨，另一個姐姐留給了祖母。蒙神的恩典，我被託付給外婆，這真是我的救贖，我都叫他「奶奶」。

露西・昆森伯里（Lucy Quesenberry）在收養我時已經五十七歲了。她的體型較大，大家都叫他「露西媽媽」，住在一條碎石路邊，對面是精心維護的曼福德維爾市立公墓。從她的前廊，就能看到我父親的墓碑。

我搬到她那裡時，奶奶已經不再與外公克拉侖斯・馬里昂・昆森伯里（Clarence Marion Quesenberry）同住，他們在一九〇九年結婚，我的母親是他們六個孩子中的一個。外公自己住在克辛格村的房子裡，就在八十八號公路旁，一九七七年，他在那裡去世，享年九十二歲。

外公是個道地的鄉下人，動作緩慢、濃眉大眼，他喜歡享受閒暇時間、吊帶褲、白色草帽、嚼菸草，以及收聽辛辛那提紅人隊的廣播。我猜他的喜好清單上也有深夜和和藹的女性。會這麼猜，是因為他的兒子、我的舅舅哈利所說的家庭故事。這個舅舅丟下她十幾歲的女朋友去參軍，等他回到家後，可憐的哈利發現她正在和外公約會。

歡迎來到肯塔基。

奶奶的家早已拆除，但以前是間只有一個臥室的房屋，每月租金十美元，沒有自來水，也沒有浴室，後面有間戶外廁所和蓄水池。夜復一夜，我們共享唯一的臥室。

我仍然能聞到烤箱裡烘烤蘋果派的味道，還有爐子上正在沸騰的自製鬆餅糖漿。我看到奶奶跪在地板上用手擦拭廚房油氈地板，或者照料著滿院子的花朵。

奶奶是位虔誠的浸信會信徒，也是個極為獨立的女人，她像撫養自己孩子一樣撫養我，既有愛心也很嚴厲。她擁有正直和堅強的性格，她教給我的第一個詞彙是：是的，夫人、不是，夫人、是的，先生和不是，先生，奶奶在我心中灌輸了良好的禮貌、承諾、衛生和宗教信仰。她簡直是我所遇過的最好、最甜美的人。

教會是她的生活，不管我們有多少錢，她一定會在奉獻盤上放點什麼。在我四歲的時候，成立於一九一四年的曼福德維爾浸信會教堂已成為我生活的中心。奶奶會牽著我的手，走過幾個街區到上帝的居所參加三次禮拜，包括周日的禮拜、周三晚上的禱告會，以及由基督教青年組織皇家大使（Royal Ambassadors）主辦的星期六歡樂之夜。

我們的青年小組會一起玩棒球和籃球，也會去釣魚。我喜歡小時候常去教堂的日子，我還記得在一年級受洗後，每個周日唱的讚美詩，比如〈古舊十字架〉（*The Old Rugged Cross*）的歌詞。

在遙遠的山頂，矗立著古舊十架
它是苦難和恥辱的象徵
我喜愛那座古舊十字架
因為親愛的至愛，為了一群迷失的罪人被殺害。

為了維持生計，奶奶做了兩份工作。每天一大早幫我準備早餐後，她先把家裡整理一番，然後再走路去當地餐廳的廚房上午班。她把我送到哈利舅舅那裡，他是我的成年監護人，也成為了我的男性榜樣，也是父親般的人物。

哈利舅舅身高一百八十五公分，體重一百公斤，強壯但沉默寡言，他是第二次世界大戰和朝鮮戰爭的老兵，熱愛槍械、狩獵和賽車。人們說我繼承了哈利的外貌和友善的舉止，我視此為一種讚美。哈利舅舅和奶奶讓一個沒有根的小男孩感受到家庭和歸屬感。

哈利舅舅是Q&R撞球館的老闆，他很驕傲開了這家店，這是一個簡單的地方，有個午餐吧檯、汽水自動販賣機和幾台彈珠檯。當地人很喜歡聚到這裡，尤其是周末農民和家人到鎮上來的時候，店內陳舊的氣味裡，夾雜了熱狗、漢堡和醃豬腳的香氣。當然，主要的吸引力是位於午餐吧檯與後面廁所之間的四張撞球桌。

可以肯定地說，哈利舅舅並不是世界上最細心的保姆，尤其是在營業時間。我四歲時第一次到撞球館，他帶我到後面的撞球桌旁，堆起兩個可樂木箱，讓我站在上面，然後將一根撞球桿放在我的手中。

哈利舅舅甚至都懶得開燈，不需要，我很快就覺得如魚得水，我可是有賭博血統的肯塔基小孩。沒過多久，我開了球，讓彩色球在綠色毛氈上撞擊四散。

作為一個尋求穩定和歸屬感的小孩，這是最好的去處了。我在舅舅的撞球館裡學到了許多生活的教訓，儘管這些教訓不是聖經課或小學教的那種。

我學到了撞球桌看來可能一樣，但實際上有些細微差異。一張桌子可能會傾斜半度，另一張可能球袋比其他球袋更緊。

我也學到了比賽對手的重要性以及偷奸耍滑的方式，包括那些可能背叛你並故意輸掉比賽的搭檔。我學到一些玩家可以在四乘八英呎的桌子上打得很好，但換成更大的比賽桌卻一籌莫展。

我學到了在關鍵時間誰會渴望競爭，誰會變得膽怯。只有在自尊心受到威脅時，撞球桿才能流暢地打擊，而比賽攸關一周的飯錢時，玩家的手就會抖個不停。我學到如何評估賭徒所謂的「關鍵時刻」並加以利用。

那些知識讓我在年幼時，就成為一個危險分子。所以我上場時從不畏懼，稱之為本能，稱之為詛咒，稱之為華特斯法。除非我把擁有的每一分錢都冒險投入，我才能感到快樂。

六歲時，我開始幫忙排球，也和人用一分錢賭一場球。到了十歲時，我在Q&R裡成為了一位明星，當地人開始叫我「小子」。

在我對上一名外地高手，以二十美元作賭注玩了一場簡單的九號球比賽之後，我的小傳奇日漸壯大。這間撞球館裡的賭客能夠在一英哩之外就聞到魚腥味，他們已抛下魚鉤。他們吹捧我，知道他們能從外圍賭注獲得不錯的收益。

在比賽接近結束時，這名高手只剩下一顆球——九號球，一個優秀球手在這種底袋的進袋成功率達到九五%。當他注視著那個角度時，我把手伸進口袋，拿起一疊用粗橡皮筋固定的鈔票，那是我派報賺來的。

我感覺這個人的瓶頸是一百塊，而我知道我手中的錢不只這個數目。在他準備擊球前，我將這疊鈔票扔到桌子中央。它咚的一聲撞到桌上，整個房間安靜了下來。

「我賭你射不進。」我說。

「你在開玩笑吧，」那個男人說。「這球沒什麼。」

或許不是，也許是。只有一種方式可以找到答案，其中一位常客計算了現金，兩百二十三美元，我在這個世界的全部財產。

「成交。」男人說。

他對球桿磨了三下石灰，等他終於出手時，他流暢的動作卻有點卡。九號球在球袋的邊緣晃動，卻不肯掉下去。換我結束比賽，房間裡充斥著髒話，而那些賭客則歡欣鼓舞。

奶奶從不讓我穿著骯髒的襯衫和皺巴巴的褲子離開家。我住的社區裡新衣服就像百元鈔票一樣稀有，在我上小學的第一天，我穿著補丁布褲走進教室，得到了另一個綽號，一個我討厭的綽號。

「嘿，補丁，最近怎麼樣啊？」

「嘿，補丁，褲子很好看啊。」

「補丁，你知道我可以在哪裡買到補丁嗎？」

小學生可能特別殘忍。現在回想，學校操場和走廊的嘲弄改變了我的DNA。從我第一次聽到他們侮辱的那一刻起，內心點燃了一股火焰。

我沒有任何作戰計畫，只是決心要證明自己的價值，不讓任何人因為我的衣著或鄉音而認為我是個失敗者。對於懷疑者和霸凌者，我的回應就是每天早上起來，戴上眼罩，像公牛比利一樣勇往直前，低頭、揚角，挑戰世界，願意付出一切來捍衛我的尊嚴。

我一直都是一個戰士。酒吧鬥毆、街頭打架、啤酒瓶砸臉、撞球桿破頭，縫的針多不勝數。我曾經與惡霸打架然後輸了，也和搶匪打架然後贏了。我的打架總戰績大概是四勝四十敗。

但是我從不退縮。

小學一年級時，至少一眼，通常是兩眼經常被打到瘀青。那時的我並不知道，我打架的原因原來不只是身體的挑戰，而是被認可和尊重。我在學校第一次經歷真正考驗的那年，多虧了「吉普」保羅．明頓（Paul "Jeep" Minton）的好心。吉普大我四歲，每次遇到他，他都會欺負我。我無法解釋自己的脾氣，但我最不想要被一個以四輪驅動車命名的傢伙挑釁。

每次交手，我都被揍得很慘，但他也被打得不輕。最終，吉普厭倦了欺負我，就不再理我了。我學到了，無論我無法打敗的事物有多強，我都能夠堅持到底。我能夠讓像吉普一樣的惡霸厭煩，我也能努力工作克服因貧窮而來最糟糕的影響。但有個童年時期的挑戰，直到成年後仍然困擾著我。

奶奶家沒有自來水，外面有個蓄水池，我們從裡面取水。奶奶會先煮沸那些渾濁的水，再給我們飲用、烹飪或洗澡。這是因為肯塔基部分鄉村地區的水質一直以來都很不好，很多城市有用氟處理和淨化的水，但大部分農村地區沒有。

奶奶在我生活中惠我良多，但她對口腔衛生幾乎一無所知，這也是她需要假牙的原因之一。我們從未刷過牙，無論是在睡前或其他時間點，反正我們總是在喝汽水、吃甜食。

我的牙齒給我帶來了一生的困擾。我從小就意識到說話或者微笑時得遮住嘴巴。在十歲時，我去了牙醫大衛．貝爾特（David Belt）那裡，那時心想，「地獄都比這裡好。」他給我注射了麻藥再補牙，但他已經在打一場註定要輸的戰役。

在十幾歲時，我就失去了三分之一的牙齒。剩下的牙齒也問題不斷，所以在我十八歲時，把它們全部拔掉了。牙醫幫我裝了上下排的假牙，但下排假牙一直不合，因為我下巴的骨頭狀態非常糟糕。我放棄再戴下排假牙，有陣子我得避免吃需要大量咀嚼的食物。最後牙齦變得足夠堅韌，只要我嚼得夠久，就能吃任何我想吃的東西。

一直到三十幾歲，我的下排都沒有牙齒，一個熟人告訴我他做了植牙手術。那時我有錢了，所以我飛到芝加哥，找了口腔外科醫生切開牙齦，取出壞骨並重建，以便後續的植牙。只有一個問題——骨頭感染了，引起無法想像的劇痛。

後來，我在拉斯維加斯找到兩位專家，在我的下顎骨上植牙。在四十歲時，我終於擁有了一副漂亮的牙齒和一個完整的笑容。

小時候，在肯塔基，菸草為王。農場上沒有童工法管束，從二年級開始，我就在農夫羅斯科．勞勒（Roscoe Lawler）的田地裡幫忙。

當菸草長到一定大小時，你得從莖的底部摘掉地面上的葉子。我和同事們收集了菸草，用橡皮筋捆起來，先放在原地。最後再把菸草束收起來，掛在棍子上，懸掛到菸草倉裡。

即使站得離地面比較近，這也是一項辛苦的工作。我的薪水是每天五美元，加上「晚飯」，這是農村的叫法，指的是「午餐」。我記得當時想著，如果能夠賺到一萬美元，我就成功了。

多年後，當我在南加州的聖塔菲牧場高爾夫俱樂部，與我最愛的運動員麥可．喬丹（Michael Jordan）進行友誼高爾夫比賽時，我竟然回想起菸草田的記憶。我記得他是在北卡羅來納州的菸草地帶長大，所以我告訴他在肯塔基田地裡的第一份工作經歷。

「麥可，你也在菸草田裡工作過嗎？」我問。

他的臉上出現一種奇怪的表情，然後他笑了起來。麥可告訴我，他小時候最害怕的事情就是在菸草田工作。麥可說他曾站在穀倉的第四層，一條大黑蛇開始朝他爬過來，他嚇得直接跌落到地面。還好他沒有受傷，否則那就是飛人喬丹的第一次也是最後一次飛行。

為了補充我在菸田的收入，我在七歲時創造了自己的第一份「全職」工作。我想割草，當然，這需要一台割草機。奶奶不會隨便給我四十美元買割草機，那是她辛苦賺來的錢，她必須先給我上一課。

她說：「我帶你去銀行，看看能不能幫你申請到貸款。」

奶奶帶我去了哈特郡儲蓄銀行（Hart County Deposit Bank），我在那裡遇到盧瑟・卡德威爾上校（Colonel Luther Caldwell）。我當時完全不知道「申請貸款」過程只不過是一場戲；奶奶早就跟那位上校安排好一切。他配合演戲，叫我簽下一張票據，好拿到資金購買一台哈菲割草機。

文件簽署後，我開始割草事業，每片草皮收二美元。我賺到的一半是我的，另一半用來償還貸款，這是奶奶教我負責任的方式。

九歲時，我從割草工變成報童。我又向銀行貸款九十美元，以支付送報路線的保證金。我買下兩條路線，在上學前送《信使日報》（*Courier-Journal*），在放學後送《路易斯維爾市時報》（*Louisville Times*）。

一天送兩次報很辛苦，這裡是鄉村，所以房子並不相鄰，我必須一次把八十分報紙裝滿自行車前籃，然後在整個城鎮中艱難前行。我每天騎自行車四個小時，周六則要向訂閱者收錢，日報的話每周要付三十五美分，如果想要更大的周日版，則要多付二十美分。

周日時，我大約在清晨四點騎到鎮中心去拿主要的報紙版面，然後奶奶和我會坐在家裡的地板上，插入其他版面。要裝載厚重的周日報時，我得把自行車拉到門廊，奶奶把報紙遞給我，我再把約五十分報紙塞到那台耐操自行車前面巨大的籃子裡，還得小心不能塞得太高，以免翻車。然後出發，踩著踏板，將報紙投到鎮上各個門廊和草坪上。

冬季送報是對我意志力的考驗。我記得有次假期，某個寒冷多雨的周日，我媽出乎意料地出現了，她有時會這樣，扮演一個救援者的角色，開著她五一年的福特車，將我從一間屋子送到另一間。那是一次溫馨的重聚，她為了我而來，雖然短暫卻難忘。十歲的時候，報童生涯中又出現一個難忘的日子。那天地面覆蓋著冰雪，我穿著兩、三層衣服以免凍僵。哈特郡沒有酒吧和酒類商店，但這只是讓私酒販子和私釀酒商創造了成熟的市場。

那年一月的周日，氣溫降至零下，郡法院的書記史都華先生剛好在我到達時打開前門。

「進來吧，比利．瑟曼，」他說道，「你一定很冷，我這裡有東西可以讓你暖和起來。」

史都華先生頭頂幾乎全禿，只剩兩側有幾撮頭髮，他帶我到房子後面，打開冰箱，然後拿出一罐清徹的液體，還有一顆蛋。

我的身體正在回溫時，他往玻璃杯裡倒了一點液體，然後又倒了另一杯，接著拿起蛋，用他寬闊的額頭打破蛋，一口氣吞下，再一大口喝光了液體。

我也猛灌了一口，感到一股灼熱，我以為我的內臟著火了。幾秒後，我的身體從內到外開始發光，我的腳底開始感到舒適溫暖。

（我後來才知道，史都華先生有時會偷偷從法院證據室拿走刑事審判時用的「私酒」。當時我對這透明液體是什麼以及它來自哪裡一無所知，也不關心。後來我也學到，那顆蛋既是補充蛋白質，也是解酒良方，是深受愛好「月光酒」的人喜愛的營養品。）

我在撞球和拋硬幣上，展現出華特斯家族賭博基因的早期跡象。我第一次運動賭博發生在九歲，賭注是一百二十五美元，那是我從割草和零工中存下來的所有財產。我下注米奇·曼托（Mickey Mantle）和我心愛的紐約洋基隊贏得一九五五年的世界大賽。賭注的另一方是「伍迪」喬治·蓋特伍德·布蘭斯泰特（George Gatewood "Woody" Branstetter），這個小鎮的雜貨商，他支持的是杜克·史奈德（Duke Snider）和布魯克林道奇隊。

布蘭斯泰特家離我家大約一個半街區，我常常去他家，和他的兒子查理斯・埃爾伍德（Charles Elwood）對著屋頂或後院圍牆玩彈跳球。我覺得洋基隊必勝，因為布朗克斯轟炸機在過去六年中有五次奪得世界冠軍，其中三次勝利都打敗了宿敵道奇隊。

我沒料到會有一位名叫強尼・波德瑞斯（Johnny Podres）的狡滑左投手出現，世界大賽中他贏了兩場，包括第七場比賽的二比零完封勝。我的洋基隊輸了，我也跟著他們一起輸了。把我辛苦賺來的錢交給伍迪時，是在那天去史都華先生家的零下天氣以來，我所感受到最寒冷的感覺。

但這次運動賭博的首敗並沒有讓我對賭博失去興趣，完全相反。把所有錢都賭上去的刺激感，令人無比上癮。

在我已經習慣和奶奶一起生活，享受她的照顧時，母親帶著她的第二任丈夫搬回這個地區。他叫伊曼・道爾（Iman Doyle），為人溫文爾雅，或許有點太溫和了，因為我母親實在霸道。

伊曼和母親搬到河對岸的非建制地區，在一個叫伍德森維爾的地方租了間破舊房子。他們安頓下來後，就通知我，希望我搬去同住，這不是令人開心的消息。

那時，我十三歲的姐姐瑪莎已經結婚，也有了一個孩子；另一個姐姐芭芭拉還在祖母的照顧下。我成了母親唯一的焦點，但我不想要她的關注，我不喜歡和母親及繼父一起生活，他們的關係緊張，家庭氣氛也是如此。伊曼成為母親部分憤怒的目標，但我承受了主要攻擊。她的暴躁情緒和言語威脅，在今天的標準下會被視為明顯的虐待行為，但按當時的標準卻不算。

我活在母親尖聲要求的恐懼中，去割草、整理你的房間、攪奶油。

我不在意做這些事，我已經習慣努力工作，但她不斷的威脅和情緒波動讓情況惡化。

「我媽媽會殺了我的。」我不只一次跟我最好的朋友「阿布」萊斯特．布拉德威（Lester "Boo" Bradway）說這件事，而且我不是在開玩笑。

我抓住每個機會逃離現場。阿布和我會騎著自行車在城裡到處逛，直到太陽下山，在美國三十一號州際公路（連接路易斯維爾和納什維爾）撿拾汽水瓶，把它們換成現金，在一英哩外的小商店揮霍購買小糖果。我們也會打棒球、籃球和彈珠機，任何活動都是為了避免回到一個不像家的房子。

母親和伊曼的婚姻結束時，我並不驚訝，也一點都不難過。我回到一個有人愛我的地方，跟奶奶一起生活。

隨著年齡的增長，我逐漸了解母親的早期生活非常艱難。我們最終和解了，我原諒了她所說或所做的一切。她後來在路易斯維爾過著獨居生活，一九五八年因肺氣腫去世，享年六十三歲。

第三章 靠自己

當其他和我同齡的孩子在讀《湯姆歷險記》（*Tom Sawyer and Huck Finn*）時，我正親身經歷著和湯姆類似的瘋狂冒險故事。就像馬克・吐溫（Mark Twain）筆下的虛構角色一樣，我也不停奔波尋找機會賺錢，因為我認為錢能解決我的問題。

我割草、送報紙，然後又在哈特郡法院廣場上增加了第三項業務——擦鞋站。我的顧客主要是周六帶家人進城購物的農民，他們的鞋子沾滿了牛糞、雞糞，以及我懶得辨識的各種糞便，因此我的服務很受歡迎。

每擦一次鞋收十分錢，而且我把擦鞋弄得很像一場表演，把布甩得劈啪作響，最後吐口口水擦亮靴子，華麗地結束擦鞋秀。在擦鞋之間，我會加入一群法院的常客，一起在公廁裡玩骰子。我通常會輸掉當天大部分或全部收入，而這種模式占據我人生很長一段時間。

我多次輸給一個名叫吉姆・浪子（Jim Dandy）的小販。這個綽號源於他花哨的外表，包括華麗的服裝、帶帽檐的帽子和金牙套。浪子總是手上拿著一對骰子，他在擲骰子前會先吹個四、五次「求好運」。

我們玩的時候，他先吹再丟的方法似乎都能奏效，花旗骰、比大或比小，比什麼都行。我一直以為自己運氣不好，直到有天，浪子把骰子拋向牆壁又掉到桌上時，骰子只出現五點、一點和三點。

即使當時年紀小，我也知道事情不對勁。我終於搞清楚，浪子吹氣到骰子上時，會把正常的骰子換成較小的「加料骰子」，也被稱為皮威（Pee Wees），他可以藏在嘴角，這樣他就能一直擲出相同的奇數。

我再也不跟他一起玩骰子了，但這沒有阻止我和他在男廁玩上幾個小時的丟硬幣，那個遊戲他無法作弊。

在肯塔基，賭博簡直就是一種生活方式。我的朋友天天下注，就像天天吃晚餐一樣自然。我們打牌、打撞球，丟硬幣、擲骰子，也會在賽馬和運動比賽上下注，基本上，任何會移動的事物我們都可以拿來賭。我們從未想過賭博是不道德或非法的。

在曼福德維爾浸信會教堂長大的過程中，我了解到有些人認為賭博是邪惡的。在周日和周三晚上的佈道中，牧師斥責會眾從事生活中的享樂，無論是賭博、跳舞還是婚前性行為。

坦白說，我一個字都不信。

我十三歲時，奶奶病得很重，無法再照顧我了。我在妮爾（Nell）阿姨溫暖的懷抱中找到了庇護，但她患有肺氣腫，正逐漸走向死亡。妮爾阿姨盡了最大的努力，但在她去世前幾年，我基本上都是靠自己生活。十五歲時，我別無選擇，不得不離開這個我認識大家，大家也認識我的地方，到路易斯維爾市和我母親及她的新丈夫同住。

對我來說，從曼福德維爾搬到肯塔基州最大的城市，就像是從梅柏瑞（Mayberry R.F.D.，譯註：美國影集裡的虛擬鄉村）搬到紐約市一樣，只是我母親不是住在公園大道的合作公寓。

母親的第三任丈夫是個矮小但結實的前海軍陸戰隊員，名叫范・泰勒（Van Taylor），母親在他的貨車站輪值十二小時班的時候，他展開了追求。范的事業沒有成功，但他留住了母親。他還有一對龍鳳胎——兒子傑瑞（Jerry）和女兒泰芮・菲（Terry Fey）。

范後來到布朗與威廉森菸草公司（Brown & Williamson Tobacco）的工廠工作養家糊口。我搬進了他們破舊的一層樓租房，就在路易斯維爾市南邊的比奇大道上，前面是海澤伍德建案，這裡卻充滿了苦悶的藍領。

我盡量待在其他地方，包括城裡最髒亂地區的一家撞球館。那裡有十五張撞球檯，比我舅舅在曼福德維爾的撞球館厲害一點。這個新去處走幾步路就會看到比克爾尼大道兩旁破舊的房屋和滿是垃圾的庭院，就是那種即使到今日，夢想也無法實現的街道。

撞球館的常客打量了我一番，因為我的農村商店時尚、油膩的貓王龐巴度髮型、缺牙和鄉村口音，很快地給我取了「鄉巴佬」的外號。菸草工廠的人叫我「小子」，學校的人叫我「補丁」，再多一個綽號又如何？我對他們的嘲笑置之不理，找了一根不錯的球桿，開始搜刮他們的口袋。很快，我就開始在每場賭局裡贏取五元、十元，甚至二十元的賭注。

我的成功並沒有贏得太多朋友。有天晚上，幾個年紀較大的男人不滿我拿走了他們一大筆工資。

「我們想拿回我們的錢。」一個人說道。

「現在就要！」其他人要求道。

我不可能放棄自己贏到的獎金。我拿起撞球桿，用桿尾猛擊了其中一個人的額頭，撞出一條傷口，鮮血四濺，然後又從架子上抓起一支新球桿，猛敲另一個人的頭。

令我震驚的是，他們回過神後開始反擊，這不在我的計畫之中。那天我挨了揍，但保住了錢，也在撞球館的常客中贏得一些尊重。消息傳得很快，人們都知道我會為每一美元而戰。當然，擁有一個強硬的名聲只會吸引更強硬的人找麻煩。在那場爭執之後，我就像個鄉村突擊隊員，找了一條十四英吋的堅固鍊條當武器，其中一端還用防水膠帶包裹，好握得更緊。我把它藏在後口袋裡，而且沒過多久就派上用場。

有天晚上，我帶著剛贏到的六十美元走回家時，兩個年輕人從陰影中跳出來，其中一人舉起刀。

「錢交出來。」他說。

我先虛張聲勢。

「你不會想惹我的。」

他不買單。

「去你的。」

他揮刀的同時，我也抽出鐵鍊，鐵鍊在離他頭幾英吋的地方不斷揮動，愈來愈近，直到那兩個想要搶劫的人消失在黑暗中。

路易斯維爾強打者得一分。

我和母親及范同住了一段時間後，他們合力籌了頭期款，買下羅德曼大道上一間雙層住宅，那個街區比較好一點，離邱吉爾賽馬場只隔幾個路口。他們占據了一樓，同時出租二樓好分擔房貸，我被流放到地下室，與另一個房客芭芭拉．尤康（Barbara Yocum）共享空間，她後來成為我的弟媳。

母親每周收我十塊錢，讓我與蟑螂、蟲子一起睡覺，但它們比當房東的父母還好相處。那時他們兩個都是嚴重的酒鬼，會關在臥室裡連喝上四、五、六天的酒。

好像這樣還不夠糟糕一樣，我失去了生命中最重要的愛和支持。奶奶，一位在沒有人愛我的時候愛我的女人，在一九六二年三月三日因心臟衰竭過世，享年七十歲。在她去世時，只有二百二十美元的積蓄。

妮爾阿姨告訴我這個消息時，我幾乎瘋了。我連續幾天不吃不睡，在祖母的葬禮上，我想著要不要跳進還敞開的墳墓裡陪她，一點點靠近邊緣，直到母親抓住我的領子，把我拉回來。除了痛苦，更糟的是內疚。

祖母曾指引我正確的道路，但我已經背棄它，進入昏暗的小巷和煙霧瀰漫的房間。我和一群年紀足夠做我父親的人呆在一起，一邊喝酒一邊打撞球，直到打烊。我只要看看周圍那些可憐的傢伙，就能看到如果自己繼續走在同樣的路上，我的未來會是怎樣。

回首往事，我希望能回報祖母對我的愛，讓她知道她所種下的那顆種子已經生根。在我八年級的秋天，我們坐在她的門廊鞦韆上，看著樹葉飄落，她回想起自己艱難的一生。

「昆森伯里家和華特斯家從來都不容易，」她說，「我女兒黛兒十四歲就懷孕了，連六年級都沒讀完。你舅舅都沒受什麼教育，幾乎不識字。我希望能給你更多，比利．

瑟曼。

答應我……」

我知道她要問什麼。

「奶奶，我保證我會念完高中。」就這樣，我做出了承諾。對露西・昆森伯里的承諾。我信守諾言，這是她過生活的方式，也是她教我過生活的方式。

因為奶奶，我從未想過輟學。我想說自己在她離世後，下定決定要改變自己的生活，我可能確實有過這樣的決心，但我沒有堅持到底。

一個更聰明的人可能會埋首書本，透過教育來提升自己的生活，我不是那麼聰明的人。杜邦曼努爾高中位於舊路易斯維爾社區，那裡有美麗的維多利亞式紅磚住宅。但是我討厭曼努爾高中，討厭老師，討厭學生，討厭追求卓越的氛圍。

我最壞的本能成了我唯一的本能，而我也為此付出了代價。

有天早上，我錯過了學校的公車，只好搭便車。讓我上車的男人在離學校三個街區的地方，開始在前座動起手來，他露出一抹微笑，然後將手放到我的大腿內側。

我從未聽過戀童癖者，奶奶沒警告過我，我的母親和生命中其他成年人也沒有。即便如此，我明白一個陌生男子企圖碰觸我的下體是不可接受的。我迅速躲開他的手，向後靠，並帶著他激起的憤怒和恐懼，用盡全力打了那個變態的臉。

他被我的快拳嚇到，我抓準時機跳車，快步跑向學校。我是一個住在城市的鄉下人，但我開始學習以前不知道的事情。教訓一：不要在路易斯維爾搭便車。後來我都堅持搭乘大眾運輸工具，熟記巴士路線，並且知道通往市裡各個撞球館的路。撞球騙子只能在他沒騙過的地方行騙，所以我在城市中四處遊蕩，尋找新的獵物。

我的遊蕩最終將我帶到了邱吉爾賽馬場，這是路易斯維爾著名的純種馬賽馬場。鑑於我的直覺，我對雄偉的雙塔、華麗的花園甚至是綠油油的操場都視而不見，只是朝著賽馬場的後方前進，那裡可以找到一些工作，像是清理馬廄、帶著馬匹散步（讓馬在劇烈運動後降溫），還有清洗沾滿汗水和惡臭的骯髒馬鞍、韁繩和轡勒。

那些異國香氣、響動的蹄聲，以及那些皮毛光澤油亮的純種賽馬迷人的美麗和力量，都讓我著迷。啊，對了，還有賭金交換的甜美氣味。我很快找到了一份工作，並贏得大部分黑人馬廄工人的認可，他們喜歡一個懂得鄉村禮儀，願意在深及腳踝的稻草、乾草和馬糞中行走的小孩。

雖然在邱吉爾工作能勉強維持生計，但我需要更多的錢賭博。我辭去了賽馬場的工作，到離住處一個半街區的戴維斯甜甜圈烘培坊上早班。平日我從早上四點半工作到七點半，周末則是早上四點半到下午五點，除了擦地板、洗盤子外，還要捲、切、炸、刷蛋液，做出幾十個甜甜圈後，才去學校。

工作時間那麼長，讓我沒有多少精力用於學業。我的成績不好，不是因為我笨，而是因為我累。唯一能讓我振奮，而且不費吹灰之力就能做得很好的科目是數學——毫無疑問，這是我作為剛涉足賭博及創業的新手，計算過一堆數字的結果。

大多數孩子能夠集中精力學習，因為他們的家長支持他們。我沒有那種奢侈的條件。我的青春期充滿了掙扎，尤其是我在高二就當了爸爸，一切就更難了。

一個沒有下排牙齒的小鎮男孩在大城市找到長相甜美的女朋友，機會可能非常渺茫，但我善於克服困難。我體格健壯，也算是「鄉村帥哥」，只要我閉好下嘴唇，藏好我的壞牙齒。

雪倫．約庫姆（Sharon Yocum）就是那個讓我目不轉睛的女孩，部分原因是我們都有貧困和被忽視的共同經歷。她父母分手後，她和祖母住在波伊特社區，那是個衰敗的社區，靠近路易斯維爾廢品站和牲畜市場。我們缺少父母管教的空缺，用狂爆的荷爾蒙填補了起來，一壘到二壘，接下來就是一個寶寶成形了。

除了結婚，我們沒有其他可被社會接受的選擇。而且，我愛雪倫，就像任何一個無知青少年可能會做的那樣。她只有十六歲——太年輕了，即使在肯塔基州，也無法在未經父母同意的情況下結婚（她爸媽不同意）。所以，我們在一九六二年十一月二十三日，坐進我那輛破舊的五一年雪佛蘭，往南開了一百四十五英哩到田納西州的塞來納。

這輛破車成了我們不堪婚姻的座駕，車子駕駛座的窗戶用塊塑膠片蓋著，被風吹起就會拍打震動，右前保險桿撞壞了，垂得很低。

在塞來納的法院裡，包括為我們證婚的治安官，似乎沒有人想要我們出示年齡證明（我們說自己是十八和二十歲）。開車回家那天，整路的廣播聽到的都是全國在哀悼甘迺迪總統遭到暗殺。這又是未來黑暗日子的前兆。

我們沒有告訴任何人我們的計畫。回到路易斯維爾後，我們才宣布這個消息，我們的婚禮並未登上社會新聞版面，眾人只有沉默和冷淡。我媽和范都非常興奮，但只是因為我將搬出他們的地下室，他們可以收更多租金了。

雪倫和我在第四街和 M 街的街口找到一間帶裝潢的公寓，每周租金十二．五美元，還附了餐具。路易斯維爾大學校園就在附近，但這並不重要——我還努力留在高中，好履行我對奶奶的承諾。

校長知道我是個倒霉的孩子，所以允許我跳過每天最後一節自習課，這樣我就能做第二份工作——三點到晚上十一點到泰勒大道和皇后大街路口的殼牌加油站上班。車子開進加油站時，我們得衝出去，為它們加滿油，擦窗戶和車頭燈，並檢查機油、雨刷和空氣濾清器。每個顧客都代表賣出一夸脫油、雨刷和濾芯的機會。我天生就會拉客，而殼牌的工作標誌我的銷售員職業真正開始了。

我們像推銷失敗就得面臨永恆詛咒的聖經推銷員一樣，不斷向客戶推銷配件。我們售出的雨刷愈多，佣金就愈高。這是我的動力。我也做了一些換機油、火星塞和其他引擎零件的機械工作，每次值班結束時，我們得用煤油清洗兩個工作間。等我踉踉蹌蹌地回到家時，幾乎沒有力氣可以洗澡，就倒在床上睡著了。

對於沒做兩份工來養家的學生而言，曼努爾高中的課程要求就已經很高了，如果課堂上睡覺可以加分，我或許還有機會。雖然我答應奶奶自己會畢業，但我沒具體答應是哪所高中。在一九六四年高二那年，我轉到曼努爾高中的宿敵——男子高中，名字取得真好。那裡的學術要求並不寬鬆，對工薪階層的孩子們來說更為務實。

我是男子高中的終極代表——和一個年幼的新娘結婚，打兩份工，也是我們剛出生的女兒托妮婭．菲兒（Tonia Faye）的父親。對大多數父親而言，第一個孩子的出生是珍貴且改變人生的時刻，令我羞愧的是，我完全不記得托妮婭出生時的任何一刻。我沒有去醫院，更不用說是分娩室了。也許是因為我缺乏父性本能，畢竟我從未真正有過父親或母親。也許我只是太年輕，情感痲木，無法理解孩子對生活會有什麼影響。

我只知道：我必須更努力工作來養活老婆和孩子。畢業後——我做到了，奶奶！我做了不少低薪的藍領工作，先是在布朗與威廉森菸草公司當看門人，然後到萬國收割機公司（International Harverster）當鑄造工人。我打卡上班，工作一段時間，然後打卡下班，接著去喝酒和賭博。基本上我拋下了雪倫和托妮婭，比起丈夫或父親，我在提供者的角色做得好多了。

萬國收割機公司的工作非常艱苦，燃煤廠內夏季的酷熱指數會飆升到一百二十度。作為新人，我被分配到裝配線。重金屬零件從三個不同的地點沿著巨大的滑槽往下滑落，最後抵達我的工作站。我覺得自己像一個沒有保護裝備的冰球守門員，瘋狂地轉動、抓取和舉起重達五十磅的鋼塊，然後放到輸送帶上進行鑿刻或研磨。

那份工作第一天結束後，雪倫以為是一個渾身沾滿煤灰的煤礦工人走錯了房子。當我晚上上床睡覺時，手臂感覺像鉛一樣沉重。只待了兩個星期，我就意識到自己在那裡沒有未來。我辭職了，然後去了位於第二十街和希爾街街口的瓊斯－戴布尼（Jones-Dabney）油漆公司工作。一開始我在研發部門做日班清潔工，但很快就開啟旁門左道，開始接受賭注。

我的同事大多是黑人，對於一個在菸草田和賽馬場後方區域長大的小孩來說，這並不是什麼新鮮事。他們是狂熱的賭徒，這重燃了我的創業精神。不久之後，我成為了工廠裡的投注經紀人，每次收取五到十美元，幫他們在邱吉爾賽馬場或其他賽馬場，或是足球比賽中下注。

我還提供一項額外服務：小額的發薪日貸款，利息是每美元二角五分。條款：現在賭博十美元，到發薪日時償還十二．五美元給我。我還擴大了業務範圍，增加了抽獎活動，以每次一美元的機會贏得我在亞蘭百貨公司以十美元購買的手表。每次抽獎前，我都會賣出二十五張獎券，然後收取利潤。

從第一天起，我就會和同事一起去他們在西山街最喜歡的兩個酒吧。一是尼維特酒館，店裡會有時薪工人和菸草公司高階主管用牛皮紙袋豪飲，而紅磚建築後方還有人在打撞球或玩骰子。

二是街對面的格雷姆林烤肉店，那裡的點唱機裡流瀉出靈魂和音樂，燈光昏暗，到了星期五晚上和發薪日，這個地方會搖擺到天亮。很多晚上，我會玩吹牛遊戲，直到酩酊大醉，而口袋裡常常裝滿五千元的十元、二十元和一百元鈔票。

每次醒來時，一分錢都沒有丟，我朋友大約翰和左撇子會照顧我。這通常代表他們會把我扛在肩上，扔進他們破車的後座，然後送我回到家裡的床上。

這種日常生活不太適合我的紅髮妻子，雪倫甜美的性情因我的酗酒而逐漸消沉。不過我沒有太在意，我認為我的工作是確保燈泡會亮和支付帳單，剩下的就由她來處理。

我將精力放在創造新的收入來源。我說服了格雷姆林烤肉店的經理，讓我在周五和周六晚上主辦七張牌梭哈比賽。這是一個「兩元和四元限額」的遊戲，每次彩池達到十五美元時，我會拿走一美元給莊家；彩池達到三十五美元時，我會再拿一美元。

這場比賽累積了不少收入。到周六晚上收場時，我可以從彩池中拿到五、六百元，其中二五％歸格雷姆林，剩下的就是我的。

這個賺錢的好事沒有持續太久。有天晚上，一群在布朗與威廉森菸草公司工作的鄉巴佬走進了格雷姆林烤肉店。我想，這事一定沒什麼好結果。但這是一場公開的比賽，所以我無法拒絕他們。

當第一手牌打開時，一位老玩家抽到了一張獲勝牌。

「你這個白癡該死的混蛋黑鬼！」其中一個鄉巴佬大叫道。

天下大亂，有人亮了槍，槍聲響起，燈光熄滅了。我抱著裝滿一塊和五塊紙鈔的雪茄盒爬出後門，永遠地告別了格雷姆林烤肉店，而那家店也幾乎沒有時間想念我，兩周後，一場神祕的爆炸將酒吧夷為平地。

就在那個地方爆炸之前，我在油漆工廠升遷到運輸部門，加了薪，工作時間也改到晚上十一點到早上七點。我的工作是將樹脂裝填到五十五加侖的桶子中，然後稱重，再蓋上印章，以便裝載並運送到目的地。我討厭這種殭屍班，但它提供了我迫切需要的固定薪水。

隨著加薪，雪倫和我買下了我們的第一間房子，聯邦住房管理局（ＦＨＡ）收回的兩臥房住宅，位於工薪階級的高地公園，售價一萬美元。我賺的錢勉強只夠支付我們的房貸、家具和車款，食物和衣服的錢就更難了。

我當時十九歲，卻覺得自己已經活過兩輩子。

我完全不知道，自己即將開始第三輩子。

第四章

火力全開

我在高一，也就是十六歲時買了我的第一輛車，那是一輛美麗的紅色五四年奧斯摩比，雙門、手排車。我在優越汽車銷售中心（Superior Auto Sales）找到它，車價三百九十五美元，我向戴爾金融公司（Dial Finance）貸款，每月付款十八美元。

這輛車的壽命並不長。我和朋友在曼努爾高中校區後面賽車時，失控撞到停在一旁的汽車，這輛可憐的老奧斯車頭都壞了。

車雖然報廢，但每月還得繳款，所以我又繼續搭公車，直到還清貸款。

十九歲那年，我想找一輛六五年的黑雪佛蘭，後來在麥馬金汽車（McMackin Motors）找到了，它位於泰勒大道和阿卡迪亞大道路口，是一家家族經營的二手車車行，我在那裡還找到了新的工作。

店長約翰・麥馬金（John McMackin）聘我當兼職的汽車銷售員，他在審核我的信用申請表上，知道我已婚，有孩子，在一家油漆公司上班，他喜歡我能和消防栓聊天的能力。

我想賣車應該比在鑄造廠或工廠工作容易，這是個講究兜售技巧的工作，而我擅於兜售。不過，我再三考慮是否要放棄固定薪資，轉而接受一份純靠佣金的工作，後來決定先在車行嘗試一段時間，再放棄油漆店的夜班。

正如麥馬金所觀察到的，我是一個天生的推銷員，很快地，我就在他的車行裡一天工作十二小時，一周六天。十年來，我一直靠著自己的智慧生活，隨機應變，快速計算以保障我的賭注，賣車並不算太難。

從撞球館到菸田再到撲克桌上，我已經在真實世界中修得評估銷售對象的學位，在汽車經銷商的行話中，稱為對客戶進行「資格評估」。當潛在買家出現在車行時，我會用一連串無害的問題展開對話，目的是為了找出一輛他們負擔得起的車子。

「你住在城市的哪個區域？」

「你在哪裡工作？」

「你在這裡住多久了？」

「你上一輛車是在哪裡買的？」

「你的貸款跟誰辦的？」

十有八九，我能在行走交談間收集到足夠的資訊填寫信用申請表，而客戶絲毫未覺。一旦我確定他是個合格的買家，就會嘗試各種方法賣掉庫存的汽車。如果我們沒有符合要求的車輛，我至少知道其他四個本地車行的庫存有沒有。

其他車行很喜歡我，因為他們向麥馬金收取的費用可以比批發價高一點，又不用付銷售佣金，而麥馬金也能透過零售價格獲得可觀的利潤。

如果費思車行（Fay's Auto）、傑夫哈維（Jeff Harvey）、庫克兄弟（Cook Brothers）或鎮上其他車行都沒有我在找的車，我會留下顧客的資訊，要求麥馬金到拍賣會上找車。

如果有客戶真的想買車，我會設法找車賣給他，我不會放棄，這只是我超級競爭人格的一部分。我的引擎不會空轉，每天早晨踏進車行時，我都是活力充沛，馬力十足的狀態，隨時準備出發。有時候我希望自己能停下來，但我做不到，時至今日仍然無法做到。當我進入那個狀態時，我會一門心思想著一件事，甚至到了鬼迷心竅的程度。

「我今天會找到那輛車給你。不是明天或改天，就是今天。」

我很早就學到汽車業務和工廠工作不同，因為有很多閒暇時間。汽車業務成功的祕訣就是保持百分之百的忙碌，如果沒有潛在買家在周圍閒逛，其他銷售員就會在辦公室閒聊、打牌或閱讀雜誌輕鬆度日。

我還學到一些將成為我職涯特點的東西——累積的資訊愈多，創造的機會就愈多。

我不在車場賣車時，就在辦公室翻閱厚厚的電話簿，看看上個客戶同一條街還住了哪些人。

「嗨，瓊斯先生，我是麥馬金汽車的比利．華特斯。我只是想知道您是否見過瓦爾先生開的那輛車嗎？」

不論答案是什麼，我都繼續推銷。

「是的，就是那台一九六四年的雪佛蘭諾瓦，那車是我賣給他的，如果你也在找像他那款車，或是更好的車，我很樂意協助。」

我每天都仔細瀏覽分類廣告，抄下那些想要賣車的人的電話號碼。我知道有些人會因為付不起車貸而想賣車，我會打電話給這些人，告訴他們，我們願意用價格較低的車交換他們現有的車。我稱之為「降級交易」，這跟一般的銷售一樣有利可圖。

最後，如果我沒什麼好做的事，我會打電話給住在城鎮南端的人進行陌生拜訪。

「你好，我是麥馬金汽車的比爾．華特斯。我們今天正在舉行促銷活動，我想你可能會想來看看。我們的停車場塞滿了車子，老闆說我們已經準備好了。」

有些人會參與，其他人會叫我再也不要打來，然後掛斷電話。沒關係，我馬上打下一通電話，我不停地撥打，直到手指麻木，嗓子沙啞。

在第一個月份，我賣出了二十輛汽車，每周大約賺取六百美元。我想要每天、每周都賣得比同事多，只要實現了那個目標，我就會專注於每個月超越自己的銷售紀錄。

我的目標不僅僅是賣一輛車，我把目光放在建立完整的客戶網絡，以確保未來的銷售。有些銷售員會為成功推薦他人購車付出二十五美元的「提成費」，我把它提高到五十美元。我也會寄生日卡片和禮物給最好的介紹人，或是在感恩節送火雞給最好的顧客。

一年內，我平均每個月銷售二十五輛汽車，到了一九六六年，每月平均銷售數量已提高到三十二輛車。在我二十歲時，我賣出的車數量超過州內所有人。

那一年我的佣金總計達到五萬六千美元，相當於今天的五十萬美元以上。州裡的第二名是一位有二十九年資歷的老手，主推龐帝克車款，他的收入為兩萬兩千美元。提供一個比較基準，那年的家庭收入中位數為七千四百美元。

我的最高紀錄：單月售出五十六輛車。惡劣的天氣、庫存不足、經濟衰退——沒有什麼能阻擋我。賺錢不是問題，留住錢才是問題。到了這個時候，賭博的惡魔已經控制了我，我賺得愈多，賭得就愈多。

幾乎每天下班後，我都會和朋友一起去酒吧。一邊玩骰子或丟硬幣，一邊狂飲美格威士忌，總是喝美格，很多很多的美格。有些夜晚，我們會徹夜狂歡賭博到清晨六點。

然後我會回家刮鬍子、換衣服、吃點東西，接著去上班。在二十一歲生日之前，我就被公認是路易斯維爾最大的賭徒。我無法自拔，賭注愈大，我愈興奮。每晚在我腦海裡重播的理智之聲，在我一次次下注時依舊不斷重複千萬遍。

如果我贏回這筆錢，如果我能回本，我就會退出。

但我不知道何時退出、怎麼退出。

相反地，我成為了那個老賭徒輓歌的代言人。「在賭博中，最令人興奮的事情是下大注贏錢，第二令人興奮的事情則是下大注卻輸掉了。」

當你的家只是一個刮鬍子、洗澡換衣服的地方，就表示有些事情必須改變了。不幸的是，我與雪倫的婚姻破裂了，我們在一起的四年時光帶來了一個寶貝女兒，但也只有這樣了。從一開始，我自私的行為就註定了我們的婚姻會失敗，這段婚姻在婚禮後只維持了幾個月就結束了。

就在那時，卡蘿・布朗（Carol Brown）走進了我的生活。

卡蘿和我在曼努爾高中時讀同一個年級，但我們對彼此的了解很少。她非常受歡迎，外向且友善。而我結婚了，還因為打兩份工而疲憊不堪。

我們的人生於高中畢業後，在一家汽車餐廳相遇時產生了交集，我們開始聊天，接著又有第二次和第三次對話。第一次過夜時，我對卡蘿撒了謊，告訴她我已經和女朋友分手了，她那晚原本有一個約會，但她取消了，選擇和我出去。

兩個月後，我送卡蘿一枚訂婚戒指，還有我的坦白。

「有些事情我必須告訴你，不然也會有其他人告訴你。我已經結婚了，並且有一個女兒。」

「哦，不。」卡蘿說道。

喔，是的。

卡蘿感覺像是肚子被打了一拳。但在我們談話過後，畢竟我是個優秀的銷售員，最終她接受了我的解釋，即我的婚姻已經結束，只差離婚這道手續了。

隔天，卡蘿整個早上工作時都在哭泣。她在通用電氣供應公司（General Electric Supply）的老闆請她吃午餐，想了解她發生了什麼事，卡蘿敞開心扉訴說，她不知道是否應該把戒指還回去，但她老闆對此毫不猶豫。

「不要繼續下去了。」他說道，「如果比利沒有告訴你那麼重要的事情，那他可能還瞞著你很多事。」

但是卡蘿和我是相愛的——呃，也許更多是我的欲望。在一九六七年三月二十五日，就在我和雪倫終於離婚的隔天，我和卡蘿．布朗結婚了。不久之後，我發現她也有個祕密。

她懷孕了。

七個月後，卡蘿生下了我們的兒子威廉．史考特（William Scott）。我才二十一歲，有一個新婚妻子、一個男嬰、一個前妻，還有一個女兒需要撫養。人們可能會認為這些責任會讓我放慢腳步。

史考特出生後不久，我意識到卡蘿和我之間幾乎沒有共同點。我努力讓這段婚姻繼續下去，因為我不希望兒子像我一樣，在一個破碎的家庭中長大。我已經離過婚，已經有一個孩子處於那種情況，我不想再有一個。

儘管如此，我仍盡可能快速奔跑。我在白天拚命賺錢，到了晚上則將每一分錢都拿去賭博，終日浸淫在酒精和香菸的迷霧中。

現在說起來令人心痛，但當時在我心中，我沉迷於賭博和賭徒的生活方式——酗酒、深夜和朋友出去玩，以及由此帶來的光榮和內疚感。

我從未意識到，時間是父親能給予家人最珍貴的禮物，而非金錢。我還不知道當爸爸意味著什麼。

我不怪卡蘿。她想要一位傳統的丈夫，每周工作五天，其餘的時間則陪伴家人。但我不是那個人，我每周花七十個小時賣車，其餘醒著的時間都拿來賭博。許多個夜晚，我都是酩酊大醉、口袋空空地回家。

現在回想起來，我一直是好的供養者，但我一直不在家。回顧過去，我雖然愛家人，但我的真愛是賭博。當時不知道，但我已上了癮。

最糟糕的一幕發生在多米諾酒廊。和老闆魯夫斯・艾倫（Rufus Allen）玩了一晚的牌，而且輸光之後，我邊爬回家，邊想出一個極其糟糕的計畫，要告訴我的新婚妻子發生了什麼事。

我們最近用五萬美元在豪華住宅區珍稀莊園買了一棟可愛的新房。隔天早晨，我在餐桌上給卡蘿看兩個新公寓大樓的宣傳手冊——楓丹白露和美岸。

「你更喜歡哪一個？」我問她。

她理所當然地感到困惑。

「嗯，如果你必須選擇其中一個，你會選擇哪一個？」

她花了幾秒鐘瀏覽了一下宣傳手冊。

「我想是楓丹白露吧，怎麼了？」

「因為我們明天要搬到那裡。我昨晚輸了這棟房子。」

卡蘿發起了一場我只能認為是自己應得的正義之怒。等她最終冷靜下來時，她說：

「好，我該打電話給搬家工人，然後打包家具了嗎？」

「不用麻煩了，」我對她說，「家具也輸掉了。」

魯夫斯在當天稍晚時打電話過來。

「比利，我不要你的房子，你能還錢的時候再給我就好了。」

多虧了魯夫斯，我重新站起來了，我還清了他的每一分錢。但在那之前，我還是賣掉了這棟房子，在街上另買一間價格更低的房子。

到了一九六八年春天，我的資金又回到良好狀態。為了平息婚姻中的波濤洶湧（至少是我的藉口），我準備帶卡蘿去一個浪漫的度假地點，夏威夷的威基基海灘，享受為期四天的休息和放鬆，在這之前，先在拉斯維加斯停留三天。

你應該可以猜到剩下的部分。

凱撒宮（Caesars Palace）在兩年前已經開幕，那是一個現代化的遊覽勝地，業主們棄用老派拉斯維加斯中的傳統舊西部主題，改為古羅馬主題，好萊塢有許多熱門電影的主題都設定在有戰車和角鬥士（Gladiator）的放蕩狂歡時代，包括《萬夫莫敵》（*Spartacus*）和《埃及豔后》（*Cleopatra*），而拉斯維加斯也加入了這場古羅馬宴會。

凱撒宮是個「凡事皆有可能」的成人夢幻樂園。在卡蘿和我從肯塔基州抵達的幾個月前，伊夫·克尼弗爾（Evel Knievel）企圖跳進度假村前的壯觀溫泉，他摔碎骨頭的事故只吸引了更多尋求刺激的人群。（多年後，復原的伊夫成為我高爾夫和賭博的好朋友。）

那個春天下午我第一次走進凱撒宮時，我被耀眼的燈光、振動不停的鈴聲和吃角子老虎機響亮的硬幣聲所迷惑，穿著可愛束腹連身裙的迷人女服務生則給我留下了另一種印象。

高檔賭場的設計旨在煽動情緒和衝動。我一走進賭場，上癮感開始作祟，雙腿發抖，心跳加速。我凝視著賭場地板，感覺像是一個進入販毒窩的癮君子。

我根本沒有機會逃脫，我是完美的目標。全憑衝動，無法控制。

下午兩點左右，我到了第一站的花旗骰（Craps）賭桌，我的計畫是玩三個小時，然後帶卡蘿去吃一頓大餐。在前兩個小時內，我已經輸掉我們帶來的三千美元的三分之一。我腦海中有部分在懇求著：在你輸光前離開吧；另一部分卻輕聲說道：不要現在放棄了，你可以翻本！

晚餐時間來了又去，卡蘿放棄了，決定去睡覺。隔天早上五點半，幾乎所有度假費用都被我輸了。還好，這趟旅程已經預付了，但我知道自己搞砸了。我當然懊悔，但也只有這樣了。

我知道我的賭癮對卡蘿而言很不好受，她求我不要再喝酒和賭博，每一次，我都承諾要做到這一點。她說，我們不需要這些錢，但我停不下來。然而，在我們的婚姻中，卡蘿是第一個告訴我，若我墜入谷底，我都有一種驚人的能力可以起死回生。但隨著時間過去，她祈求我會輸得很慘，輸到讓我看清雙重詛咒如何侵蝕這個家。

「比爾，你一直在否認你賭博和喝酒的問題，」她會這麼告訴我，「只要你停下來，你可以讓你的生活、讓我們的生活有所成就。」

我不那樣想，我不像我認識的其他酒鬼那樣天天喝酒，而且我從來不覺得自己的賭博是個問題。這兩件事我都否認。

清醒時，我是個強者，想贏走我的錢很難。但是當我喝酒，且一口接一口地喝時，我的個性就改變了。我會以為自己比實際上更聰明、更強壯，這很容易讓我成為獵物。這也讓我的情緒變得不穩定。如果有人說錯話或取笑我，我會想起童年時被霸凌的回憶，然後就會暴怒，接著進入「讓你好看」的模式。如果我無法戰勝你，我就接受最糟糕的結果。

我沒有打破這種自我毀滅的模式，而是繼續沉迷於成癮行為，然後尋找快速解決的方法。

與此同時，周圍的生活發生著變化。

一九七〇年九月十日，卡蘿生下我們的第二個兒子德林（Derin）。當時我二十三歲，要負責照顧三個年幼的孩子、一個現任妻子和一個前妻。雪倫嫁給了一位軍人，並與托妮婭一起搬到德國，但我仍得支付贍養費。

就好像我拿錢冒險的方式還不夠多一樣，我在高爾夫球場上找到一個黃金機會。

小時候，我的棒球打得不錯，手眼協調良好，即使我直到二十出頭才開始揮桿，用球桿擊打一個小白球對我來說還是易如反掌，在果嶺上推球就像在更大的撞球桌上打撞球，一旦我全心投入，高爾夫球對我而言變得像本能一樣，並且迅速發展成另一個惡習。

不意外地，我在第一輪比賽也是我第一次在高爾夫球賽下注。當時是六〇年代末，我的好朋友（也是我未來的姐夫）強尼·韓福瑞斯（Johnny Humphries）邀請我去路易斯維爾九洞的鮑比尼科爾斯高爾夫球場打球。

強尼是我唯一認識對高爾夫運動有興趣的人。小時候，我從來沒有在電視上看過高爾夫，因為我們家根本沒有電視。當我從停車場走到用具專賣店去見強尼時，他驚訝地看著我。

他說：「你的桿呢？」

「桿？什麼桿？」

強尼頓時意識到他正在與一個菜鳥打交道，他不得不幫助我挑選租借的球桿和其他必需品，像是球和發球檯，而我不知道這些是必需品。

你需要特殊的鞋子嗎？有金屬釘的？

我們前往一號發球檯，我突然問出一直在腦海中思索的問題。

「強尼，我們要玩多少錢？」

「可是比利，你之前根本都沒打過球。」

「有差嗎？我們總要賭點什麼才玩，不然我不玩了。」

我們最終定下每個洞五元。這個九洞球場布局緊湊，樹木成林，路徑左右彎曲，到處都有水。尼科爾斯溪幾乎流過每一個球洞，只有一個洞倖免。對於一個連握球桿和握金剛固力膠有什麼差別的人來說，這可算不上天堂。

我的第一場高爾夫比賽輸了三十五美元，強尼贏了七個洞。時至今日，我還是不知道自己怎麼贏了另外兩洞。然而，我還是在揮出第一桿就愛上它了，高爾夫成為我的另一個心頭好。我沉迷到在工作後，會馬上開車到路易斯維爾的肯塔基州博覽會裡的夜間練習場，甩掉一天工作十二小時的疲憊感，打兩百個練習球，然後再去晚上的其他聚會。

由於沒有家庭本能，只要天氣許可，我每個周日都會光顧路易斯維爾的米德蘭小徑高爾夫球俱樂部，從日出打到日落。我通常會找好朋友卡爾文．哈希（Calvin Hash）、丹尼．馬修斯（Danny Matthews）以及艾倫兄弟──魯夫斯和哈丁（Hardin Allen）一起去，玩個一到三輪後，我們轉戰男士烤肉區玩紙牌，直到凌晨兩點酒保把我們趕出門。

和卡爾文及丹尼在多米諾酒廊喝酒到深夜時，我們會吹噓自己的高爾夫球技，還開始打賭，等到太陽升起後，又醉醺醺地開車到印第安納州傑斐遜維爾的艾克朗高爾夫球俱樂部，那裡的經營者是大吉姆．巴伯（Big Jim Barber），他自稱是「高爾夫球專家、總雜役和果嶺管理員」，他曾用一個舊牛奶倉庫開了一家專賣店。

那天早上，我們帶著一身美格威士忌的味道出現。

「一個洞的球車費是多少？」卡爾文問道。

「沒有這種東西，」巴伯回答道。「球車租用只能按九洞或十八洞計算。」

「呃，我們只打賭一個洞，」卡爾文說。「比利胡扯說他可以只用鐵桿，在你們的第七洞打出柏忌（Bogey），不用木桿或推桿。」

巴伯認為這個提議是艾克朗俱樂部裡發生過最有趣的事情，所以他高興地提供了球車，並跟著一起看比賽。

到達五百一十六碼的第七洞時，我從球袋裡拿出一號鐵桿，用力開球打到球道中間位置，接下來用二號鐵桿，球在球道上又前進了，接著我用九號鐵桿漂亮地將球打上果嶺，再用一號鐵桿兩次推入洞內，達成標準桿。卡爾文和丹尼將二十一張百元鈔票灑到我身上。

在多米諾的另一個晚上，我酒意上頭又開始吹噓球技，以致於酒吧老闆魯夫斯和我打了一個賭。請注意，這個酒吧老闆就是先前贏得我新房子以及裡面所有的家具的那個人。

魯夫斯已經四十多歲，年紀是我的兩倍，是個愛玩的傢伙，他天生有一種讓笨蛋上當的能力。我早上六點到他家，要實踐前一晚的賭約時，魯夫斯還醉呼呼地熟睡著。這顯然不是他妻子貝芙莉第一次把她醉得一塌糊塗的丈夫拖下床、穿好衣服，然後推他帶著高爾夫球具出門。

當時，魯夫斯的高爾夫球技術比我好，在正常且清醒的狀態下，他會讓我五到六桿。幸運的是，我們在前一晚乾了一瓶美格後打的賭，賭注是一洞兩百，不讓桿。

我們在鮑比尼科爾斯九洞高爾夫球場上打了兩輪，魯夫斯因為宿醉，在最後一洞前已經輸了十個洞，他還是失誤連連，球在球道上四處亂飛。我用了十一桿才完成最後一洞，但我還是贏了。

據我記憶，我這一輪打了大約一百二十二桿。要不是魯夫斯一直在流汗排酒精，每次擊球都死一些腦細胞的話，這糟糕的成績，我一定輸定了。那天我從魯夫斯身上贏了兩千兩百美元。

魯夫斯清醒後，他想要再比一次。我正因兩千兩百美元而興奮，以為自己有絕對優勢，等不及想讓他回到高爾夫球場。等我們在幾周後再次比賽時，魯夫斯清醒得像個聖人，並徹底贏了我，他不只贏回原本的兩千兩百美元，還多贏了一千美元。這開啟了我和魯夫斯激烈且有趣的高爾夫球系列賽，賽事持續多年。

另一次，我最好的朋友，也是一位汽車銷售員卡爾文，和我在米德蘭小徑球場比了一場。卡爾文是二戰中突出部之役的老兵，在小喬治．巴頓（George S. Patton）將軍麾下服役，並因勇敢表現獲頒四枚銅星勳章。他是一位出色的高爾夫球手，一直打到八十多歲。卡爾文讓了我兩桿，但還是很快就從我這裡贏了幾百塊。

一輪結束後，卡爾文不想再玩了。

「你要怎樣才願意和我打五百美元？」我問。

「讓我兩桿。」卡爾文回答。

「沒問題。」

他說：「你瘋了。」

我打敗他，贏了兩千美元。

那時候，卡爾文和我才意識到，我在壓力下表現得更好。從那一刻起，卡爾文成為我在高爾夫球場上的搭檔。接下來的幾年裡，我們一起玩遍全國，進行了數百場比賽。直到二〇一六年卡爾文去世，他一直是我最好的朋友。

我的大部分生活都不受我控制，所以我找到了一件自己能掌控的事情，一個必要的快速解決方法。在一個星期天打完高爾夫球後，我在男士休息室裡和一位家庭醫生聊起德林的到來，以及我生活中堆積如山的責任，我告訴他我負擔不起再有孩子了。

「你有沒有考慮過結紮手術？」他問。

在他解釋我可以享受性行為，卻不會有常見的後果後，我完全接受了。

「我要報名。」我說。

隔天，我午休時離開車行，開車到醫生診所，用一套二手高爾夫球桿換來一針一刀和一剪。然後我拿了一個冰袋，一瘸一拐地回到展示中心，當天下午還賣了幾輛車。

第五章 分崩離析

一九六七年，我從麥馬金汽車走過馬路，加入了競爭對手史蒂文斯兄弟汽車銷售公司（Stevens Brothers Auto Sales）擔任銷售經理。吉姆・史蒂文斯（Jim Stevens）見證過我高度的職業道德和驚人的銷售紀錄後，招募了我。

「我想，如果我打不過你，不如就雇用你。」他對我說。

史蒂文斯的庫存量是麥馬金的三倍，更重要的是，他還給我經理的職位，這個職位包括了固定工資和佣金，非常符合我一直以來對更多收入的需求。我很快地證明了自己的價值，打破了他的銷售紀錄。

隨著我在史蒂文斯的收入增加，我的賭博熱情也隨之上升。我從賭幾百元，增加到幾千元，但是結果並不理想。一次輸球後，我發現自己輸了四千美元。到了周一，接受我下注的組頭到史蒂文斯來收錢。

錢已經放進信封，只是少了兩千元。

自然而然地，我想到一個計畫。

我告訴組頭：「你得給我一次翻本的機會。」鯊魚環繞著誘餌，覺得這是能讓錢翻倍的機會。

「你有什麼提議？」他說。

「把硬幣丟到那條線上。」

組頭知道我在這方面的崇高聲譽，因此他沒有上鉤。經過一陣沉默後，我望向窗外，指著兩隻正停在商店外電話線上的知更鳥。

「看見那些鳥嗎？」

「看見了。」

「牠們兩個都面向東方。」

「那又怎樣？」

「我用欠你的錢打賭，無論哪隻鳥先飛離那根電線，都會往西飛。」

這個組頭給我一種你在開玩笑吧的表情。

「我接了。」

我們坐在那裡觀察了一、兩分鐘，直到最靠近我們的鳥起飛後，轉了一百八十度，往西飛去。

「中了啦！」我大笑著喊道，一直笑到那個組頭兩手空空地離開。吉姆的小舅子羅尼．奧爾德里奇（Ronnie Aldridge）目睹了這一幕，他不敢相信我的幸運，或是瘋狂。

「你到底有多大膽，敢下那種賭注？」他問道。

「嘿，羅尼，」我說，「這幾天我一直在觀察那隻鳥，它每次都做同樣的事。」

我在史蒂文斯工作了五年，在一九七二年認為自己已經學到足夠的知識，可以開始自己的二手車批發生意。作為一個獨立的批發商，我可以從其他經銷商、租車公司和拍賣會購買大量汽車，然後出售賺取利潤。

我的第一個車行叫做泰勒大道汽車行（Taylor Boulevard Auto Sales），離邱吉爾唐斯的雙塔賽馬場大門步行只需十分鐘。就空間而言，我的車行場地很小，只能容納二十輛車，我得在附近的街道上找停車位，無論是否合法，來停放其他四十到五十輛車。

狹小的空間很快無法負荷生意的擴張，所以我搬到貝里大道上一個更大的場地。業績快速成長，從每周售出二十輛汽車，到四十輛，然後增至八十輛。從那時開始，我持續加碼，高峰時每個月能賣六百輛車以上，每個月能賺六萬美元，有時候更多。

我也曾用電話買過上百輛車，完全沒看車，但還是自信無論如何都能將它們全賣出去。生意順利進行，我在拍賣會上變得傲慢自大，高聲喊道：「你們其他人最好把錢收起來，因為無論如何，接下來三十輛車我都買了！」

在肯塔基州和鄰州的拍賣會上買車，意味著很多車需要進行細節處理、換輪胎、修整和油漆，因此我建立了一個能處理這些工作的人脈網絡。我還需要一個接送的司機團隊，我在一個當地的中途之家找到了很多人，這個地方充滿了一些——我在這裡姑且稱之為有趣的人物。

法蘭克·奧德爾·蓋恩斯（Frank Odell Gaines）就是其中一個，這位來自肯塔基州法蘭克福山區的好老哥發現自己有開鎖天賦，不過逃逸技巧卻有待提升，他因各種犯罪被判了二十年監禁。雖然他比我大很多，但作為熬過困難時期的戰士，我們建立了深厚的聯繫，最終我訓練他成為汽車業務的經理。

法蘭克從中途之家又聘用了其他員工，他們從不抱怨，感激穩定的工作，忠心耿耿，成為我的後盾，但也帶來了一些包袱。

消息傳開了，當地執法部門得知我雇了法蘭克和最近剛獲假釋出獄的其他人，像是曾因搶劫六十五家銀行，而在聯邦監獄服刑了十二年的路易斯·斯諾登（Louie Snowden）。每當路易斯維爾發生重大犯罪事件時，警察或聯邦調查局探員都會來詢問我的人。執法人員並未逮捕任何人，反而是我可能賣了一、兩輛車給他們。

我在批發二手車的過程中，從未累積起可觀的營運資金，我是靠「借來的資金」

（Other People's Money, OPM）或所謂的「浮動資金」運作的。實際上，直到車輛的所有權轉移到我名下之前，我都不需要付款，而我有信心在產權轉移之前就賣掉它，九年來，一直是這樣左手轉右手。我每天都很有壓力，因為我必須賣車給組頭還債，他們不在乎我有生意要經營，也不管我是否醉了、生病了或是宿醉。

不知怎的，我以某種方式保持著這個不怎麼歡樂的旋轉木馬持續轉動。如果我過的是「正常」的生活，或許我會積累足夠的金錢，擁有十幾家車行；相反地，儘管我的業績很成功，我仍然陷入更深的債務中。

我會一次買二十或三十輛車，但不花錢，很多都是透過麥克·霍克特（Mike Hockett）購買，他在城東經營印第安納波利斯汽車拍賣行（Indianapolis Auto Auction）。麥克在汽車批發拍賣業超過五十五年，是個有絕對權力的經紀人。

在六〇年代末期，他的拍賣會可供買賣雙方進行直接了當的交易。拍賣會場地是片十四英畝的黑色柏油路面，至少分為四個車道。每天有多達兩百輛汽車沿著每條車道行駛，供幾百位經銷商查看，每條車道都有拍賣師或寄售人站在那裡，確認每次交易。

亂中有序，我心目中的工作場所。我像著魔一樣穿梭在兩、三條車道之間，不花錢地購買一輛輛車，一天內信用購買高達二十萬美元的車輛，麥克也信任我能在二到三周的車輛轉讓期限前賣出車子。

多年來，除了在拍賣會上，麥克和我之間也進行大量的汽車買賣，我們變得很親近，至今我仍然視他為我最好的朋友之一。但我不只一次考驗這段友誼，像是有次我去拉斯維加斯賭博，當時欠他大約十五萬美元。

這顯然不是哈佛商學院會教的策略。

我的好朋友盧瑟．詹姆斯（Luther James）曾負責里維埃拉酒店賭場的公費旅遊，我也一起去了。我在十九歲時認識了他，他的背景和我非常相似，我們都是從鄉村出來打拚的孩子。他曾在泥土路上推著手推車賣蔬菜水果，一天賺一美元，後來又賣起煤塊，一袋五十美分，同時也在他爸媽位於路易斯維爾波特蘭社區的家中做起賭博生意，弄出一個賭徒的窩點。

十五歲時，盧瑟在底特律過暑假，學習了汽車裝潢，然後返回家鄉，一九五二年從肖尼高中畢業。韓戰期間，他被派駐到諾克斯堡附近，休息時間就去兼職保鑣，每班可以賺七美元。當他回到平民生活時，在第七街開了一家椅套店。不久之後，他在店前面開了一家餐廳，並且逐漸發展成一系列的夜店、酒店和購物中心。

我在里維埃拉酒店玩百家樂時走大運，贏了三十萬美元。盧瑟知道這些錢很快就會消失，這種事他已經看過太多次了。就像一個好朋友會做的事，他叫我停下來。

他說：「今晚該結束了。」

盧瑟護送我回我們的房間，我像隻被囚禁的老虎一樣在房裡踱來踱去，口袋裡莊家的錢讓我心神不寧。等盧瑟睡著後，我便回到賭場，馬上輸掉那三十萬美元，還多輸了我根本沒有的十五萬美元。

然後我回到樓上，像什麼都沒發生一樣睡覺。

等麥克發現我把錢輸光了，他氣炸了，我從沒見過他那麼生氣，這件事在一段時間內對我們的友誼造成了很大的傷害。

回首往事，那些日子是我一生中最糟糕的日子。每次遇到喝酒和賭博，我都無法控制自己，有許多次，我本該死去，而且有一次，我差點就死了。

這段瀕死經歷發生在我們去假日酒店拍賣會後的撲克遊戲。麥克和另外六個汽車經銷商都在場，我們每個人都帶著幾千塊現金，我們在牌桌上激烈對戰時，電視聲震耳欲聾。

遊戲進行到某個時候，有人叫了客房服務。那時我們已經連喝了好幾個小時的酒，我需要上個廁所。我正要起身去洗手間時，有人敲門。不是客房服務。三名戴著面具的男子突然持槍闖入，他們命令我們閉嘴，趴在地板上，手舉向前，以便搶走我們的手表、戒指以及一堆現金。

在那一刻，我因長時間吸菸開始咳嗽，停不下來。這時，酒精讓我對其中一個搶匪口無遮攔，接下來我就意識到有把點四五口徑的槍頂在我的耳後。我停止咳嗽，甚至停止呼吸，而扳機已被拉起。

「我記得我說過，給我閉嘴。」

房間突然寂靜無聲，唯一的聲音來自於電視，而且聽來不祥——那是新電影《我倆沒有明天》（*Bonnie and Clyde*）的預告片，片中槍聲轟鳴。

我來不及到洗手間，我喝了太多啤酒，再也憋不住了。就在地板上，槍頂著頭，我失禁了。

好像生活還不夠危險似的，我會開車穿過像佩恩次維和派克維爾這樣的鄉間小路，尋求一些刺激。這個地方曾是煤礦區，距離哈倫郡開車只需幾個小時，那裡是我最喜愛的電視劇《火線警探》（*Justified*）的取景地。高額賭注的七張牌梭哈從晚上六點半左右開始，一直進行到深夜，輸贏金額高達五萬美元，甚至更多。桌子上坐滿了煤礦主人和私酒釀造者，危險是這個山區族群共同的特點，他們對玉米酒和槍械有著特殊的喜好。我通常會找人一起以確保安全，但這並不會有任何區別。如果夜色昏暗，就很適合成為殺人現場，無論合不合理。

但我沒有賭博時，就感覺死氣沉沉。我需要行動。無論是肯塔基東部的山裡，數不清的敞開大門的酒吧，七街上唱著魅惑歌曲的脫衣舞俱樂部，或是在路易斯維爾賽馬場，我總是忍不住每場比賽都賭個一千美元，還會不斷向看臺上的組頭加注數千元，又或是朝骯髒的男廁牆壁丟硬幣，每丟一次賭五千。

我即將面臨一些自己無法想像的行為。

第六章 只剩三十天可活

日子突然進到二十多歲、快到三十歲時，肩上如山的家庭責任也無法減緩我不負責任的生活方式，我對骰子、撲克牌和證明自己無所畏懼的執念，遠遠勝過對第二任妻子和孩子們的關注。

我無法計算自己錯過幾次史考特的球賽，或是打電話約了卡蘿：「我們晚上出去吃晚餐，讓孩子們準備好。」卻又失約。

我一次次打破承諾。

我很愛我的家人，並將奶奶灌輸給我的價值觀——尊重他人和強烈的職業道德，傳承給兒子，但我表現愛的方式僅僅是在經濟上提供支持，除此之外並不多。

每周工作七十到八十小時之外，賭博耗盡了我剩餘的所有精力。在那個時候，我不適合婚姻和家庭，所以人生採取了行動，用一紙通知書給了我一巴掌。

這個通知是透過長子史考特傳來的，他是你能遇到最善良、最有愛心的孩子，也是個討人喜歡的人，願意做任何事情來讓他的父母快樂。

史考特未能通過一年級，我將這個挫折歸咎於他有輕微的口吃。我並沒有認真重視這個問題，只是告訴他：「你得更努力、更專心。」

直到一九七四年秋末，我們家難得外出遊玩，我才注意到史考特面臨的困境遠比缺乏專注力更加嚴重。我帶著卡蘿和孩子們（德林當時四歲）去看現已不存在的美國籃球聯盟的肯塔基上校隊比賽。

在回家的路上，我們在弗里施大男孩餐廳停下來吃南瓜派。在等待甜點時，我問了史考特成績單的事。

「怕怕，我會做得很好的，」他回答。

「不要叫我怕怕，史考特，叫我爸爸。」

史考特沒回答，他拿起一支筆，努力想在餐巾上寫自己的名字，因為他是用左手拿筆的。

「把筆換到右手，」我說，「你是右撇子。」

史考特試了試，但他的右手握不住筆。

卡蘿和我以為史考特在後院蹦床上玩的時候，可能弄傷了手，隔天卡蘿帶史考特去兒科醫生那裡做檢查，她從診所打電話給我。

「醫生希望我帶史考特去看神經科醫生。」她說，「我現在正在去那裡的路上。」

那天晚上，我們面臨著任何父母都不想聽到的消息。

你的兒子患有晚期腦瘤。

腫瘤巨大，位於史考特左眼後方，與第三腦室相距僅僅數公分，第三腦室是大腦的中央部分，負責促進其他腦室之間的交流。神經科醫生告訴我們，如果腫瘤變大，即使只增長了一張紙的厚度，腦室就會缺乏血液供應，史考特將會死亡。

他判定我們七歲的兒子只剩三十天可活。

我心愛卻從未優先考慮過的兒子，我把他和其他家人都視為理所當然。

老天，我滿懷罪惡感。我沒有履行作為史考特父親的職責，我錯過的那些用餐時光，無數的深夜裡我缺席於餐桌前，也缺席在他們的生活中。

此時我能做什麼？答案是什麼都沒有。所有人都無能為力。

醫生告訴我們，他們可以對腫瘤進行切片檢查，以更好地確定治療方案，但即使是這個簡單的手術，也可能結束史考特的生命。在權衡利弊後，卡蘿和我決定進行手術。

其實，我們基本上是在等待史考特的死亡。有時候，夫妻面對危機時會團結，但我們不是。卡蘿陷入震驚狀態，她不斷哭泣，全心投入照顧我們的兒子之中，始終不願讓他離開，放任他隨心所欲。當然，她的反應完全可以理解。

我以為自己已經歷過幾乎所有事，但這是我從未想像過的。我們的孩子面臨死亡，我們的婚姻正在破裂。我不僅沒有成為力量和安慰的來源，而是充滿了罪惡感，用威士忌和啤酒麻醉自己，連續六個月。我在酗酒時，醫生們創造了醫學奇蹟，他們精心計算劑量，進行放射治療並口服藥物，幫助我們的兒子戰勝了這場艱鉅的挑戰。儘管他的大腦受損，他還是活下來了。

然而，我和卡蘿的婚姻沒有活下來。她希望擁有一位寵愛她的丈夫和一個更穩定的生活，但在我生命中的那個時刻，我不是那樣的人。

在一個喝酒賭博的夜晚之後，結局不出預料地來臨了。我大約在午夜時分回到家，身上滿是菸味和酒氣，我們再次開始爭吵，聲音大到吵醒樓上臥室裡的孩子們，我扔了一些不該扔的東西，說了一些不該說的話，用拳頭將廚房門砸出一個洞，然後走了出去。沒有回來。

與此同時，我生活中的其他方面也逐漸支離破碎。高度槓桿的批發二手車業務正在崩潰，經過三年無休止的貸款和透支後，路易斯維爾信託銀行（Louisville Trust Bank）下令終止，我欠了銀行二十萬美元。在我精力充沛，能量爆棚的日子裡，我可以很專注，每天賣出二十輛車。然而，在汽車業已經做了十六年，再加上對史考特的內疚感，我感到筋疲力盡。我是一個三十幾歲的騙子，卻已經失去了任何騙人的精力。

如果我將車行裡的每輛車都賣掉，我可以湊到足夠的錢來償還銀行或是合作的修車廠、輪胎商和機師。我選擇先還朋友的欠款，這意味著我必須與銀行簽訂一張承諾兩年內還款的欠條。

在與供應商結清賬目後，我帶著可悲的自己和最後的兩萬五千美元，前往拉斯維加斯的里維埃拉賭場，放手一搏。

聯邦快遞（FedEx）創辦人弗雷德・史密斯（Fred Smith）在七〇年代初也做過同樣的舉動。聯邦快遞成立不到兩年，就因燃油成本上漲而負債數百萬美元，史密斯拿著聯邦快遞最後的五千美元，去了拉斯維加斯的二十一點賭桌，結果他贏了兩萬七千美元，足以支付公司一周的燃料費用。

史密斯先生和我之間有許多不同之處，其中一個是他在拉斯維加斯贏了，而我破產了。

我身無分文，心情沮喪，筋疲力盡，需要一個地方躲藏和重新整理心情——一個沒有賭桌或滿是酒水的地方。教堂的長椅很不舒服，所以我選擇入住路易斯維爾的和平聖母精神病院，那是一個為有心理和情緒問題，包括成癮症患者而設的治療中心。

經過度日如年的兩天，我意識到如果繼續待下去，我會發瘋。所以我回到了現實世界，並以我擁有的唯一好事為基礎，開始重新建立我的生活，這件好事即是與一位堅強女性的穩固關係。

一年後，在一九七六年卡蘿和我正式離婚，結束九年的婚姻。卡蘿後來嫁給一位可靠的男士傑克．科特納（Jerry Cottner），現在他也是我的好朋友。最終，我做朋友比做丈夫好多了，我盡力彌補我作為史考特和德林父親的失職。

儘管我對長期關係沒有明顯的興趣，但我曾匆忙地進入兩段婚姻。說來奇怪，最終幫我改變的女人其實就在不遠處。

她是我很熟悉的韓福瑞斯家族的一員，我和她哥哥強尼是老朋友，他比我大六歲，而且我從一九六五年就認識她的父親查理．韓福瑞斯（Charlie Humphries）。強尼帶我認識了高爾夫球，查理則是個熱衷於小賭博的人。

我認識的大部分賭徒都靠著藍領工作勉強過活，如果他們有穩定工作的話。查理是菲利普莫里斯公司（Philip Morris）的高階主管，這是一家很厲害的菸草公司。查理把組頭「老鼠」的電話設為快速撥號，每年他會休一個星期的假，前往路易斯維爾的自由廳或列星頓的拉普體育館觀看州高中籃球錦標賽，還會在每場比賽下注五十美元。

查理和強尼也會在下班後到尼維特打撞球。不久後，他們邀請我去他們在路易斯維爾的家，參加查理的五毛錢周五夜牌局。

我第一次去他們家時遇到了他的妻子瑪莎和他們的女兒蘇珊，蘇珊有一頭美麗的金髮和閃閃發亮的藍色眼睛，那時候她十六歲。我當時還不知道她是學校劇團的演員，也是女子腰旗美式足球的運動員。

蘇珊多年後告訴我，她一看到我憔悴的臉龐，就覺得我跟她哥哥年紀差不多，甚至和她父親差不多。的確，在煙霧瀰漫的酒吧度過的深夜，在我腫脹疲憊的臉上留下了痕跡，我看起來就像個「鄉巴佬」，那時很多人仍這麼叫我。

我沒有多看蘇珊一眼，那時我已婚並有一個孩子，而她只有十六歲。她幾乎只是咕噥著打了一聲招呼後，便衝出了房間。

幾年過去，蘇珊結婚了，我們偶爾會在路易斯維爾相遇。在命運的安排下，有天晚上我去了當地的賽馬場，遇到了強尼和一些朋友，蘇珊也在其中。我知道她那時二十六歲，並且已經離婚了。

我們之間三歲的年齡差不再是問題，即使我看起來比實際年齡老了十歲。我們有很多共同點，她的父母就像我的第二對父母，她的兄弟就像是我從未擁有過的兄弟一樣，我們有許多共同的朋友，在城裡也有共同喜愛的地方。

蘇珊一生都在賭徒身邊長大，她對那個世界瞭如指掌。她的性格活潑，我們可以笑一整晚、聊一整晚，和她在一起讓我覺得自己很好，而在當時這是件罕見的事情。

那一晚，我約她出去，後來我們開始偶爾約會。她很謹慎，因為我第二次離婚還沒有完成，她也正和另一個男生約會，那男生很認真，所以我有情敵。

蘇珊在長大的過程中，從父母家定期舉辦的撲克遊戲中學到一些東西，就是她非常謹慎地打牌，而且喜怒不形於色。她也是一個積極且隨和的人，似乎沒有什麼事能使她困擾，這對我來說真是一大福氣。

當我酒喝多了，偶爾變得刻薄時，她會劃定界線。無論在酒吧、餐廳或賭場，她只要一看到我表現出粗魯的跡象，就會直接站起來離我而去。她也看到了我身上的好，即使在我自己都難以察覺的時候。

我們約會幾次後，我決定要更認真了。我鼓起勇氣邀請她和一群與她父母也關係密切的朋友，一起前往拉斯維加斯旅遊。

畢竟，我是個賭徒，但我搞砸這件事的機率很高。

蘇珊為此次旅行設定了一些基本規則，她堅持飯店房間要分開，因為我們是和她家的朋友一起旅行，她不想對父母不敬。我像一個紳士一樣接受了這些基本規則，但在搭飛機時，我竭盡全力消耗飛機上的酒水供應，也因此觸發了自我毀滅機制。

落地後，我茫到不行，不想和其他人一起等包車，於是我跳上一輛計程車，飛快地前往里夫飯店，把蘇珊和我的同行者們撇在身後。這可不是能夠開啟浪漫長周末的行為。

蘇珊一個小時後到達飯店，她的朋友發現我面朝下昏迷在一張二十一點賭桌旁，身無分文。

我以為我一定搞砸了，但蘇珊就是蘇珊，她最大限度地利用剩下的周末和朋友逛街，而我則用借來的賭金繼續賭博。如果蘇珊生氣了，她也沒有表現出來，這讓我既害怕又好奇。

回到路易斯維爾後，我向她表達了歉意，她似乎接受了，這讓我更加困惑。我們回來的隔天，我訂了一大束鬱金香，送到她工作的貨運公司調度部門。我以為我已經讓另一個追求者占了上風，我也知道他最近送她一束花，所以我過度補償，送了她兩打的鬱金香，她喜歡鬱金香。

我在卡片上寫著：「我說過，我是那個人的兩倍。」

我不確定是鬱金香還是我的口才，但蘇珊打電話來，微笑有禮地感謝我。

「我的辦公桌看起來像邱吉爾賽馬場的德比日（Derby Day）。」她說。

我想她可能是最寬容的女人，或者她正在等待完美的時機，要將我踢下樓梯。我打賭她會對一個粗獷的鄉村男孩心存柔軟，所以在鬱金香枯萎之前，我採取了行動。

幾天後的一個晚上，我站在她公寓門外，盡我所能模仿好萊塢浪漫喜劇中的鄉巴佬，戴著墨西哥帽，還是皮製的，手裡拿著一個行李箱，我敲了敲門，然後坦白地說：

「我可以搬來和你一起住嗎？」

我的大膽舉動得到了回報。她讓我進門，而不是把我踢下樓梯。

幾乎我們認識的每個人都會告訴你，蘇珊讓我開始變得更好。每個人（無論男女）總是用同樣的詞來形容她——一位聖人，因為她這些年來一直陪伴在我身邊。

然而，蘇珊會告訴你，她喜歡我身上的企圖心，並且深信我會成功。她擁有無限的寬恕和正能量，即使我完全處於黑暗中，她也能看到最好的我。

我們於一九七六年九月二十一日結婚，我們的婚禮預示了隨後幾年的瘋狂混亂。法院內唯一可為我們證婚的法官魯希・尼可森（S. Rush Nicholson）原本正在審判一樁謀殺案，他暫時休庭，來為我們主持婚禮。

我們的儀式沒有安排見證人，因為那需要提前思考和計畫。當我在走廊上看到吉伯特・黑爾・紐特（Gilbert Hale Nutt）時，便邀請他來參加我的婚禮。吉伯特曾是我的離婚律師，他可能認為幾年後又可以處理下一次離婚案，又可以再賺點錢。

在簡短的儀式之後，蘇珊回貨運公司繼續工作，而我則回去賣車。我們一起中止了我破碎關係的循環，雖然沒有度蜜月，但後來的環球旅行彌補了這一點。

我應該先娶我的第三任妻子。不是說前兩任妻子有錯，只是蘇珊嫁給了一個在三十歲時終於、幾乎、差不多準備好要結婚的人。

結婚到現在已經四十六年，蘇珊仍然是我所遇過的最好的人。她和奶奶都是我的救贖，她是正直生活的榜樣。我們的愛是無條件的。

蘇珊不是那種會制定規則，或要求我改變的人。她意識到我對自己比對任何人都嚴厲，她對待我的方式非常完美，她等著我最終戰勝自己的惡魔，但我在過程中不斷考驗她的耐心。

第一次考驗發生在我們剛結婚不久，我和朋友們出去喝了幾杯，卻滿臉是血地回到家。說來奇怪，這次毆打事件發生在路易斯維爾的熱門場所，叫做「多多光臨」，該地自稱是一個「好人聽好鄉村音樂跳舞的地方」。

起初，所有事情都如宣傳的那樣和諧，至少對「好人」來說是這樣的。樂隊演奏時，我和葛萊美獎得主歌手兼詞曲作家蓋伊・克拉克（Guy Clark，被譽為「德州吟遊詩人之王」，他的熱門歌曲包括由傑瑞・傑夫・沃克（Jerry Jeff Walker）演唱的〈洛杉磯高速公路〉）一起投擲五分硬幣，每次賭一百美元。

自然而然地，我與這位未來的納什維爾偶像發生了一場愚蠢的爭執。爭論的主題是一個非常重大的全球事件——誰的硬幣更接近那條線。在達成和解之前，拳頭開始飛舞。我揮出漂亮的幾拳，但有人拿啤酒瓶砸我的鼻子，我就倒下了。然後樂團中的一些男孩加入戰局，我們最終逃到街上，我鑽到一輛車下避開他們四人。早上六點，我開車回家，敲了公寓大門，一身是血，以至於蘇珊以為我是一個頹廢的陌生人，她的評估也不算錯得離譜。

她正準備把門關上時，我勉強地嘀咕了一句：「是我。」郊區醫院的醫生清理完受傷的臉後，在我鼻子上縫了三十二針，我拿冰袋敷了兩天，腫脹才漸漸消退。後來，我不得不返回醫院接受手術，以矯正鼻子並修復偏移的鼻中隔。

給自己的提醒：下次想和樂團打架時，最好挑男孩團體。

第七章 開酒吧與賭盤

一九七五年，快到史考特八歲生日的時候，他非常想要一隻昂貴的鸚鵡，令人驚訝的是，我連一隻都買不起。於是我去了一家以濕 T 恤（Wet T-shirt）、吃香蕉比賽和撞球桌而聞名的路邊酒吧玩具虎。

我已經有十幾年沒有打撞球了，但我需要五百美元買那隻鳥。雖然有點生疏，但兩晚過後，我贏了錢，買下了那隻鸚鵡，然後就此封桿。在迫切需要支付帳單的情況下，我決定再試最後一次汽車業務。我向岳父查理借了五萬美元，他那時剛退休，菲利普莫里斯給他的退休金最多也只有二十萬美元。

查理借錢給我，因為他知道我愛他女兒。蘇珊也出力了，她心愛的一九七一年大眾金龜車賣了一千八百美元。我試著讓生意能有起色，我真的努力了，但我已經精力耗盡，推銷能力也已遠去，而且大家都知道我沒有信用額度了。

人們說要堅持自己熟悉的事物，所以蘇珊和我將僅剩的一點錢投資在一家名為帕提歐的酒吧。我們的合作夥伴是山米．馬里利亞（Sammy Marrillia Sr.），他是前景橋牌與雙陸棋俱樂部的老闆，這個名字聽來平淡無奇，卻是郡裡最熱門的撲克牌館。

我們將酒吧名字改為布屈卡西迪（Butch Cassidy's），播放鄉村音樂，私下也接一些賭注，但必須保持低調。領先的市長候選人比爾．斯坦伯里（Bill Stansbury）的政見包括發誓要打擊路易斯維爾的非法賭博行為。

對一個被稱為城裡最大賭徒的人來說，保持低調並不容易。在一九八〇年的超級盃星期天，我們的酒吧從中午到午夜都擠滿了人，關門後，我鎖上前門，清空收銀機，然後帶著約兩千美元的小鈔開車回家。

當我走向公寓大門時，兩個戴著滑雪面罩的歹徒從停在路邊的車後跳了出來，其中一個用雙管獵槍頂在我的肋骨上，另一個拿著一把點四五口徑手槍指著我的頭，兩人都像身處零下十度一樣顫抖不已。

太好了，我想，業餘搶匪。

「冷靜一點，錢拿走吧。」我說。

他們拿了現金，我做好了他們接下來要搶我假勞力表的準備，但他們有其他打算。其中一個搶匪搶走車鑰匙，打開了林肯車的後車廂，然後命令我進去。我知道活著從後車廂出來的機率不大，但與獵槍和手槍比拚的機會也不樂觀。

後車廂猛然關上，一切變得黑暗，連我的想法也一同消失。我害怕那些暴徒會開著我的車，把我帶到某個偏遠地點，然後要不就開槍殺我，要不就把我丟在那裡等死。

大去之期不遠矣。

然後他們開了自己的車走了。我鬆了一口氣，還好他們沒有朝後車廂開槍，但情況仍不容樂觀。後車廂裡沒有安全開啟機制，我感覺自己被困在一個棺材裡，等待著死亡的到來。

我像被附身一樣大聲尖叫拍打，但這樣的噪音沒有帶來任何救援。我擔心會把空氣耗盡，於是強迫自己冷靜下來，然後我又陷入了恐慌。在後車箱裡瘋狂翻找後，找到了一根輪胎撬棍，我撬了每個角落和縫隙，卻沒有什麼成果。

最後，我滿手鮮血，抓著撬棍，用力朝金屬音響捅出一個洞，也打開了通往後座的一個洞。

我用力推著開口，對著車內大喊，耗盡所剩無幾的精力。一個小時過去了，然後是兩個小時，我尖叫，休息，又尖叫。

最後，隔壁鄰居聽到了我的叫喊，他敲了我們公寓的門，警告蘇珊我們車裡出現奇怪的聲音。

我聽到了腳步聲。

「比爾，是你嗎？你在哪裡？」

她往裡面看，看到後座上有一個洞。

「我快要死了！」我大喊。「快點，拿鑰匙！」

謝天謝地她找到了備鑰。

蘇珊打開了後車廂，把我放出來。她幫我回到公寓的床上後，我告訴她為什麼會被關在後車廂裡。

「我們要搬家！我們要搬家！」我尖叫著，就好像問題出在我們居住的地方，而不是我魯莽的行為。

結果，我們沒有搬家，至少那時候沒有。

當我沒有被打得半死，或是在汽車後車廂窒息缺氧時，就在城裡四處遊蕩，一邊玩骰子、賭馬、玩七張牌梭哈，一邊喝酒，好好的錢都砸在不好的事情上。

前景舉辦了好幾場高賭注的賭局，山米的這家店是撲克遊戲的祕密花園，檯面上的雙陸棋和橋牌只是逃避當地執法部門的幌子。山米在牌桌上很有膽量，邀請制的牌局吸引了各式各樣的客戶。路易斯維爾的寵兒保羅．霍恩農（Paul Hornung）也在其中，他在一九五六年於聖母大學贏得海斯曼杯（Heisman Trophy），後來成為綠灣包裝工隊（Green Bay Packers）的傑出跑衛，一九六七年在教練文斯．倫巴第（Vince Lombardi）

指導下贏得首屆超級盃，且兩人都入選了名人堂。儘管大眾稱他為「金童」，對我而言他只是保羅。我們在一九六〇年代末相遇並成為好朋友，就在一九八〇年聖誕節前後，賭博成癮的保羅在輸了四萬美元後答應妻子，如果隔晚再輸掉一萬美元，他就不再賭了。但保羅又出現了，當然，桌上的每個人他都認識，但有位玩家只是有點眼熟。保羅立即開始嘲笑山米。

「這傢伙到底是誰？」保羅說。「你是要找人誆我嗎？」

山米裝傻，他說：「他只是一個想玩玩的外地人。」

保羅一聽就知道他在胡說八道，沒有外人知道這場賭局。然後他想到：這位外地人正是世界撲克大賽冠軍「貓頭鷹」鮑比．鮑德溫（Bobby "The Owl" Baldwin）。

保羅接下來的表現就像是在超級盃比賽中差一碼就能奪冠一樣，他站起來，對著山米的臉發洩火氣。

「山米，你這個混蛋！你怎麼能這樣對我們呢？我們是兄弟，我們是客戶，我以為我們是朋友，貓頭鷹在這裡做什麼？他怎麼會知道這場賭局的？」

山米終於坦白了，他告訴保羅，是我帶鮑比加入賭局，我們是夥伴關係。幸運的是，保羅最終贏回了一萬美元。我們總是笑談那個晚上的事，謝天謝地，保羅從來沒有懷恨在心。

我第一次遇見鮑比是一九七八年在拉斯維加斯的馬蹄鐵賭場，當時他剛以二十八歲的年紀贏得世界撲克大賽的主賽事，成為史上最年輕的冠軍。他在一九七七年至一九七九年間贏得四枚世界撲克大賽的冠軍戒指，然後轉到行政職位，他的眾多職銜中，包括夢幻度假村的執行長和美高梅度假村的首席客戶發展官。

鮑比和我達成了合作協議，我將贊助他，但在此之前，我不得不典當一些槍來籌集足夠的現金。當我在路易斯維爾機場迎接他時，鮑比手裡拿著一個東方航空的紙箱，裡面裝著他所有物品，儘管他剛在世界撲克大賽贏得了超過二十萬美元。

鮑比在城裡大約逗留十個月，在他返回土爾沙與家人共度感恩節前，我們在城鎮附近的賭場累積我們的資本。不過發生了一點小問題。鮑比留下剩餘的資金——六萬美元，毫不意外地，感恩節晚餐過後，我在我們裝修完的地下室玩花旗骰時，把那筆錢輸光了。

等鮑比隔周一從土爾沙回來時，我告訴他我已經把所有錢都輸光了，鮑比的態度就像他處理生活中其他事情一樣——沒有情緒化，他給了我時間去借錢還給他。

我很自豪地說，到了今天，鮑比和我仍然是好朋友。

在混混跟蹤我回家，搶了我的錢之前，我就知道開酒吧的日子所剩不多了，蘇珊和我已經受夠了在滿是啤酒和煙霧的環境中工作一整夜。

我們面臨的問題是：下一步該怎麼辦？

我在布屈卡西迪的賭博副業生意很好，我想只要我避免被逮捕或持械搶劫，這可能是件非常有利可圖的事。

就像六〇年代末到七〇年代的許多南方城市一樣，路易斯維爾充滿罪惡，不分日夜。那裡沒有組織犯罪，但有很多騙子。只要沒有人受到威脅或受傷，警察局就對賭博不理不睬，這種態度也助長了這樣的情況。儘管如此，我知道我已經從下注，跨過了法律界限，進入了接受賭注的危險事業。

一九七八年，新市長斯坦伯里因在競選政見裡，承諾要打擊非法賭博而成為新聞頭條，他已經關閉了幾個下注點，但在城裡還有十幾個組頭仍在接受下注。他們非常滿足地開著閃亮的新林肯或凱迪拉克四處遊蕩，只有在周一向我這樣的輸家收取每周的賭金時，才認真做生意。

他們大多數人都玩單邊比賽，拒絕在比賽日前公布賠率（拉斯維加斯在比賽日前六天就會有官方的 NFL 賠率表），要不然，就是在比賽前一天才公布。我算了算，發現如果我將博彩視為一個真正的生意，就像賣車一樣，我可以用勤奮、聰明和努力贏過鎮上的大多數人。

因此，在政府打擊犯罪的情況下，我開始全職經營博彩業務。你可以認為我是反直覺，或太過瘋狂，我採取了一種非常積極的做法，為我的顧客更早提供賠率表、更好的賠率和更高的限額，我歡迎各種收入和風險程度的賭徒。

我的賭盤業務每天開放十二個小時，每周七天，同時還舉辦各種促銷活動。在星期五晚上，如果你下注十場以上，我可以讓你決定賠率往其中一個方向移動半個點數。如果你下注所有比賽，每注只要一．〇五美元，而不用一．五美元。

我雇用了老組頭法蘭克．蓋恩斯和其他幾位狡猾的老手，在城裡的酒吧、餐廳、撞球館和撲克牌館接受下注，並宣揚比利．華特斯的名聲。作為交換，我的推銷員可以得到一定比例的業績回扣。

很快的，我就全職投入博彩，同時還要避開市長的團隊，他們一直在路易斯維爾市全城抓捕賭博。為此，我決定將營運基地遷至鄰近奧爾德姆郡的克雷斯特塢鎮。我將店設在一棟看似無害的建築物裡，我知道有些組頭會賄賂警察以避免入獄，我覺得沒必要，但我採取了一些預防措施，例如將主要投注紀錄保存在米紙上。

至少，這已證明是個明智的行為。

在一九八二年NFL球季的第一個周日，我和四個夥伴在後面的辦公室看早場比賽轉播時，突然聽到像是汽車撞破前門的聲音。

不，這是肯塔基州警用大錘砸開大門的聲音。大約二十多名州警和路易斯維爾警察衝了進來，我抓起主要賭注單，跑到最近的洗手間，當我正要將米紙做的紀錄丟入水中時，一個警察拿槍指著我的頭說：「你要是丟了，我就爆了你的腦袋！」

管他的，我心想，他不可能殺了我。

我把紙塞進馬桶裡，這不是最聰明的舉動，因為辦公室裡還散落一堆賭博紀錄。警察拿走所有剩下的證據，以及一大把現金、兩輛汽車、幾台電視和八支手機，其中包括四支裝有我們免費八〇〇熱線的手機。

博彩團隊的五個成員都被逮捕了，包括法蘭克和「喬克」唐納德・波特（Donald "Jock" Potter），他就像映時頻道的電視劇《清道夫》（*Ray Donovan*）裡強・沃特（Jon Voight）飾演的米奇，過往經歷充滿艱難挑戰，毫不光鮮亮麗。喬克曾是賽馬場的馬夫，擔任過二十一點荷官和組頭，他非常有趣，但警察似乎不欣賞他的機智。

在突襲搜查時，警察發現喬克停在門口的七三年蒙地卡羅車裡藏了大麻，他們命令他掏空口袋時，喬克翻出口袋裡所有錢，總共只有七分美元。

「好了，」警察說。「這裡由誰負責？」

「嗯，通常來說，擁有最多錢的人就是老大。」喬克面無表情地說，意思是七分錢先生絕不是主謀。

他們指控我們推廣賭博、持有賭博紀錄以及經營犯罪團夥，將我們押送到奧爾德姆郡監獄。我們每個人都須支付一萬美元的保釋金，由於那天是星期天，蘇珊只能湊到三萬美元，只夠保釋三名員工，所以我和法蘭克留下，他對於在監獄裡多待一會兒並不介意。

我們的逮捕事件成為隔天《信使日報》都市版的頭條新聞，標題寫著：「突襲賭博窩點逮捕五人」。報導中指出我們的行為已經被監視了六個月，州警估計我們每年賭金收入達六百五十萬美元，是州內最大的賭博團夥之一。

我一獲得保釋，立刻前往法蘭克．哈達德（Frank Haddad Jr.）的律師事務所，他是個謙遜且機智的人，也是路易斯維爾的傳奇人物，無論在法庭內外都備受尊重，是當你陷入犯罪指控時的首選律師。他不是奇蹟創造者，但也相去不遠了。

法蘭克曾擔任許多重量級賭博業者的律師，他也接了我的案子，但在此之前，他提出了自己的建議。

「比利，」他說道，「你有兩個選擇，你可以離開這個城市；或者，如果你留在路易斯維爾，就不能再參與任何形式的賭博。從現在開始，你會成為目標。」

法蘭克是對的，我需要離開路易斯維爾。當時我三十六歲，但看起來像七十幾歲，我的黑眼圈承受的重負包括數十萬美元的債務、三項重罪指控，以及一個仍在為生命而戰的年幼兒子。

幾年前，我和三個朋友——丹尼、哈丁和諾克．布雷登（Knocker Braden）打賭，賭我能活多久。我們各自下注五千美元，這不是開玩笑的，考慮到我放蕩不羈的性格，預估年齡為三十五歲。我的朋友沒人賭我會活超過這個年紀，我已經打破了那個賭注，但還能撐多久呢？

蘇珊和我同意我們需要重新開始。然而，最後引導我們方向的並不是理智和安全感。我不是生來當保險業務員的，我只是需要換一個地方，換到一個賭博是合法的地方去。

對我而言，只有一個地方適合我們——賭城拉斯維加斯。當我們告訴幾個朋友搬家的計畫時，他們覺得這種行為就像是吸毒者搬進毒窟。他們提出一個簡單的問題：一個沒有財務管理技巧的酒鬼和墮落賭徒，在一個把賭鬼當午餐、把夢想當晚餐的城市中能活下來的機率有多大？

即使是小時候玩骰子，我也相信我可以成為一名職業賭徒。你可以說我妄想，但我有個計畫，我正站在人生的十字路口上，用賭博的術語來說，我希望能夠從半熟手變成熟手，從一般下注者進步為一位持續贏多於輸的賭徒，且具備足夠的技巧改變最優惠的賠率。

決心已定。一九八二年九月底，蘇珊和我一路往西，前往那片承載第二次機會的土地。

第八章 天堂

拉斯維加斯和我在八〇年代初有許多共同點。我們抵達時，罪惡之城就像是掛在繩索上的疲憊拳手，六、七〇年代的鼠黨風光已經消退，只留下一個俗氣的旅遊城市，提供一晚二十九美元的飯店房間，老舊的賭場，吃到飽的自助餐，還有找來事業已近黃昏的明星們站台的表演廳。

無論好壞，我都很適合這裡。我在傑克．比尼恩（Jack Binion）的職業賭徒邀請賽（Professional Gamblers Invitational, PGI）高爾夫球賽中認識了很多賭城的人，但他們也認識我，知道我是個血液酒精濃度愈高，賭技愈低的賭徒。噢，我在賭場很受歡迎，因為在他們眼中，我贏來的錢都留不過兩天，我是個超級大傻瓜。但我可能是個危險的愚者，因為我會賭上一切，不去擔心是否再次破產。

在那些日子裡，拉斯維加斯是個充滿暴力氛圍且暗流湧動的地方。四〇年代到六〇年代主宰該城市的猶太黑幫，以邁爾．蘭斯基（Meyer Lansky）、巴格西．西格爾

（Bugsy Siegel）和莫·達利茲（Moe Dalitz）等人為首；到了七〇年代，他們被黑幫組織家族取代，像是芝加哥犯罪集團和它心理變態的首領安東尼·斯皮洛特（多數人稱他為「螞蟻東尼」）。

斯皮洛特是個極易點燃的人體火藥筒，他成為馬丁·史柯西斯（Martin Scorsese）一九九五年黑幫電影《賭國風雲》（*Casino*）裡喬·派西（Joe Pesci）所飾演的尼基·桑托羅（Nicky Santoro）的靈感來源。斯皮洛特用謀殺和殘虐的名聲來彌補自己矮小的身材（五呎二吋，約一百五十八公分）。

螞蟻用冰鑽、鐵鎚、噴燈和其他工業工具折磨受害者，從而感受施虐的快感。他被指與近二十起謀殺案有關，引起整個城市的不安。

斯皮洛特被認為是臭名昭著的犯罪團夥「牆洞幫」的領導者，這幫團夥由保險箱竊賊和盜賊組成，以破壞高檔住宅、豪華飯店客房和昂貴商店的牆壁和屋頂聞名。這些歹徒後來擴大了他們的恐怖統治範圍，包括放高利貸、放火，以及暴力向市裡的頂尖賭徒和組頭收取「街頭稅」。

他們的目標之一是A級撲克牌職業玩家「奇普」大衛·里斯（David “Chip” Reese），他是我的朋友，也是博彩的合作夥伴，我在七〇年代後期在一場PGI錦標賽上遇見了奇普，我們一見如故。奇普來自俄亥俄州的代頓市郊區的申特維，曾就讀達特茅斯學院，他在撲克牌和橋牌方面的傑出表現，使他的兄弟會成員們將一間牌室命名為「大衛．里斯紀念牌室」。奇普要去史丹佛讀法學院的途中，停留賭城時參加了一場職業撲克錦標賽，贏得六萬美元，他就再也沒有離開這個城市。

螞蟻和他的爪牙在世界撲克大賽期間騷擾奇普和其他選手，要求分一杯羹，每次要求都以一個不祥的「除非……」結尾，而任何一個腦袋正常的人都不會想知道「除非」指的是什麼。

在七〇年代末，奇普成功獲得了租下沙丘賭場撲克牌館的權利，該賭場的前業主為強尼．莫斯（Johnny Moss），他是位非常老練的撲克玩家，也是多次世界撲克大賽的冠軍，但他在一場撲克遊戲中輸給奇普二十萬美元，莫斯無法支付債務，因此他交出了鑰匙。沙丘賭場的幾乎每張桌子上都至少有一、兩個德州撲克或七張牌梭哈的老千。

有段時間，沙丘曾經是在拉斯維加斯唯一可以進行真正高限額賭局的地方。奇普知道如果他不整頓出千的情況，那些大戶就會消失，於是他找來一個執法人。不是肌肉男，而是一位名為道格．達爾頓（Doug Dalton）的專業經理。

道格在六〇年代從聖地牙哥來到拉斯維加斯，起初他以二十一點發牌員和參加低限額賭局來維持生計。在一九七八年接管沙丘的私人雅間後，他開創了出色的職業生涯，並在金磚飯店、夢幻度假村和貝拉吉奧飯店晉升到更高的職位，他在貝拉吉奧負責管理以我朋友「鮑比．鮑德溫」命名的名流撲克牌館。

道格擔任沙丘賭場值班經理的第一晚，他明確表示賭局將公正進行，且問題玩家也會被適當地處理，製造麻煩的人會帶到辦公室，進行一次性警告，內容大致如下：

「你可以告訴老婆小孩，準備搬回加州了。」

「什麼意思？」

「如果你再亂扔牌，或對荷官無禮，我會永遠把你踢出這裡，然後把你加進城裡每一間撲克牌館的黑名單。你自己看著辦。」

「你是認真的？」

「你知道我是認真的，我也做得到。」

「對不起，道格，我不會再犯了。」

而且有九成的比例，確實沒有再犯。

某天，有個矮胖的傢伙非常生氣，把牌扔向荷官。道格直奔他的桌子。

「聽著，」他說，「你得冷靜下來，不然就離開。」

下一局，那個人又再犯。

「出去。」道格說。

道格後來說，當時房裡的每個人都呆住了，因為剛剛趕出去的可不是一般人，他是斯皮洛特的司機山米・斯皮格爾（Sammy Spiegel），他也是個殺人不眨眼的角色。

斯皮格爾離開時，停下來和道格說了幾句話，房裡再次陷入寂靜。

「道格，我喜歡你，」斯皮格爾說，「所以我走。但不要再對我這麼做。」

之後，道格打電話提醒奇普。

「我們兩個可能會被殺，因為我剛把山姆・斯皮格爾趕走了。」

為了確保我這個新人能在蠻荒西部活下去，我尋求了牛仔的指導，也就是拉斯維加斯老牌賭場老闆萊斯特・班・比尼恩（Lester Ben Binion），終極的賭城內行人，深具洞察力和豐富的常識，而且，在他的年代，他是個令人敬畏的存在。

班尼就像賴瑞・麥可莫特瑞（Larry McMurtry）小說裡的暴躁角色，他的綽號源於他在德州的過去——他曾以「牛仔風格」射殺了一個人，也因為他將全國牛仔競技總決賽帶到他被收養的家鄉。今日，和班尼真人同樣大小的騎馬銅像占據著南極點賭場與溫泉飯店的大廳。

班尼在大蕭條時期的達拉斯建立了賭博和敲詐勒索帝國，他以冷血的黑幫老大著稱，犯罪紀錄中包括非法釀酒、私藏武器的指控，還有幾起謀殺案被定罪。撲克高手兼人性專家「阿瑪里洛瘦子」湯瑪斯・普雷斯頓（Thomas "Amarillo Slim" Preston）為班尼提了這樣的墓誌銘：「他是你見過最溫柔的壞蛋，也是最邪惡的好人。」

班尼在德州小鎮派洛特格羅夫出生長大，但在五〇年代初期，對身家億萬的他而言，住在達拉斯有點太危險時，就遷居到內華達州。他將撲克及其迷人之處帶到拉斯維加斯，開設了馬蹄鐵賭場，它位於市中心的「燈光峽谷」，那裡出名的有深夜兩美元的特價牛排、單副牌的二十一點桌、極高限額、玩家享免費飲料，以及在處理老千時的「邊疆正義」。

班尼的座右銘是「人們想要好的威士忌、便宜的食物、公正的賭局，讓小人物感覺像個大人物。」夜復一夜，馬蹄鐵賭場提供了這一切，直到一九五三年，班尼因為聯邦所得稅問題失去了賭場執照。他的大兒子傑克最終接管了賭場，而班尼則擔任公關主任的職位。他曾經走在黑暗面，但是在晚年，大家都認為他是個善良且充滿智慧的人。在一九七〇年，他還創辦了世界撲克大賽。

我向班尼請教如何在拉斯維加斯生活和賭博時，他已經快八十歲了。在我們離開路易斯維爾之前，我多次拜訪班尼，也更加了解他和他的家人。等我安頓好，向他提出見面的要求時，他邀請我到他在馬蹄鐵咖啡店的角落包廂共進晚餐。

拉斯維加斯市中心的智者很快地分享了一些明智的建議。

首先，他告訴我要避開一個我們倆都很熟悉的人。

「他會告密。」班尼說。

第二個建議是將他的長期律師哈里・克萊伯恩（Harry Claiborne）推薦給我，以防不時之需。

班尼將最重要的建議留到最後。作為一個曾讓自己對手感到恐懼的人，他提醒我避開另一個特別危險的人。

「比利，如果你要在這裡生活，你真的得保持低調。你絕對不會想招惹的人就是東尼・斯皮洛特，如果他發現你在這裡，你就得做出一些艱難的決定，他會強迫你付保護費，這一點我幫不上忙。如果你不付錢，他會傷害你，或殺了你。你的選擇只有兩個，付錢或是離開。」

班尼已經和斯皮洛特亮過他手中的王牌。幾年前，我的好朋友，也是職業撲克玩家比利・巴克斯特（Billy Baxter），在他位於麗晶大廈的家接到一通來自「螞蟻」的電話。比利這樣描述那次對話：

「我得和你談談。」斯皮洛特說。

「東尼，現在是晚上十點了。」

斯皮洛特根本不在乎。

「我在文契爾甜甜圈店，我需要馬上見到你，我會等你。」

從斯皮洛特的語氣中，這可不是比利能拒絕的邀請。他匆忙趕往文契爾。

「直接切入正題吧。」斯皮洛特開門見山。螞蟻明確地指出，他要從比利和「另外那個肥子」，也就是道爾．布朗森（Doyle Brunson）那裡拿走他們收賭的二五％收益。如果他抓到有人收了賭卻沒有分成給他，他會用冰鑽在道爾的「大肥肚」上戳出十二個洞。

這個黑幫分子沒有任何商量餘地。

第二天早上，比利見到道爾，轉達了斯皮洛特的警告，包括他威脅的具體戳刺次數。道爾指著比利當時豐滿的腰圍笑著說：「那你的肚子呢？」

先不說那些玩笑話，這兩個男人面對的是個棘手的大問題。他們決定聯繫他們的朋友傑克，他先與自己的父親談了談，然後同意與他們見面討論這個威脅。

根據比利的說法，班尼很直白。「我不想這麼說，但你們陷入了一個糟糕的境地。如果你們能讓東尼來這裡，我會和他談談。」

這就相當於賭城版教父請求和對手幫派老大坐下來談判。比利打電話給斯皮洛特，告訴他自己及道爾與比尼恩家族交好，而且班尼想在馬蹄鐵和他見面談談。

「哦，你把那個老混帳扯進來了？」斯皮洛特羅回話。

他們真的見面了。斯皮洛特帶著幾個殺手出現，但發現班尼也帶了足夠的保鑣。班尼知道最好不要擦槍走火，於是，他像平時一樣扮演起和事佬角色。

「東尼，這兩個小子是我兒子的朋友，他們是好兄弟，你能不能通融一下？」

螞蟻沉默了很久才回答：

「你知道，班尼，我會為了你通融這件事。」

抵達拉斯維加斯後不久，我認識了另一個賭城玩家，雖然他不像班尼．比尼恩那樣。「醫生」伊凡．明德林（Ivan "Doc" Mindlin）是一位骨科外科醫生，也是個賭博狂熱者，但他幸運地參與了另一種高度複雜的任務，也是他讓我得以接觸賭城傳奇賭博集團——電腦集團。從七〇年代晚期開始，這個集團利用數學天才麥可．肯特（Michael Kent）創建的電腦模型，依賭城公布的賠率投注，從中獲得巨大的利益。

我和醫生從未見過面，即使我透過匹茲堡的組頭間接幫電腦集團投注，這種投注也稱為「移動資金」，那個組頭也是為紐約的小組移動資金。當時，由吉米．伊瓦特（Jimmy Evart）和史坦利．湯欽（Stanley Tomchin）領導的紐約企業擁有全國最大的運動博彩市場，但最終，我將建立一個比吉米和史坦利規模更大、投注點更多的運彩業務。

搬到賭城後，我覺得有必要與醫生見一面，因為他與肯特、集團都有聯繫。我發現他非常外向，也很有魅力，不過當時還看不出後來所熟悉的狡滑和欺詐。在首次會面中，醫生確認了我們的分工——我繼續以獨立承包商身分為集團移動大量資金。

我需要自己的夥伴來利用集團的優勢。我首先找到的人是之前提到的撲克專家比利·巴克斯特，大家都叫他「ＢＢ」。

蘇珊和我剛到拉斯維加斯時，我們大約負債三十萬美元，所以在租房子前，我們到ＢＢ和他妻子茱莉家住了幾天。我和ＢＢ第一次見面是在七〇年代的拉斯維加斯ＰＧＩ錦標賽上，從一開始，我就覺得他是另一個我，略微不同版本的我。

他也是一個南方男孩，從小就艱苦、快速地成長，任何事都可以拿來打賭。他在九歲時成為喬治亞州奧古斯塔市的打彈珠冠軍，十六歲時成為撞球賭徒。

很快地，ＢＢ就把他在撞球中贏的錢拿到高檔的阿爾卑酒廊密室，在那裡和當地律師、銀行家和商人玩金拉米（Gin Rummy，一種兩人撲克牌遊戲）和撲克，從而賺取可觀的金錢。ＢＢ的父母希望他成為一名牙醫，但他很快就決定自己更喜歡抓牌，而不是抓蛀牙，並從大學中輟學。

ＢＢ曾經在一場金拉米牌局中擊敗了非法賭場帕斯利賭房的老闆，贏了四萬美元。但這個老闆提出讓ＢＢ享有帕斯利的分紅，來代替四萬元賭金。ＢＢ接受了，這是個不明智的舉動，因為最終法律查封了這個地方。ＢＢ後來因非法博彩罪被逮捕，並送到州立監獄服刑，囚犯都被鐵鏈鎖在一起做苦工，還有持槍獄警和惡犬監督。十個月刑期結束，那年他三十六歲。

BB和茱莉離開了喬治亞州，決定前往比較友善的拉斯維加斯，他很快地在那裡建立了賭博大亨的名聲。他贏得七次世界撲克大賽，並投資許多成功的企業，他還管理及宣傳三位世界拳王。

我邀請BB加入我和電腦集團的合作，他毫不留情地拒絕了我（他後來告訴我，他無法信任一個破產那麼多次的人）。他建議我試試找道爾投資。

「德州推車」道爾．布朗森（Doyle "Texas Dolly" Brunson）是不同的賭徒，他天生好競爭，曾在一九五〇年贏得德州高中田徑賽的一英哩賽跑冠軍，還是全州高中籃球明星，到了哈哥西蒙大學籃球隊也表現出色，但二十歲時腿卻骨折，一直無法完全康復，結束了他成為NBA球員的夢想。

道爾轉向了更具競爭力的比賽，可以坐著玩的比賽。在大學期間，他磨練了自己的牌技，最終成為全職選手，參加了德州、奧克拉荷馬州和路易斯安納州的比賽，然後在一九七〇年移居拉斯維加斯。

他以職業賭徒的身分定居下來，成為第一位在撲克比賽中贏得一百萬美元的玩家。道爾贏得十次世界撲克大賽手鐲，這是多少人垂涎的冠軍大獎。他還寫了三本關於撲克策略的書籍，其中包括《超級系統》（*Super System*），歷史上最暢銷的撲克書籍。

除了一條腿不方便外，道爾還有個致命弱點。儘管他大部分賭博都很成功，但他在運動賭博裡從未贏大錢。我聽從BB的建議，向道爾提出了與電腦團隊合作的提議。

我們在一九八二年NFL因罷工而縮短的球季晚期開始行動，合作的第一個周末，我們輸掉道爾一大筆錢，多到他嚇呆了。周一早上，他打電話給BB並大聲喊：「你從沒做過什麼好事！這個人每場比賽都下注！這個周末我們輸一百萬美元！」

BB用柔和的喬治亞口音溫柔且慢吞吞地說：「嗯，道爾，我能說什麼呢？我沒那麼聰明。」

多虧了運氣和電腦集團，我們的命運在接下來兩個星期有所改變。我們贏回了一百萬美元，而且賺了二十二萬美元。但是，高風險、高交易量的賭博對道爾來說太過吃力，我們的合作才剛開始就結束了。

四十年後再回想，當初沒人相信我們能贏這麼多錢。

當我快要沒有選擇時，突然有個想法閃過我的腦海：「何不找我的朋友奇普呢，他可是地球上最棒的撲克手。」奇普喜歡下注各種運動賽事，但就像道爾和其他偉大的玩家一樣，他的世界級撲克技巧無法用在運動賭博上。

奇普會被擁有致命直覺的賭徒吸引，他知道我是為了贏而賭，所以在我提供合夥，以電腦集團的高科技系統優勢賺錢時，他很感興趣。

我一開始要求奇普拿出一場五千美元的賭注，他說只要我們在單筆賭注中，願意承擔風險的賭金設定上限，就可以支持我，他還要求獎金要平分。

奇普有些朋友不滿這個安排，他們對我抱持懷疑的眼光。其中一個人建議，奇普要用一種名為傳真機的新潮設備來追蹤我的投注情況，該設備可透過有線電話線路傳輸訊息。

當時，傳真機跟洗衣機一樣大，一台要價五千美元。我們買了兩台，一個裝在奇普家裡，另一台裝在我和蘇珊在撒哈拉高爾夫球場租的房子裡。每次下注的資料我們都會傳真給奇普，讓他安心。

跟奇普一起押注就像是就讀職業賭徒商學院一樣。在那之前，我的金錢管理一直很糟糕，奇普則是我所認識的最有紀律的資金管理者，他擅於在任何可能的情況下，將風險降到最低。

為了謹慎利用我們的資金，我們同意每次下注不超過總資金的三%，我們會先分析每次機會，再決定每次下注的大小。下注愈分散，風險就愈小。

奇普在艱難中學到了這些教訓。作為一名年輕玩家，他多次在陰暗的牌房中被耍老千、被搶劫，他變得熟練於保護自己的不利面，同時也保護自己的後方，當他感到不對勁時，他會離開桌子。他還發誓絕不在錯誤的事情上浪費錢財。

最終，我們在大學橄欖球賽季期間的重要比賽投注了數十萬美元。即使我們非常小心，在我們的公寓裡看比賽時還是汗流浹背。比賽局勢緊張時，奇普、蘇珊和我會把碗放到頭上當頭盔，然後在地毯上擺出三點姿勢，形成一個想像中的防守陣容，阻止對方隊伍得分。

我們玩得很開心，享受著賭徒們追求的那種刺激。我和奇普的合作使我事業蒸蒸日上，在他的指導下，我努力磨練撲克技巧；在我的指導下，奇普鍛鍊他的高爾夫技巧，這種結合對我們兩個人來說都非常有利可圖。

蘇珊和我正邁向年入千萬的生活。到了這個時候，我的生活已經井然有序了（或我以為已經如此），然而，我依然充滿激情，甚至有些瘋狂，想要向賭場荷官及大堂經理證明，比利．華特斯玩得非常勇猛、迅捷且毫不畏懼。

對我來說，酒精仍是個問題，它會淹沒我的常識和謹慎。喝多的時候，我會冒險賭上一切，直到燈光熄滅。有一個晚上，我在帶著蘇珊去馬蹄鐵用餐慶祝我們的賬戶存到第一桶金後，又犯了一個典型的自我破壞行為。

吃完甜點後，我建議她回家，因為我想要玩一下二十一點。

一下的二十一點遊戲演變成另一次魯莽的賭博和喝酒狂歡，直到凌晨四點才結束。

當我酩酊大醉、搖搖晃晃地回到家中，上床之後，蘇珊問道：「怎麼樣了？」

「嗯，非常，非常糟糕。」

「有多糟？」

「我輸了整整一百萬，還借了二十萬。」

我堅強的妻子安慰地說：「別擔心，我們會賺回來的。」

蘇珊對我的信心得到了回報。不久之後，我們有了足夠的資金，搬出了我們的租房，在拉斯維加斯鄉村俱樂部（LVCC）旁邊買了一間公寓，離奇普家很近。在八〇年代初期，LVCC是居住在拉斯維加斯的最佳選擇，也是這座城市最具影響力的人物居住的地方，俱樂部會員有歌手羅伯特・高勒特（Robert Goulet）、韋恩・紐頓（Wayne Newton）和傑瑞・范（Jerry Vale）；參議員保羅・拉克索爾特（Paul Laxalt）；房地產開發商兼電視製片人梅夫・亞德森（Merv Adelson），他的另一半是芭芭拉・華特斯；拉斯維加斯有影響力的開發商，也是羅瑞瑪電影公司（Lorimar Productions）的共同創辦人艾爾文・莫拉斯基（Irwin Molasky）；以及尊貴的前黑幫首領莫・達利茲，他後來轉型成為拉斯維加斯重要的慈善家、開發商，也是LVCC的創始人之一。

這個鄉村俱樂部的成員眾多，證明了拉斯維加斯是世界第二機會之都的地位，也是美國唯一一個將賭徒和黑幫視為社區尊貴成員的城市。我從未感覺如此親切。

奇普早上會過來吃早餐，鮑德溫就住在附近，道爾在街尾，未來會入駐撲克名人堂的「小子」斯圖．溫加爾（Stuey "the Kid" Ungar）也住在街角。我們有自己的小社區，住著真實生活裡的賭王，像是薩奇．費里斯（Sarge Ferris）、BB和普吉．皮爾森（Puggy Pearson），彼此挑釁、調侃。

作為新來的玩家，我花了無數的時間密切觀察道爾、鮑比、薩奇、奇普和斯圖——世界上最好的金拉米玩家，在他們的遊戲室、男人的聚會和泳池露台上，看著他們玩一場又一場的德州撲克。

觀看他們使出最頂尖的策略，讓我想起一位普魯士將領的名言：「在所有人類活動中，戰爭最接近紙牌遊戲。」我的導師們帶我進入他們的作戰室，我在那裡學到了何時前進、何時撤退，以及如何保護自己的側翼，還有耐心的重要性。

他們教我在德州撲克時怎麼透過贏取小彩池、累積籌碼、遵循位置和大牌的紀律，同時提前思考接下來三到五步棋，好贏得更多籌碼。對我來說，關鍵在於平衡耐心與貪婪，掌控自我和情緒，並明白何時該離開，隔日再戰。

回首往事，那是我一生中最幸福的時光，猶如置身天堂。

在那個時候，道爾引導我走向不同的光明。道爾在一九六〇年代度過癌症威脅後，將自己的康復視為奇蹟，歸功於他太太露易絲和朋友們的祈禱，以及他的前大學籃球隊友，後來成為浸信會牧師的鮑勃・特雷邁恩（Bob Tremaine）的指引。

後來，露易絲也長了腫瘤，但不久後它也消失了，他們的女兒脊椎側彎的問題也奇蹟似地痊癒了。當他十八歲的女兒因厭食症突然去世時，道爾在鮑伯牧師的教導以及在他家舉辦的定期讀經課上找到了慰藉。許多參與者都有各種類型的成癮和挑戰，道爾和鮑伯牧師邀請我參加時，曾經由奶奶和她的南方浸信會信仰所燃起的靈性面，在沉睡已久後又被喚醒了。

我非常歡迎這種重新覺醒的感覺，幫助我應對了酗酒問題、兒子的智力問題和時時壓迫我的空虛感。蘇珊也加入並支持我。

當我終於在銀行裡有點存款，不再為錢所困時，一切都變得容易許多。在奇普嚴格的金錢管理制度和電腦集團在賭局中力克組頭，我在一九八〇年代初已經累積大約三百五十萬美元。這筆意外之財讓我能夠償還蘇珊爸爸、路易斯維爾銀行，和我那位英雄般的律師法蘭克的債務。

法蘭克再次施展法律奇蹟，以認罪協商的方式，將我在肯塔基州面臨的三項非法博彩指控成功變成一項非刑事罪，僅涉及持有賭博紀錄。我以等同於一張停車罰單的金額脫了身，付了兩千美元罰款，還有六個月的緩刑。該判決後已完全清除，並且從我的紀錄中移除。

再一次，我有足夠的錢可以賭博了。我在一九八四年砂糖盃（Sugar Bowl）對弱隊密西根狼獾籃球隊和教練薄・辛巴克勒（Bo Schembechler）下了重注，他們要對戰奧本大學老虎隊，隊上還有未來海斯曼杯得主薄・傑克森（Bo Jackson）。比賽一開始，狼獾隊作為弱隊，以四・五分的讓分開盤，這個賠率一直沒有改變。

我開始持續對這場比賽下注，最終加總後，我下注密西根隊的錢比原本計畫的多（下注了一百五十萬美元，相當於今日的五百多萬美元），超過規畫五十萬美元！因此，看那場比賽時變得非常痛苦。

實在太痛苦了。

在最後一節中段，密西根以七比六領先，奧本展開一場持續了七分鐘、六十一碼的進攻，這一切似乎永無止盡。更糟的是，奧本大學的四分衛將球傳給傑克森，他是本世紀最偉大的球員，幾乎每場球賽都是MVP。我如坐針氈，他每一步都讓我汗流浹背，傑克森帶著老虎隊直路前行到密西根的二碼線上，時間只剩二十三秒。

我當時像被凌遲般痛苦，如果老虎隊得分，我就完蛋了。

密西根請求暫停。當奧本大學的開球員阿爾・德・格雷科（Al Del Greco）上場時，我的心快跳出來了，他的十九碼射門很厲害！

最終比分是奧本九分，密西根七分，這意味著我贏了二．五分的賭注，並從中贏得三百萬美元，在四十年前，就像贏了一千萬美元。

而這，激發了我想玩得更大的欲望。

第九章 十八洞騙局

搬到拉斯維加斯後，我發現不乏狡猾的當地人和油嘴滑舌的遊客，可以讓我測試自己日漸增長的高爾夫技巧。以吉米．朱（Jimmy Chu）為例。

他來自土爾沙，是PGA巡迴賽職業選手雷蒙．弗洛伊德（Raymond Floyd）和鮑比．鮑德溫的朋友。吉米自負地說他在賭城可以打敗任何人，無論是金拉米、雙陸棋或高爾夫球。嗯，這或許是真的，但我們組了一隊全明星陣容來對付他——斯圖（金拉米）、奇普（雙陸棋）和我（高爾夫）。

吉米輸了所有比賽，賠了六位數，最後離開了拉斯維加斯。

比賽時，我的比賽策略很簡單：無論如何，我都需要讓對手同意玩高於他預期的賭注，我希望他們繃緊神經，緊到再拉就斷，他們愈緊張，表現就會愈糟糕。

另一個例子是網球職業選手鮑比．里格斯（Bobby Riggs），他因與比利．珍．金（Billie Jean King）之間的「性別之戰」網球賽而聞名。除了他的網球技巧，鮑比也自認一桿在手就能打遍天下，他也在聖地牙哥的拉科斯塔俱樂部打過球。

有次我在拉科斯塔的練習場上練習時，鮑比向我自我介紹，並問我是否想一起打球。當他離開時，我長年合作的職業球童麥克・紐奇（Mike Nuich）告訴我要避開他。他說鮑比自甘墮落到了拐騙飯店客人的地步。但是當鮑比第二天再來找我時，我無法克制自己，擊敗自命不凡的小偷的可能性實在太誘人。

我們安排了一場為期兩天的比賽，我在第一天贏了一千五百美元，在那一輪後，我能感覺到鮑比的震驚，他完全沒想到會是這個結果。第二天，我又贏了鮑比一千七百美元。但他不是一個好輸家！

比賽後，我正在俱樂部吃午餐，等待向鮑比收錢，這時一位服務生走過來，將一張單子放在桌子上。

這不是我預期的支票。

「里格斯先生說這餐由你付錢。」服務生說，遞給我鮑比的午餐帳單。

我欣然付款。

但還是有點不甘願，鮑比也是。

相信我，我不是場場都贏。有時候騙子也會被騙。杜威．湯姆科（Dewey Tomko）是第一個從我這裡贏得大錢的人，「杜珠」以前是個幼稚園教師，也是世界上最厲害的撲克牌選手，他的高爾夫球技逼近職業水準，打起球來毫不留情。

我們第一次比賽，我輸了兩萬五千美元給杜威。後來我們又比了許多次，最終，我們厭倦了互相對立，決定聯手合作，成為一個團隊。

組頭弗瑞迪．巴恩斯（Freddie Barnes）告訴我，就像在賽馬場上，某些馬就是適合某些賽道。弗瑞迪住在阿拉巴馬州莫比爾市的一個簡單公寓裡，開著一台黃色的老凱迪拉克艾爾多拉多。我們最初是在拉斯維加斯的PGI認識的，他絲毫不擔心一年在打高爾夫球上損失數十萬美元，但他還是會全力以赴贏錢。

能和弗瑞迪在他的家鄉莫比爾市打球，就像想在母親節於餅乾桶餐廳分到一張角落的桌子一樣困難。每個高爾夫球騙子都想要分一杯羹，我和他約定比賽後，我以為賭城沒人知道這件事。

我以為我夠偷偷摸摸了，但猜猜是誰在最後一刻登上我們飛往莫比爾的班機呢？

那個人就是我的朋友，專業的撲克牌玩家、高爾夫球好手「普吉」華特．克萊德．皮爾森（Walter Clyde "Puggy" Pearson）。不知怎的，普吉聽到我的旅行計畫，還有我和弗瑞迪的高爾夫球約會。

如果你在字典中查「巡迴者」這個字，很可能會找到普吉的照片。他這個人吧，他擁有一輛名為「流浪賭徒」的房車，車旁還漆著一個口號：「只要我喜歡，我會和任何地方任何人用任何金額玩任何遊戲。」

如果我沒記錯的話，普吉的教育程度只到五年級，他靠著自學和自力更生，在我們的賭城團體裡一直是最優秀的高爾夫球手，他擁有一顆大無畏的心和出色的短打技巧。遇到壓力時，他的推桿技術會更上一層樓。

普吉噗通一聲坐在我旁邊的位置上，拉出雙陸棋，完全是打算在去莫比爾的路上打敗我。我們玩了一路，打成平手。

落地後，我馬上告訴弗瑞迪，我有個新的比賽想法：在格藍飯店的兩個球場，普吉和我對戰弗瑞迪和他平時的搭檔湯姆．瑪爾（Tommy Marr）。因為知道弗瑞迪至少比我們其他人差四桿，普吉和我讓弗瑞迪兩桿。

格藍飯店的球道兩旁種了松樹、木蘭和老橡樹，弗瑞迪的發球不超過兩百二十碼，但他的高飛球能準確地落在球道上，讓他的每一洞都能開在理想的位置上。我在大多數球洞都用三號鐵桿開球，而不是開球木桿，雖然這樣減少我的長度優勢，但可以讓我的球保持在球道上。另一方面，普吉卻一直無法打出直球，怎麼都救不了。我們連續三天輸了所有團隊投注，在這個情況下，小羔羊變成了屠夫。

我不得不打電話給道爾借兩萬五千美元，因為我們輸到口袋空空。

「你那場比賽為什麼要錢？」道爾問，他認為我和普吉有必勝把握，直到我解釋普吉連續幾天都把球打到樹上去。

「好吧，我借你錢，」道爾說，「但你得找肯塔基州一個欠我錢的傢伙拿。」

沒問題！我打電話給一個老朋友，他是我年輕時在肯塔基打撞球時認識的，他叫賈許・克拉布特里（Josh Crabtree），他同意去找約翰・布朗（John Y. Brown，恰好是肯塔基州州長）拿錢。誰知道呢？賈許拿到錢後，通宵開車到莫比爾，隔天就將兩萬五千美元給我。

我告訴普吉團隊賽結束了，他還是可以下注，但我要單獨和弗瑞迪及瑪爾對戰。在我大力游說後，普吉終於同意退出比賽。

幸運的是，我的策略奏效了。煙霧散去後，我從弗雷迪那裡贏回了我們的錢，還多贏了五萬美元。

然後，蘇珊、普吉和我回到了拉斯維加斯。

在八〇年代後期，我在拉斯維加斯的峽谷門鄉村俱樂部打了幾場最精彩的比賽，對手是前PGA巡迴賽職業選手吉姆．科爾伯特（Jim Colbert）。這幾次比賽更注重競爭，而非金錢。我們一年至少打了三十場，而且賭注很少有變化：二十美元的拿騷五注（nassan five ways，前九洞、後九洞和總桿數，並且在前後九洞都有自動加碼）。我通常和吉恩．麥卡利（Gene McCarlie）一組，科爾伯特則和不同的高手搭檔，比賽十分激烈，每一分錢都來之不易。

我喜歡與吉恩合作，他在密西西比州出生，後來搬到拉斯維加斯。我們在峽谷門、撒哈拉、拉斯維加斯、西班牙小道等俱樂部，或是任何能預約到場地的球場打球，迎接所有人的挑戰。而且，如果我們找不到人比賽，就會直接到第一洞，努力打敗對方，好贏得二十美元和自誇的權利。這是純粹的老派打法，一對一鬥牛，沒有放水、沒有讓步，球落到哪就打哪。

這讓我想起我們在西班牙小道上最難忘的一場決鬥。我用吉恩的話來說這個故事：

打到第十八洞時，比利賺了我一百美元。湖泊旁的第十八洞是一個右彎的狗腿式五桿洞，那個該死的洞到處都是溪流和池塘。發球時，我把球打到正中央，但落點離湖很近，湖上有很多鴨子、鵝、鳥，還有一隻黑天鵝，因為我的球落得太近，牠顯然被嚇到了。

我們開車到球旁邊時，比利沒有減速，我記憶猶新，那隻天鵝就像七四七飛機一樣張開雙翅，對這輛車的闖入感到非常不爽。

比利立刻從駕駛座上飛躍而起，就像從戰鬥機中彈射出去一樣，飛過我的頭頂，匆忙地朝球場中間跑去。與此同時，這隻該死的天鵝開始攻擊我，就好像我剛剛殺了它的小孩一樣。

我拔腿跑下球車，那隻天鵝還在追我，就好像在追一頓美食。比利歇斯底里笑個不停，我馬上知道他一定很清楚，如果我們闖入黑天鵝的領地，牠會做出這種反應。

我對天發誓，我拿到球的時候，上面沾滿了天鵝糞便。而且記住，那時是拉斯維加斯的夏天，氣溫大約攝氏四十六度，所以我的球上還冒著蒸氣。

「比利，」我說，「我還有很多球，我要打另外一顆。」

「不可以換球。」

「你說什麼？」

比利說，如果你不打那顆球，就得罰一桿。賭徒的規則。

我拿出三號鐵杆，打出那顆屎球，我發誓你絕對想不到接下來發生什麼事。屎飛了起來，正好打在我臉上。我戴着太陽眼鏡，但屎還是沾到我的眼睛、頭髮和衣服上。我發誓，你絕不會聞過比新鮮烤天鵝屎更臭的東西。我趕快跑去湖邊洗臉和頭髮。

我最終打出標準桿，那一洞是平手，但我應該因為打出那顆球而被再授予一枚獎牌。那個人能為贏得賭注做出什麼事，真是難以置信。

從一九七〇年代到八〇年代中期，我遊歷全球，參加高額賭金的高爾夫球賽，包括艾爾帕索、達拉斯、諾克斯維、納什維爾、南加州以及整個佛羅里達地區。只有在相信自己至少能贏得五千美元的情況下，我才會站上球道，否則，我就繼續尋找，直到找到合適的對手。

我最喜歡的地方之一是南佛羅里達。當時，現金為王，多虧了一大堆組頭、毒品販、龐氏騙局和像是直接從《瞞天過海》（*Ocean's 11*）走出來的詐騙犯。

泰森·雷納德（Tyson Leonard）就是這樣的人，他曾是麥特比奇克萊門森大學的跑衛，他喜歡說自己是靠夜店、鋁材和露營車蓋賺錢，或許是的，但我知道他是南佛羅里達最大的組頭之一。他也是個多嘴、愛炫耀的混蛋，他可能在麥特比奇是個人物，但在西棕櫚灘，他只是隻待宰的鴿子。

泰森喜歡裸著上身，開著專屬的高爾夫球車，帶著一大疊現金，和他的麥特比奇跟班，一起到布雷克斯威斯特鄉村俱樂部。泰森怎樣都無法突破一百桿，但他很聰明，他找到優秀的球員組隊。這些特質讓他成為一個有吸引力的目標。

蘇珊和我正在特恩貝里島度假時，聽說泰森隊來了。我打電話給朋友安傑羅．科卡斯（Angelo Kokas），他是芝加哥工會權力掮客，我們開車到西棕櫚灘的鄉村俱樂部找泰森和查理．韋伯斯特（Charlie Webster）比賽。我和泰森的得力助手查理約好進行一場每人一萬的拿騷賭注。

安傑羅和我在第一天贏了泰森和查理十二萬美元，幾天後，我們再次擊敗了他們。第三次比賽，我換了搭檔——我的賭博夥伴杜威。我們說好比一場一百萬美元的凍結比賽，意思是沒有人能退出，直到其中一支隊伍輸掉一百萬美元。

我和奇普每人要付二十五萬，杜威負責支付另外五十萬美元。我們玩的是每人四萬的拿騷賭注，如此一來，在不加注的情況下，一支球隊每輪最多可以輸掉二十四萬美元。

我打電話給我的賭博夥伴，人還在拉斯維加斯的奇普，告訴他我們的賭約。

我還補充泰森每個洞都讓一桿。

「一洞一桿？」奇普尖叫，「你瘋了嗎？」

我告訴他，「別擔心，穩贏的啦。」

「在團隊賽裡，不管是誰都不能一個洞讓一桿。」

百萬美元凍結賽的消息傳出，自然而然有一群禿鷹開著高爾夫球車出現，希望能在泰森身上榨出更多錢來。

這是一場最盛大的表演，泰森情難自禁，他假想自己回到大學橄欖球場上，眾人簇擁他走在每個球道上，有人為他的球桿上油，有人將球放在球座上，還有個人確保他的方向正確。在球洞之間，泰森基本上脫得只剩內褲，朝頭上淋水，還叫查理在他背上擦乳液。場面混亂得像馬戲團，以這種緩慢進行的胡鬧步調，我們四、五個小時只打了七洞。我對泰森的花招和小動作失去耐心，那時候，我和杜威已經落後一桿，對我的情緒雪上加霜。

杜威，這個最冷靜的人，提醒我們還有足夠的時間可以贏泰森的錢。我冷靜下來，果然，泰森在接下來的兩個洞好幾次將球打入水中。

我們贏了比賽，不是一次，不是兩次，而是連續三天。

進入第四天時，杜威和我賺了四十五萬美元，但到了下一輪的比賽，泰森隊消失得無影無蹤。

「泰森心臟病發作了，」查理告訴我們，「他回南卡羅來納州了。」

可惡，他假裝心臟病發作，好逃避這場凍結比賽。我們一直沒打完這場比賽，但泰森值得稱讚的是，他支付了欠我們的費用。用金幣付。

「低下頭打球」是國內每個高爾夫球場上常聽到的格言。拉斯維加斯對於高爾夫球手有獨特的口號：「小心背後」。當時大型的高爾夫球場都是那些穿著POLO衫，滿腦子各種訣竅的高手據點，包括拉斯維加斯鄉村俱樂部、沙丘球場和沙漠旅館。

改變球的位置好改善擊球的情況？有。
用磁性推桿將標記移近球洞？有。
賄賂休息室的工人將對手球桿的桿面弄彎？有。
將汞注入對手球員的球，使球偏離軌道？有。
在某人的飲料中放入安眠藥，好擾亂他們比賽？絕對有。

我的好朋友道爾曾指責我這麼做，這讓我有點難過。事情發生在撒哈拉鄉村俱樂部（現在的拉斯維加斯國家高爾夫俱樂部），該地因法蘭克・辛納屈（Frank Sinatra）、小山米・戴維斯（Sammy Davis Jr.）和迪安・馬丁（Dean Martin）等人曾到此作樂而聞名，直到今天，他們在俱樂部裡最喜歡的位置都還有黃銅名牌標示。

道爾和我那天去打球時，氣溫大概攝氏四十三度。前九洞結束後，道爾吃了一個鮪魚三明治，還喝了點東西，突然間，他開始感覺頭暈，這使得他的表現看起來像個二十桿的新手。

「比利，你往我的飲料裡放了東西搞我嗎？」

我說：「不，道爾，是你自己的問題。」

我想我不能怪他懷疑，賭城大多數高爾夫球手認為，如果你不試圖在比賽中取得優勢，就等於你沒有努力。有兩種標準方法，你可以選擇在球道上作弊，或在第一洞就以更有利的方式達成協議。

我大部分的對手都不會作弊，但我們只要一看就知道對方會不會作弊，然後依此調整賭注。在撲克中，一個「保守進取者」只會下注必勝的牌局，在高爾夫球中，原則是相同的。

如果要說誰是「保守進取者」，那就是邁克爾．奧康納（Michael O'Connor）了。我們打過幾次沒有打賭的球，那幾次我們都沒有突破九十桿。我們兩個都在做同樣的事情——為了另一天的另一場比賽故意表現不佳，好設下陷阱。

當那一天來臨時，我身上有三萬美元。我們同意進行一萬美元的拿騷賭注（分別對前九洞、後九洞和全場總桿數進行一萬美元的單獨投注）。沙丘球場的第一洞是一個左轉球道，標準桿四桿。奧康納打了六桿，我打了四桿，他加注（再加一萬美元），現在我可能面臨四萬美元的損失，比我身上的錢還多。

第二洞，標準桿五桿，奧康納把進攻球打入水中，我在想這傢伙根本不會打。到了第三洞，奧康納又加注，現在賭注已經達到五萬美元。

當時正值拉斯維加斯的酷暑，即使在陰暗處也逼近四十度。奧康納的球車上有一箱裝滿伏特加和柳橙汁的冰箱。我心想：「真是太棒了！」我正在沙漠的高溫中對戰一位把調酒當水喝的人。

的確非常美好，我打了七十五桿，打敗了奧康納，贏了八萬美元。

我毫不知曉奇普、道爾和傑克正在開心大笑，他們知道奧康納是心理戰術高手中的高手，他只會下注在必勝的事情上。

原來，奧康納以為他在設計我，隔一天，也就是第二輪比賽前，附近鎮上來了十個人時，我才慢慢意識到這一點，所有人都想下注　康納獲勝。

他們覺得我只是來自肯塔基州的鄉巴佬。

我非常樂意給他們一些機會，我跟他們每個人賭一千到五千美元不等。作為預防措施，在我們開球前，我要奧康納把他的球丟給我，然後把我的球扔給他。

「你可以隨意標記我的球，」我告訴他，「因為我也會標記你的球。」

這樣的話，如果一旁的支持者有人偷換了球，我就會知道。

不管怎樣，等比賽開始時，奧康納企圖改變局勢，但沒有成功。那天他沒有打破九十桿，我又贏了六萬，還有外圍下注的一萬五。

我還沒喝完第一瓶啤酒，奧康納就要求再來一局。我又打敗了他，等三天賽局結束後，我總共贏了四十九萬美元。

值得稱讚的是，奧康納在每場比賽結束後，直接在高爾夫球場上就付了錢。

傑克．比尼恩擔心我贏得大筆現金後會被搶劫，所以他每天都派車和幾名保鑣到沙丘酒店，他們的任務是護送我和現金回到馬蹄鐵的金庫。

傑克這個行為並不完全是為了我好，他知道，早晚有一天，可能很快，我就會在他的賭場裡輸掉所有錢，甚至更多。我也真的輸光了。

在拉斯維加斯的每一天，組頭、毒品販和有錢的商人都可以找到數不清的賭局。沒有人比「吉米」賈米爾．查格拉（Jamiel “Jimmy” Chagra）更喜歡賭博了。

在賭城，你無法得到賭博對手的背景資料或犯罪紀錄，雖然有的話會很不錯。我後來才知道，吉米來自艾爾帕索，而他的錢來自龐大的大麻、海洛因和古柯鹼交易，涉及勢力範圍遍布哥倫比亞到墨西哥及整個西方世界的重大犯罪家族，這些走私貨物透過吉米的私人貨船和飛機運送到美國。

在七〇年代末，吉米將拉斯維加斯視為他的第二個家。他揮金如土，贏得當地酒保、荷官和服務生的喜愛，據說他為獨自撫養三個孩子的調酒女服務生付了五萬美元的貸款。

吉米自詡是個高明的賭徒，這種嚴重誇大的說法經常引來一群鯊魚，想在撲克、撞球和高爾夫球場上釣他的錢。據說他在八〇年代初期的淨資產約為一億美元以上。

我很快就得知吉米經常造訪拉斯維加斯。我在艾爾帕索認識一個叫提米（Timmy）的賭徒兼撞球高手，所以我打電話給他，試著打探關於吉米的情況。他說吉米目前最擅長的是撞球，但我能打贏他，而且吉米在高爾夫球場上根本沒有機會跟我抗衡，因為他在難度不高的球場也打不出一百桿以下。

下一次去賭城時，我帶上了造型時尚的朋友巴拉布什卡先生（Mr. Balabushka），他的名字來自著名的俄羅斯撞球桿之神喬治．巴拉布什卡（George Balabushka），其著名的作品包括斯特拉迪瓦里撞球桿。雖然我已經好多年沒有參加撞球比賽，但我還是駕輕就熟，就像回到哈利舅舅家一樣。

正如我所預料的，查格拉當時也在城裡，但他被一群「籬笆建造者」圍了起來，這群精明的人為吉米和他的錢建造了一道保護牆。他玩撲克牌時，桌子已經坐滿了人，直到他退出時一直如此。

這並沒有阻止其他精明的人想跟他賭，包括杜威、蓋斯．普洛斯（Gus Poulos，威奇託一個重要犯罪分子的兄弟）和「樹頂」傑克．斯特勞斯（Jack "Treetop" Straus）。傑克是個組頭，也是世界撲克大賽的傳奇，他之所以聞名，是因為他曾輸得只剩最後一個籌碼——「一個籌碼和一把椅子」，卻成功翻盤，贏得主要大賽。他們每天都跟查格拉比賽高爾夫球。

傑克和蓋斯在高爾夫球場上與查格拉交手時表現糟糕，結果輸光了錢。傑克打電話給我，提出一個建議：他讓我加入，但我必須把贏得的一半分他。

我說沒問題，儘管我從未見過吉米。我在純品康納酒店高爾夫球場的第一號洞加入了他們，為了裝酷，我沒有提出賭注。前九洞，我必須打出五十桿，我一直不去打球的正確位置，球四處亂飛，盡我所能地模仿一個新手。

同一時間，杜威開始出現嚴重的擊球點失誤，通常他用單手就可以輕易戰勝吉米，但他失誤太過嚴重，前九洞結束後他付了錢，放棄了十八洞的賭局，不繼續打完後九洞。當我們準備好繼續比賽時，我轉向吉米，說出了魔法般的話。

「你想打個小賭嗎？」

「當然，你想玩什麼？」

「我們打一萬吧。」

我贏得了後九洞的第一洞，吉米加注。第二洞我也贏了，他又加注。等我們結束時，我賺了四萬美元。

然後吉米說出了他自己魔法般的話：

「你想加賽九洞嗎？」

當然想。

「我跟你賭四萬。」吉米說。

「聽來不錯。」我說。

突然間，我聽到一陣低沉的嗡嗡聲，不是蚊子，而是一架閃閃發亮的警用直升機正在監控我們的比賽。那時我才注意到吉米有一群人觀戰，看起來像一百名修草皮和耙平沙坑的維修人員，但他們的打扮比這個場上大多數人都整齊得多。

啊，聯邦調查局。

無論有沒有聯邦調查局的觀眾，我都能打。後九洞結束時，我贏了三個賭注和十二萬美元，吉米欠我十六萬，他叫我晚上到馬蹄鐵找他。

我走進去結帳時，他正在打牌。三十分鐘後，他將玩二十一點贏得的十六萬美元交給我。來得容易，去得也快。

我下一次見到吉米是在銀雀賭場。當時不出意外的是，我已經把跟他打高爾夫贏到的十六萬美元輸光了。吉米到那裡是要打撲克牌的，但遊戲還沒開始。我問他要不要打幾場撞球。（我身無分文，但道爾和薩奇同意支援我。）

「如果你不能一桿進五、六顆球，就沒有資格和我打撞球。」吉米說。

「我沒辦法進五、六球，但我想和你打幾局。」蜘蛛對蒼蠅說道。

「來吧，我家有桌子。」吉米回答。

我們同意以每局一萬美元進行一場二十萬美元的凍結比賽。若想贏得比賽，你必須先贏二十場比賽，而且只有其中一人贏了二十場，比賽才能結束。道爾從未見過我打球，他很擔心我們會被設局，尤其是因為我們要用吉米家的桌子比賽。

但是我知道道爾不知道的事情，我已經從某個我信任的人打聽到吉米的事。

蘇珊、道爾和薩奇跟我一起去了這場賭局。我們搭車前往吉米的家，那裡布置得像個堡壘一樣，價值數百萬美元的豪宅四周被宮殿式的牆壁、鐵門、手持霰彈槍的保鏢和一群繫著狗繩不斷咆叫的狗所圍繞著。

我們走進前門，進入了玄關。那裡更像是一間等候室，地板裝了閃亮的瓷磚，兩側都有巨大的門。電子鎖發出咔嗒聲，一道門滑開，露出一張四英呎乘八英呎的桌子。

吉米的家，吉米的桌子，吉米的規則。沒問題。

房子主人完全不知道我在哈利舅舅家打撞球的經驗，等他察覺到時，我已經領先十八場比賽，就快贏得這場凍結比賽。在那時候，我對吉米．查格拉的傳說已經瞭然於胸。有一家拉斯維加斯的報紙曾經稱他為「西方世界無可爭議的大麻大亨」。我早已知道德州艾爾帕索的街頭上散落著那些冒犯過他的人的屍體，傳說他曾嘗試殺死調查他毒品交易的美國助理檢察官，並且在一次與犯罪老大發生衝突時殺死了自己的兄弟。

這資訊沒有嚇到我，但我也沒有多說什麼廢話，這不是我的風格。我贏了最後兩場比賽，開始收拾我的球桿，就在此時我聽到吉米說道：「我想要有機會贏回我的錢。」

「沒問題，」我說。「只要你付我二十萬美元，我們就可以再玩幾場。」

吉米那對又大又黑的黎巴嫩眼睛直直地盯著我的腦袋。

當時已經是凌晨兩點三十分，薩奇早就坐計程車回家了，蘇珊和道爾在沙發上熟睡。吉米還在盯。

我叫醒了道爾，問他我該不該接受吉米的請求。

「沒問題。」他說。

道爾又開始打鼾，吉米和我回到他的撞球桌旁。再兩場比賽我就可以再贏得二十萬美元時，吉米開始喃喃自語，我輕易就解讀出：「他媽的撞球騙子就該弄斷他的手指，他媽的撞球騙子就該倒大楣。」

我的小學死對頭吉普．明頓遠不及吉米那樣具威脅性。不過，無論你是在一年級的走廊，還是在毒品販的窩點，霸凌者始終是霸凌者。我的策略——不是最聰明的，就是堅守立場，必要時反擊。

我盯著他黑如煤炭的眼睛，向他挑戰。

「你說如果我不能一次打進五、六顆球，就沒資格和你打撞球。我的確從沒有打進那麼多球過。但如果你覺得你能阻止我贏錢，你就錯了，我會贏的。」

而我也這麼做了。

最後一顆球落袋時，已是早上六點四十五分。我搖醒了蘇珊和道爾，我們走向玄關時，吉米還在喃喃抱怨，但道爾安撫了他。

第二天，當蘇珊和我在道爾家時，道爾接到了喬治．普洛斯（George Poulos）的電話，他是蓋斯的兄弟，也是來自威奇托的強人。

他說：「吉米只會支付二十萬。」

經過一番討價還價，道爾掛斷了電話。普洛斯剛出獄不久，殺手名聲在外，我開始有點擔心，打電話找我兩個路易斯維爾的朋友來保護我。

幾天後，班尼加入了談判，而普洛斯決定不再賴帳，道爾去吉米家拿回二十萬，他還欠我們二十萬。

在一九七九年春天，新聞報導吉米被聯邦起訴涉嫌販毒。當時，我又身無分文，我需要他欠我們的那二十萬。在吉米返回艾爾帕索接受毒品審判的前一晚，我們在馬蹄鐵的墨西哥餐廳墨西哥帽房見面。只有我們兩個人，在後面的一張桌子上坐著。

「聽著，吉米，」我說。「我需要你欠我的錢。」

我永遠不會忘記接下來發生的事情，吉米用那雙大黑眼睛看著我，只是，這一次它們盈滿了淚水。

「比利，」他說。「我快走投無路了。」

他開始哭泣。

「吉米，沒事的，你是個愛冒險的人，我也是。你去那裡照顧好自己，我知道你會贏得那場審判。等你回來，我們再解決這些事。」

我再也沒有見到吉米了。

後來的故事是，當時負責處理他走私毒品案件的美國地方法官，於一九七九年五月二十九日在他位於聖安東尼奧市住所外被槍殺身亡，吉米・查格拉因此面臨終身監禁。

因判決嚴厲而被暱稱為「極刑約翰」的約翰・伍德（John Wood Jr.）法官，是一百多年來第一位遭暗殺的聯邦法官。聯邦調查局的探員們花費數年、上千小時的人力，宣稱他們已經解開了這個謎團：他們說查格拉付了二十五萬美元雇用殺手來殺害伍德法官。演員伍迪・哈里遜（Woody Harrelson）的父親，查爾斯・哈里遜（Charles Harrelson）被指稱是殺手，後來被判有罪，並判處兩個終身監禁。吉米逃脫了謀殺指控，但因為販毒被判有罪。他在伊利諾州的馬里昂最高安全監獄度過了二十四年，後來獲得假釋。二〇〇八年，他在亞利桑那州去世，享年六十三歲。

第十章

電腦集團

一九八五年一月十九日，星期六，第十九屆超級盃舊金山四十九人隊和邁阿密海豚隊對戰的前一天。

我和蘇珊及她的父母在羅德岱堡內部河道租了一間房子度假，突然間，前門傳來一聲巨響。

十名聯邦調查局探員持槍衝進來，嚇醒正在睡覺的蘇珊和她的母親。幸運的是，蘇珊的父親那天早上很早就去釣魚了。

突擊我們租屋處屬於一系列的全國性搜索行動，那天是一年中最大的賭博日。我們完全不知道自己已成為全國聯邦調查的目標之一，而這項調查是針對電腦集團的賭博行為及與組織犯罪相關的人。

聯邦調查局探員攜帶搜查令，在二十三個城市中突襲了四十五處辦公室和住家，他們從明德林醫生在科羅拉多州維爾市的度假村搜到了賭博紀錄、賭注表和兩台德州儀器資料終端機，還有支付給二十一個人的支票，總金額超過二十萬美元。

探員突襲時，我在地下室的辦公室，用前天才以東方航空運送過來的多部電話下注足球和籃球。聯邦調查局探員迅速闖入，接起正在響鈴的電話，尋找我是組頭的證據。

然而，他們只能確定我下注，找不到我接受賭注的證據。那天一切塵埃落定後，沒有任何逮捕行動，聯邦調查局收集了他們所能找到的所有東西就離開了。我們提前結束假期，放棄了租房的押金。

後來，我們知道聯邦調查局的突襲行為在一九八四年十二月三日就開始了，當時內華達地方法官洛伊德．喬治（Lloyd D. George）簽署了一份命令，「授權截聽威廉．瑟曼．華特斯、格倫．安德魯斯．沃克（Glen Andrews Walker）、多明尼克．安東尼奧．斯皮納勒（Dominic Anthony Spinale）和其他可疑人士」，他們透過電話追蹤到 C＆B 公司（C ＆B Collections），那是我設置在賭城外的電話銀行業務，公司登記在一個不會收到意外電話或推銷電話的名字底下。

簽署行動幾周後，喬治法官又簽署另一個命令，在授權的監聽名單中增加了伊凡．明德林醫師、蘇珊．華特斯、阿尼．哈伊海姆（Arnie Haaheim，我親近的夥伴）和另一組電話號碼。一九八五年一月二日，喬治法官再次延長了他的命令，法院紀錄顯示，聯邦調查局在一九八四年花費許多時間調查電腦集團的「非法賭博業務」。據稱，威廉・瑟曼・華特斯為電腦集團經營一家「大型投注業務」，進行合法和非法投注，而C&B公司不過是組織犯罪的一個掩護而已。

我們有健全的組織，但不是罪犯。我們是國內最大的運動博彩聯盟，我們的起源可以追溯到一九七二年，一位在電腦前胡亂敲打鍵盤的壘球球員兼書呆子，就是你在地方圖書館借還書櫃檯會看到的那種書呆子。

麥可・肯特是位數學和電腦天才，寫下促使電腦集團誕生的程式碼時只有二十七歲。他的正常工作是在匹茲堡的西屋電氣公司開發核潛艇技術。

麥可是公司壘球隊的中外野手，有天他讓自己的分析思維漫游，發現自己在思考壘球數據，而不是核物理。他的球隊贏過幾次聯盟冠軍，但麥可想知道壘球除了勝負，還有沒有其他衡量成功的方式。

為了找到答案，麥克求助他那位值得信賴的朋友——一台高功率的高速電腦，他在工作中也用這台電腦設計更流暢、更有效率的核潛艇。下班後，麥可運用他的專業知識來評估壘球隊的相對優勢和弱點，結果令人印象深刻，他的隊友都覺得很有意思。麥可的計算讓他們在吹噓時增加了數據的份量，電腦提供了實力評分和可測量的數值。

但那又怎樣呢？麥可的研究發現沒有真正的應用場景，就毫無實際用途。真是如此嗎？麥可很快意識到他創造的模式可以應用在大學和職業運動中。何不用它來分析大學足球賽呢，那可是擁有廣大的全國粉絲和狂熱的運動博彩者。

麥克自己並不熱愛運動博彩，但他知道那是一個成熟的市場。他在當地的圖書館和書店尋找資訊，搜索了國家大學體育協會足球指南，其中列有比分和統計數據，也翻閱地方和國家報紙，以及像高德數據（GoldSheet）這樣的賭盤資源。

等麥可整理好統計數據，他寫了一個電腦程式，納入了他能想到的每一個變數。他研究了首次進攻與失誤的相對重要性、賽程安排、主客場得分、球隊的旅行距離和使用的交通方式、天氣條件和場地海拔高度的影響，以及每支球隊對共同對手的比賽表現。

連續幾年，麥可在這項計畫上平均每晚工作兩小時，他後來又寫了套電腦程式，率先使用演算法和概率理論，預測運動賽事中的實力分級數據，對抗僅靠人力以紙筆計算的拉斯維加斯官方賠率表。他的創作的確是大學和職業運動賭博中具突破性的公式。

他在匹茲堡這座充斥著無數非法賭博的城市測試了他的程式。只要麥可發現分差符合他所尋找的數值差異——三分或更多，便立即行動。在足球季期間，他每周在NFL比賽下注兩千四百美元。他收獲頗豐，三年內他就透過朋友在網路上每周下注五萬美元，好掩蓋身分，以免被警惕的博彩商盯上。

一家名為鋼城的地方性非法博彩組織（老闆的名字很像漫畫人物，波波和普里默）發現麥可的網路行為後，停止接受任何賭注。對方的決定促使麥可辭去正常工作，搬到對賭博更加友善的環境——拉斯維加斯，剛好趕在一九七九年大學足球賽季開始之前。

起初，這位害羞的電腦巫師對拉斯維加斯的氛圍有些害怕。誰會怪他呢？他要攜帶大筆現金進出充斥著醉漢、惡棍、黑幫分子和打手的賭場，緊張也是可以理解的。

即使如此，麥可知道拉斯維加斯是能讓他發揮傑出概念的完美環境。他找了幾個賭博夥伴，建立了一個小「彩池」，每個彩池總額約十萬美元，由他決定誰能參加，每個人可以獲得多少利益。

一九七九年，麥可的公寓鄰居將明德林醫生介紹給他，醫生外表是個身材纖細、貌不驚人但有魅力的人，他在蒙特婁的上流社會長大，父親是富裕的房地產開發商，他長大後成為一名整形外科醫師，在紐澤西州的蒙茅斯醫學中心從事臨床醫療和教學工作。

據醫生說，他自學了電腦程式，在手術工作外，也開始從事商品交易。他在一九七一年來到這座罪惡之城，希望能將電腦技能應用在投注大學籃球和大聯盟棒球比賽。

如果你要描寫醫生生活中的光明面，會是這樣的：在城鎮上聲譽極佳的傑出外科醫生；在複雜醫療案件中深受尊敬的專家證人；多家賭城酒店內受到高度評價的駐點醫師。

黑暗面則顯示醫生是個欠下六位數賭債的重度賭徒。他的外科事業因一九八一年佛羅里達州的一場車禍終結，他的右手（手術操作的手）受傷，並造成嚴重的背部和頸部損傷。

正如《運動畫刊》（*Sports Illustrated*）在一九八六年三月的一篇報導，「拉斯維加斯的伊凡．明德林醫師的生活絕對有『化身博士』的特質。」

根據多年與他的交往，我可以毫不猶豫的說，醫生簡直是我一生中遇到的最狡詐的人。他看到了麥可奇特的才華和革命性的電腦程式，將其視為賭博的黃金。醫生扮演父親的角色，自述對電腦的迷戀，藉以討好打動麥可。麥可在一九七〇年後期同意與醫生合作，幾年內，醫生又成功說服麥可讓他監督電腦集團的運作，好讓麥可能夠專注於賭盤分析。隨著集團的成功，醫生的自負和貪婪也隨之膨脹。一九八六年，他甚至向《運動畫刊》自稱是電腦集團的智囊。

如前所述，我在一九七〇年代晚期和電腦集團搭上了線，當時我是路易斯維爾最大的組頭，為匹斯堡的某人移動資金，也為紐約的伊瓦特和湯欽移動資金，這個工作一直持續到我被逮捕。我們在一九八二年九月搬到賭城時，電腦集團已經非常成功了，麥可的程式已經升級，表現得愈來愈像一顆水晶球，賭注有六成的贏率，賺取了數百萬美元。考慮到他們偶爾一周會下注一百場比賽，他們的成功率相當驚人。他們進帳如此豐厚，醫生說服麥可將數十萬美元匯到海外，以避免繳交所得稅。

蘇珊和我在賭城住了一年，我才終於親自見到麥可。我們的會面很短暫，我甚至不記得在哪裡，只知道麥可不太會閒聊。我對他的第一印象一直未變，雖然有在玩壘球，麥可更像個學術型的人，他穿著隨便，完全像個宅男，害羞、留著鬍子、微胖身材。他看起來對賭博世界裡殘酷的方式充滿天真，然而他卻在一九八〇年代初顛覆了那個世界。

我在集團裡負責做我最擅長的事：每個周末移動數百萬美元，並保護集團的身分。為此，我招募了一小隊槍手，由他們代表我們下注。值得慶幸的是，在賭城從不缺貧窮賭徒，他們願意長時間工作以換取每周幾百美元，還有我們指示的內幕。

「芝加哥蓋瑞」（Chicago Gary）是我其中一個員工，負責指揮至少三十名下注者。蓋瑞看來好像剛從芝加哥那個風城被吹來，衣著凌亂、禿頭，是個直接不廢話的人，簡直就是喜劇演員菲爾．西爾弗斯（Phil Silvers）在一九五〇年代電視劇中扮演的騙子鬼頭天兵的翻版。

一周七天，蓋瑞的下注手團隊分散到城裡的各個賭場和體育博彩投注站，靜靜等待他們的對講機或傳呼機發出我們的指示。電腦集團的運作模式是這樣的：麥可會決定選定比賽中要投注的數字，他把這些數字傳給他的弟弟約翰（John），約翰再更新最新傷情資訊，然後將最終數字傳給紐約的聯絡人和我。

我在拉斯維加斯鄉村俱樂部的家庭辦公室與蘇珊一起工作，蘇珊和我一人一支手機，到處下注，包括透過幫我管理 C＆B 公司下注室的格倫．沃克。格倫接下訂單後，分發給辦公室裡的每個人，然後我也將比賽和數字傳給芝加哥蓋瑞和他的下注手。

這是一條製造財富的通話鏈。我們該行動時，團隊只要刷個牙的時間，就能在全國各地下數百注賭注。平均來說，若在專業足球和大學足球、籃球賽事排滿的周末，我們下注總額會超過一千萬美元。

「阿拉巴馬減兩分半，十萬，上！」

「佛羅里達加四，最多四萬，上！」

「喬治亞對田納西低於四十五，最多一萬五，上！」

隨著比賽進行，蘇珊和我親手記錄下每一注，包括下注數字、金額以及對象，然後將資訊放在一個主帳戶上。下注日結束時，我們會工作到晚上十一、二點，拿計算機加總上百張賭注單，然後再比對每一張單子，確認是否有誤，核對到分毫不差。之後，我們會將每張單子都輸入到特定的帳戶，並更新我們的主表。每天都是如此，非常耗費心神，有時候，我們直到半夜一點或一點半才能上床睡覺。

我從來不知道電腦集團到底贏了多少錢。一份報告顯示，單年利潤為兩千五百萬美元。消息傳開後，我們的名聲在賭博圈愈來愈大，執法機關也對我們的數據和成功產生了興趣。

奇普作為我投注業務的夥伴，我們一直和集團保持良好的關係。然後，在一九八四年十二月，奇普報告情況不妙，根據街頭消息指出，針對非法博彩的大規模聯邦調查正在進行中。

我對此毫不擔心，自我在肯塔基州被捕後，我沒做過任何博彩業務，我也知道電腦集團沒有違法。非法博彩？組織犯罪？不是我們。

儘管如此，奇普不接受我的說法，他結束了我們的合作關係。結果證明，奇普是對的。

局勢真的不妙。

對我們很不妙。

在研究本書時，我向美國司法部提交了一份《資訊自由法》（*Freedom of Information Act, FOIA*）請求，要求提供與電腦集團相關的所有文件。聯邦調查局對我們的小業務整理出兩萬兩千八百三十六頁的報告，但我只能取得十六頁經過大量刪減的資料。其中一頁引起我們的注意，上面的日期是一九八四年十二月十日：

> 謹告知收到此通知的人士，標題案件涉及一個被稱為『電腦』的非法賭博團體，這個團體操控拉斯維加斯的賠率線，同時也控制了全美的賠率線……
>
> 芝加哥的義大利黑手黨在拉斯維加斯的業務主管（姓名被刪節）試圖接管『電

腦集團』……『電腦集團』安排已過世的吉諾維斯黑手黨成員安東尼・魯索（又名「小貓」）擔任代表代為說情，為此魯索獲得大約五萬美元。

翻譯：FBI認為電腦集團從事「非法賭博」，可以用某種方式「操控」全國的賠率線，並正被拉斯維加斯的犯罪組織接管。

錯得離譜。

我只希望在聯邦調查局來敲我們家門前，可以知道自己即將面對什麼。

第十一章
調查

負責調查電腦集團的聯邦調查局特別探員是湯姆斯．諾貝爾（Thomas B. Noble）。我應該一看到姓氏就立刻感覺到麻煩來了，諾貝爾探員試圖以抹黑我們的名聲來打響自己的名號，他行事魯莽、無知，並且在攻擊我們的行動上能力不足。

我們後來發現，諾貝爾當上探員的時間只有一年半，而且在他（誤）以為自己湊巧發現一個由犯罪組織控制的大規模非法博彩活動前，只調查過一樁賭博案。他從聯邦調查局學院畢業後，就被派往拉斯維加斯辦事處，並被分派調查斯皮納勒，也就是斯皮洛特的左右手。

我們的問題始於諾貝爾觀察到斯皮納勒和沃克有來往，沃克是我投注辦公室的主管，而他們背著我在城裡賺外快。聯邦調查局尾隨沃克到我們在西春山路的 C&B 公司辦公室，諾貝爾很快就發現那裡是運動博彩業務的基地。

諾貝爾因此將犯罪組織分子斯皮納勒，和國內最成功運動博彩團體一員的沃克聯繫在一起。作為一個正直的犯罪打擊者，這位探員決定對這些腐敗的人士提起訴訟，同時，他也希望能加快自己在聯邦調查局裡的晉升速度。

像許多執法人員一樣，諾貝爾相信成功的下注團體根本不存在，他錯誤地假設我們一定也接受投注。他說服了他的上司，負責南內華達的特別探員，同意竊聽我們的C&B投注辦公室。

聯邦調查局在我們下注時全日監聽，他們也取得逾二十個城市的搜查令，其中包括維爾市、匹茲堡、鹽湖城、休斯頓、紐奧良、莫比爾、艾爾帕索和芝加哥。

如果不是「醫生」明德林，就永遠不會有諾貝爾的調查，他的貪婪和愚蠢促使聯邦調查局將這一系列虛構的線索連繫在一起。首先，為了在電腦集團外多賺些錢，醫生以斯皮納勒的名義在星塵賭場開了一個博彩帳戶，星塵賭場是賭城最大的賭場，也是世界最重要的運動博彩場所。一九七六年，星塵賭場由芝加哥黑手黨代表「左撇子」法蘭克．羅森塔爾（Frank "Lefty" Rosenthal）開設博彩業務，但當時未取得合法的賭博執照。勞勃．狄尼洛在電影《賭國風雲》中飾演的「王牌」山姆．羅斯坦（Sam "Ace" Rothstein）即以他為原型。

醫生的舉動就像是發封電報給諾貝爾探員，確認電腦集團和組織犯罪勾結的嫌疑。探員顯然無法理解賭徒（下注者）和博彩公司（接受下注者）之間龐大的法律差異。

醫生和斯皮納勒之間的安排證明，醫生違反了我們的簡單協議——若要得到利潤分紅，電腦集團的數字不得與其他人分享，也不可在集團外下注。但是醫生不遵守規則，為了討好城市裡名牌加身的精英，他將我們的數字傳給賭城有勢力的掮客，像是莫拉斯基和亞德森，當然，還有斯皮納勒，也因此讓我們與斯皮洛特及芝加哥黑幫產生牽扯，至少在聯邦調查局眼中是如此。

除了他的愚蠢外，醫生還和國內頂級開盤家鮑伯・馬丁（Bob Martin）打賭，後者因賭博重罪在聯邦監獄關了十三個月，剛刑滿釋放。然而，對原始的電腦集團而言，真正致命的打擊是醫生與斯皮納勒、斯皮洛特及芝加哥犯罪集團的關聯。

在聯邦調查局突襲之後，吉米和史坦利就消失了，吉米搬到西班牙，而史坦利身為世界級西洋棋、雙陸棋和橋牌玩家，跑到西岸的某個神祕地點。就在那時，麥可提出一開始就該提出的問題：

集團是如何運作的？他的研究結果傳給醫生後會發生什麼事？集團賺了多少錢？醫生為什麼在三個州都有房子，而我卻只能住在拉斯維加斯的公寓呢？

在聯邦調查局來敲門後，我立刻打電話給我的神奇律師兼朋友哈達德，他是全國刑事辯護律師協會（NACDL）的前任會長。他建議我聘請奧斯卡·古德曼（Oscar Goodman）。

在拉斯維加斯，每個人都認識奧斯卡。他是一位聰明且行事張揚的刑事辯護律師，也是前美國刑事辯護律師協會主席。

我的失誤在於忘記奧斯卡的客戶包括如蘭斯基、尼基·斯卡佛（Nicky Scarfo）、左撇子羅森塔爾和斯皮洛特等犯罪組織人物，他是一位著名的黑幫律師，這使我深陷困境。我試著保持低調，與犯罪組織保持距離。在我意識到這個錯誤時，我已經支付了奧斯卡五萬美元的預付款。

聰明，比爾，非常聰明。

因為需要擺脫這個困境的實際建議，我諮詢我的朋友奈德·戴（Ned Day），他是城裡最好的調查記者和報紙專欄作家。賭城的每個人都讀過奈德在《評論雜誌》（*Review-Journal*）上的專欄，周周他都言辭鋒利，尤其是對付黑幫時，這可能解釋了為什麼奈德的車在一九八六年七月被縱火，還好裡面只有他的高爾夫球具。這位強硬的專欄作家將激怒當地政治家、黑幫成員和自負者當作他的人生使命，所以他將這場火災形容為「我生命中最快樂的一天」。

奈德在密爾瓦基市長大，父親是登上名人堂的保齡球選手。他年輕時經常在保齡球館和撞球場閒晃，他也是紐約洋基隊的球迷，喜歡偶爾在體育賽事中下注。我們顯然有很多共同點。

奈德在拉斯維加斯的人脈比電話公司還多，這對我來說很有幫助。那個時候，他正在與一個女人交往，而她的室友正在和拉斯維加斯司法部組織犯罪打擊部隊的主管賴瑞・利維特（Larry Leavitt）約會。

我告訴奈德，聯邦調查局完全搞錯了，「我們沒有接受下注，但他們不一定知道其中差異。」

奈德查了一下這個案件，這個案件已提交大陪審團審理。他告訴我檢察官知道電腦集團沒有接受下注，建議我去找諾貝爾探員，解釋下注和接受賭注的不同，並說服他，我們沒有參與任何犯罪行為，無論是否牽涉犯罪組織。他說，你這樣做，案子應該就會解決了。

關於奈德的建議，我諮詢了奧斯卡。他不同意奈德的觀點，完全不同意。早在數十年前，他就對打擊部隊和部裡的聯邦調查局探員懷抱敵意。

他說：「你不能和這個探員交談，這對你沒有任何好處。」

「我只是要解釋下賭徒和博彩公司的區別，」我說，「這有什麼不好？」

「你太天真了。」奧斯卡回答，「你和一個該死的聯邦調查局探員談話沒有任何好處。」

現在回想，我真希望當初聽了奧斯卡的話。諾貝爾曾幾次試圖找我談話，每次我都故意閃避了。第三次也是最後一次，就在我和奧斯卡談完話之後。

我剛做完牙齦的大手術，裝了新的假牙，好換掉吃奶奶做的甜食而蛀壞的牙齒。回到家後，門鈴又響了起來，蘇珊起身去開門。在我（腫得厲害的）面前，站著聯邦調查局特別探員諾貝爾，而我對諾貝爾探員的耐心早已消耗殆盡。

他說：「我們正在接觸你在義大利黑手黨中的朋友。」他希望自己提到西西里黑幫能讓我鬆口。

我當著他的面甩上門，然後打電話給奧斯卡，他和我一樣感到憤怒。他向打擊部隊的負責人提出了正式投訴，部隊命令諾貝爾不可再接觸我。

即便如此，我仍不停思索著：與諾貝爾見面，我會損失什麼呢？

一九八六年一月，我打電話給諾貝爾，約定在拉斯維加斯大道北端的白十字藥局見面，我要求不要通知奧斯卡有關這次或後續的任何會議，我還告訴諾貝爾，我需要以書面文件明確表明我的唯一目的是解釋投注和接受投注之間的區別，我並未企圖達成一個牽連任何人的交易；我要一份協議，明確指出我只是在試圖教育諾貝爾，告訴他我們並沒有進行任何非法活動，而且我和蘇珊並沒有因此獲得任何回報。

諾貝爾去找了打擊部隊的檢察官艾利克・強森（Eric Johnson），然後他回電話說：「我們達成協議了。」

幾天後，我們回到了白十字藥局。諾貝爾拿了一份兩頁文件，內容正是我要求的，上面還有強森的簽字。我讀過後也簽了字。在那個時候，我覺得我們達成了協議。

一月二十二日，我在查爾斯頓山莊與諾貝爾會面，那是一個隱藏在凱爾峽谷裡的寶地，周圍都是杜松樹和西黃松，距拉斯維加斯開車四十五分鐘，可以遠離好奇的目光。多年後回顧，我覺得很奇怪的是，諾貝爾出現時沒有其他探員，也沒帶錄音機，在我們長達一小時的對話中，他什麼都沒記錄下來。那種情況經常發生嗎？

他租了一個很普通的房間，我們坐在桌子旁，我解釋了集團正在做的所有事情，包括我們的策略如何運作，以及為何我們能因此成功下注，而非接受賭注。

我說：「沒有組織犯罪，以猶他州的戴爾・康威（Dale Conway）為例，他是個撲克牌玩家，他不認識任何黑幫人員，我在賭城的撲克錦標賽認識了他，他也是我的槍手之一。」

那個星期晚些時候，我和奈德一起去看拳擊比賽，打聽他是否有聯邦調查局那裡的消息。他有。

「比利，這個案子結束了，」奈德說。「不要擔心。」

幾個月後，打擊部隊派強森前往鹽湖城，在法庭上主張政府有權將七萬五千一百七十九元現金當作證據，還有突襲我們的投注手戴爾時查封的其他物品，而司法部明確提醒法律程序有問題。

在聽證會上，強森向地方法官布魯斯・詹金斯（Bruce Jenkins）表示，電腦集團「並不是一個典型的博彩業務」。

他還補充道：「這個案子需要聆聽超過一千小時的錄音，需要審查二十一萬六千頁的電腦列印文件。我們認為全國各地多個州的博彩業者都參與其中，這個結構就像一家公司。如果閣下同意，我可以用一份圖表展示本案的高度複雜性。」

詹金斯法官不需要流程圖就能理解，聯邦政府認為他們已經發現了一個與犯罪組織有關的大規模非法博彩網絡。比利・華特斯是個博彩商，格倫・沃克是個博彩商，戴爾・康威是個博彩商。如此類推。

然而，精明的法官對打擊部隊的律師強森提出一些相當尖銳的問題。當主要檢察官回答完畢後，詹金斯法官下令將康威家中扣押的每一美元歸還，在突擊搜查期間被政府沒收、目前仍被保留的所有物品也要歸還。

打擊部隊失敗了。

在全國突襲卻起訴失敗的近八個月後，特別探員諾貝爾被調到聯邦調查局的芝加哥辦事處。

諾貝爾一退場，「螞蟻」緊接著上台。

當我雇用黑幫律師奧斯卡的消息傳開後，我的公眾形象飆升，同時也引起斯皮洛特的注意。消息傳來，他想見我。一個我無法拒絕的提議。

我們在奧斯卡的律師事務所見面。在介紹後，斯皮洛特和我走出辦公室，走到相鄰的後院。他看起來就像一個被稱為「螞蟻」的人應該看起來的樣子：矮小，但有一對特別的眼睛。

眼神冷酷，空洞，死寂。

我們聊了大約二十分鐘，斯皮洛特沒有威脅我，他不需要這麼做，城裡幾乎每個人都知道他的名聲。他平靜地告訴我，在聯邦調查局突襲前，醫生經常和他分享電腦集團的數字，但現在醫生不再是集團的成員，也無法得知我們的數字，他希望我提供給他。

「我會再給你答覆。」我說。

我沒有回覆。事實上，我竭盡全力避免與斯皮洛特接觸，但我在金磚飯店參加撲克錦標賽時，我無法避免上廁所。

等待我的是東尼的手下，黑幫執法人「快手」艾迪．迪里奧（Fast Eddie DeLeo）。

「小傢伙想見你。」快手艾迪說。

我裝傻地說：「你說什麼？什麼小傢伙？」

「你知道我在說誰。」

「艾迪，我得回去比賽了，」我說，「等會兒見。」

等我回到撲克桌時，我一眼盯著自己的牌，一眼瞄著在附近徘徊的艾迪。當他走向廁所時，我頭也不回地逃之夭夭，連籌碼都留在桌子上。

那天晚上，我們家的電話響了。是約翰．斯皮洛特（John Spilotro）打來的，東尼的四個兄弟之一。我們的電話號碼並未公開，或是我以為沒有公開，我完全不知道斯皮洛特曾賄賂了幾個警察，他們可以取得未公開的電話號碼。

他們叫我早上到食物工廠餐廳。

為了那通電話，我已經準備了多年。

「我們現在必須馬上離開這裡。」我告訴蘇珊。我們以創紀錄的速度打包，然後飛回路易斯維爾，以朋友的名義租了一間房子。

八個月後，有人在印第安納州的一片玉米田裡發現東尼．斯皮洛特和他的兄弟麥可，他們被毆打致死。我們未因他們的逝去而哀傷。

斯皮洛特已死，我們似乎可以安全地飛回拉斯維加斯。回城後，我們舉辦了一個慶祝派對，住在隔壁的奇普是第一個達到的人。多年來，他的公寓一直裝著鐵窗，以防螞蟻和他的手下入侵。

我覺得自己在拉斯維加斯的未來又光明起來，因為斯皮洛特和他的人已經不在了。

我並不知道另一場風暴即將來臨。

第十二章 賭場大亨的旋轉輪盤

第一次遇到史提芬・永利是在一九八二年，我們剛搬到拉斯維加斯之後不久，當時我在金磚酒店玩撲克牌，這個有名的老闆走向我。

他問：「你為什麼不在這裡多玩一下？」

我已經準備好藉口了，他的牌室副理是我的好朋友鮑比。

「如果我在這裡贏了，鮑比可能會有點壓力。」我說。

說實在的，我不太想在金磚飯店賭博，除非玩撲克牌，因為二十一點的上限（每手一萬美元）比馬蹄鐵的上限（兩萬五千美元）低很多。馬蹄鐵還有一副牌的二十一點，金磚用六副牌。再者，馬蹄鐵的百家樂一般佣金比金磚低了百分之一。

因此，我客氣地回絕了永利。

這不是輕率之舉。每周我都有幾個晚上和永利玩牌，他是個活靶子，經常輸錢。只要鮑比還在那裡工作，我也希望和永利保持友好關係，更不用說永利就要成為拉斯維加斯先生，一個以記仇聞名的權貴人物。

永利在一九六七年，以二十五歲的年紀買下邊疆賭場飯店五%的股份，從而踏入大眾的視線。四年後，他借助他在酒類配銷業務的高知名度，以及和摩門教銀行（Mormon Bank）有不可思議的聯繫，成功獲得金磚飯店的控股權。兩年後，三十一歲的他成為最大股東。永利繼續打造令人印象深刻的度假酒店和賭場，包括夢幻度假村、金銀島酒店、貝拉吉奧飯店、拉斯維加斯永利酒店和澳門永利酒店等。

即使是賭場大亨最嚴厲的批評者（而且這種人絕對不少），也對他在地方和聯邦執法部門多次調查中，還能繼續經營業務表示出無奈的尊敬。多年來，永利被指控涉及諸多不法行為，包括性侵、猥褻、洗錢，以及縱容酒店內販賣毒品。他的運氣終於在二〇一八年耗盡，當時他被控數十年來涉嫌多次不當性行為，因而被迫辭去了賭場公司職位。

但在他權利的巔峰時期，永利是個值得認識的好人，也是個不可觸犯的壞人，他是出了名的暴躁易怒，在商業上也是不留餘地。

我成功地透過一次的轉輪盤，讓他成為我的死敵。

賭城充斥著自稱可以百分之百打敗莊家的問題人物，輪盤、二十一點、花旗骰、老虎機、體育博彩——只要你說得出，總有一堆騙子準備好吹捧自己有可以戰勝賠率的革命性系統，有些是合法的，但大多數不是。

「就先借我錢吧，如果你贏了，我們平分利潤；如果輸了，嗯……」

有次，有對騙子向我推銷他們可以找出輪盤的某些偏差，從而精準預測那顆彈跳的球會落於何處。

「我們只需要你先出錢。」他們說。

「我不要。」我回答。

我跟奇普和道爾講這件事，他們差點笑翻。認真的賭徒會告訴你，輪盤是一個幾乎完全是坑的遊戲，在美國製造的輪盤上，除了十八個紅色和十八個黑字數字外，因為又加了綠色的零和雙零，讓中獎機會只有四七．三七％。（如果你對數學過敏，請跳過以下內容。）

讓我為你計算一下數字。美式輪盤的這種調整意味著你在一美元賭注的勝率為二．五六％，即三十八分之一，而賠率只有三十五比一，這使得莊家在每個賭注都擁有五．二六％的利潤率。在歐洲，輪盤只有一個零，勝率為二．七％。

我一邊叫騙子滾蛋，一邊好奇是不是有辦法找到一個讓玩家在輪盤中增加勝率的方法。作為一個凡事全力以赴的人，我花了四千美元自己買了一個美國製造的木質輪盤。

我在客廳將這個小寶貝一塊塊拆開，在它被分解、剝去浪漫魅力之後，我明白這個輪盤只是一堆零件組合在一起，就像洗衣機、攪拌機或割草機等其他機械設備，也會磨損。

例如，輪盤每次旋轉時，口袋之間「分隔板」的作用應該一致，如此才能產生完全隨機的數字結果。但如果木製輪盤已經有二十五年歷史，又沒有保養好呢？理論上，分隔板會鬆動，改變球移動的距離，輪盤軸和軸承如果隨時間磨損或鬆動，也可能產生潛在的偏差，導致軌道稍稍往某個方向傾斜，而使球較常落於輪盤的某個象限。

經過思考和操作後，我開始記錄金磚飯店幾個輪盤的結果，我的選擇不講科學，這幾個輪盤只是碰巧在我往金磚撲克桌的路線上，我晚上大多數時間都待在那裡。為了獲取我想要的數字，建立一個三千次轉盤結果的資料庫，我用時薪十二美元雇用一組人，在兩個金磚輪盤開放時，以一美元的最低下注額進行遊戲。後來，我們在其他地點也做了同樣的輪盤實驗。

收集資料後，我們將結果輸入一個特殊的軟體。我們發現金磚的輪盤和城裡其他地方的輪盤有些微偏差，但還不足以超越莊家的利潤率。

我繼續研究。在拉斯維加斯的賭場中，為大玩家將其中一個零指定為無投注號是很常見的，但這樣勝率仍有利於賭場。我心想，如果我找到一個輪盤的偏差足以帶來一〇%的淨優勢，我就會抓住這個機會。

最後，我覺得我們已經在金磚的輪盤偏差累積到足夠的數據，我抓住了機會，而且是個重大的機會。我帶了四十五萬美元，開始依電腦分析的號碼下注：七、十、二十、二十七和三十六。

六個小時後，我只剩下五萬美元了，心裡想著：哎呀，你真是個白痴。在我還沒有勉強抽身或破產前，數字開始出現了。十二小時後，我賺了五萬美元，但我也懷疑這些壓力和汗水是否值得。

這一次，我拿著錢就離開了，但我知道自己還會再回到輪盤桌上。

快速提醒一句：在輪盤開始旋轉之前，我已經下注了。早在一九七〇年代，拉斯維加斯就有玩家使用計時器或計算設備，根據輪盤開始旋轉時球落下的位置，計算出可能球落於哪個象限。玩家們戴著耳機，或將電子設備放在鞋子或靴子裡，好知道該怎麼下注。然而，如果玩家開始贏得大筆的金錢，賭場會直接要求他們在轉動輪盤之前下注，他們的優勢就消失了。這個策略只有在玩家能找到一個疏忽大意的賭場時才有效，無意冒犯。

碰巧，一九八六年二月，我在塔荷湖的凱撒皇宮酒店找到一個我能戰勝的輪盤。只有一個小問題：當時我正忙著在阿瑪里洛瘦子的超級盃撲克牌錦標賽中玩德州撲克，我手氣爆棚，打敗像道爾、奇普和羅德島布里斯托之光艾爾・傑伊・埃瑟爾（Al Jay Ethier）等人，贏得大賽，讓我的荷包裡多了一點小錢（十七萬五千美元）。在瘦子的錦標賽幾周後，我帶著幾個喜歡的數字飛回塔荷湖。

我就不該在那個輪盤上贏了凱撒兩百萬美元。我請凱撒酒店將錢匯到它在拉斯維加斯的姐妹酒店，後來我帶蘇珊和另一對夫妻去那裡吃飯，又不利用分析結果的玩了幾把輪盤遊戲，我又贏得了六十萬美元！

這不是什麼好事，原因有二。一、我本來想在那個輪盤上輸一點錢，好降低塔荷湖的熱度，我不想讓賭場知道我發現了輪盤偏差的事。第二個原因是電腦集團的調查正在進行中，國稅局的探員正在城裡四處尋查我的財務狀況，我沒有什麼要隱瞞的，但我之前見過他們的把戲——先沒收你的錢，之後再爭論。

我的國稅局朋友蜂湧而至，因為在肯塔基的非法博彩行動中，聯邦政府沒收了一九八二年一個NFL星期天早場比賽的半天賭博收入，經過一番數學計算，他們得出（錯誤的）結論，我欠下七百萬美元的未繳稅款、利息和罰款。胡說，但他們堅持要收錢，迫使我得努力爭取才能拿回點什麼。

有天早上，肯塔基案的主要探員跑來敲響拉斯維加斯鄉村俱樂部的前門，前面還停了一輛大型搬運卡車，這可不是什麼含蓄的暗示。我立刻認出了他，在應門前，我跑到後面，把我的三萬五千美元紙鈔藏到泳池邊的水壺裡。

等我回來開門時，國稅局的人已經發火。

「如果你現在不付三萬美元，我們就要進去沒收屋內的每一件家具。」

我不想看到國稅局探員把我們的家具搬走，或是知道我有一大筆錢供他們質疑。所以我告訴他，我認識一個可以借錢給我的人。

「誰？」

「馬蹄鐵的傑克．比尼恩。」

「走吧。」

稅務探員和我一起開車去市區，找傑克進行一場臨時會議。

我向傑克介紹了探員。「他說如果我現在不給他三萬美元，他會把我們所有的家具都拿走。你有辦法借我這筆錢嗎？」

傑克享受著這種時刻，給了我一個那種眼神，然後吞吞吐吐地說：「比利，在你身邊，辦公室的日子永遠不會無聊。」

「好，比利，我想可以借你。」

我走到收納檯，簽了一張借據，然後給探員三萬美元現金。我們開車回到家，我沒有邀請他進來喝啤酒，所以他帶著一輛空蕩蕩的搬運車離開了。

問題解決了。我去了游泳池，把藏在罐子裡的三萬五千美元現金撈出來，蘇珊不得不把濕透的鈔票放入乾衣機中烘乾。順帶一提，這其實是我第一次，也是唯一一次親身洗錢的經驗。接下來的轉盤賭局，我轉戰大西洋城的金磚酒店，老闆是史提芬．永利，當時我們還是朋友。

那時候，永利和我是拉斯維加斯鄉村俱樂部的高爾夫球好友。有次打球時，我們開始討論輪盤，然後談定一場比賽。基本規則如下：我可以在他的大西洋城賭場以每個號碼最高一千美元的賭注下注，作為交換，莊家會在輪盤上刪去一個零。為表誠意，我需要支付最低一百萬美元的保證金。

聽來值得一賭，所以我接受了，不過前提是我的人先找出有偏差的輪盤，我才覺得這對我有利。自信滿滿的我和蘇珊包了架里爾噴射機飛到太西洋城，金磚酒店派出豪華轎車到停機坪接我們，等我們抵達酒店時，又有兩位笑容可掬的酒店主管和一位賭場主人熱情迎接。將一百萬美元現金存入保險櫃後，我漫步到了我喜歡的輪盤旁。

我問荷官他打算封哪個零。

他回答：「做不到。」

我抱怨時，他叫來了值班主管，主管又叫來了賭場經理，賭場經理則叫來了賭場總裁丹尼爾．布恩．韋森（Daniel Boone Wayson）。

「抱歉，比利，西洋城禁止封零的行為。」布恩說。

「不可能，」我回答，「永利和我在拉斯維加斯談好了這場賭局，他擁有這個該死的地方，要是我得賭兩個零，再過一百年，我也不可能飛到大西洋城。」

布恩告訴我，永利可能不知道這條法律，但是他可以打電話給博奕委員會，看看能否例外。

他打了電話，沒得到特殊許可。

如果我在輪盤有兩個零贏了，這會引起懷疑，因為我擁有專業賭徒的背景和名聲。於是我走向酒吧，開始大量消耗他們的啤酒庫存，我成功喝醉，並在二十一點牌桌上輸掉整整一百萬美元。

隔天，蘇珊和我飛回賭城，我很氣自己，氣到說不出話。我們進門時，電話響了。猜猜是誰？

永利並不是為了輪盤的失誤而致電道歉，相反地，他邀請我去打高爾夫球。我接受了他的邀請，約定好兩天後開打。我們簡短地討論了大西洋城的事，我告訴永利我再也不去那裡玩了，因為我不會去玩有兩個零的輪盤。

過了幾個星期，我們在金磚酒店玩牌時，永利邀請我們和他及他的妻子伊蓮一起，參加在長島舉行的美國高爾夫公開賽。

「我們會搭直升機去。」他說。

我知道他在想什麼。

「史提芬，我不玩有兩個零的輪盤。」

「別擔心，」他說，「我想到辦法了，你每次都下相同的賭注，這樣很容易追蹤你每小時下注的金額，進而計算出莊家的百分比，我們只取一半，替代一個零，我會用拉斯維加斯金磚酒店的現金優惠券支付給你。」

有數學頭腦的賭徒們思維相似。

「那可以。」我說。

我們談定了一場新的賭局，這次我將投入兩百萬美元，每局在五個數字上下注兩千美元。

在大西洋城的金磚酒店裡，我找到我喜歡的那個輪盤，一遍又一遍下注在相同的五個紅色和黑色數字上——七、十、二十、二十七和三十六，直到凌晨四點賭場打烊為止。在輪盤最後一次轉動結束後，我贏了三百二十萬美元。

睡了幾個小時後，我回到賭場層，你知道嗎？那個輪盤還留在幾小時前我離開的地方，我繼續下注同一組號碼，並再次獲勝，這引起了不必要的注意。

我四處張望，每個賭區主管和樓層經理都在擔心我的玩法。四、五個小時過去了，我還在贏，此時一個生面孔坐到我身邊，開始找我說話。

你知道嗎？那是紐澤西博奕執法部門的成員，他對比爾・華特斯產生了濃厚興趣，正在尋找任何非法或不適當的行為。祝好運。

那傢伙就算用一把點四五手槍指著我的頭，我也無法告訴他輪盤到底哪裡有問題。無論問題是什麼——軸承、分隔板或其他部分，我只知道它存在偏差，而我找到自己想要下注的數字。我做的一切都是完全合法的。

我在下午六點前又贏了六十萬美元，執法先生有了更多的同伴，一群身穿昂貴西裝、總是皺著眉頭的壯碩漢子。

是的，是時候滾出去了。

我去了收銀檯，取得了一張五百八十萬美元的支票，其中包含了我的兩百萬美元保證金。相信我，在不到四十小時內就輸了三百八十萬給他的高爾夫球好友，永利對此非常不爽。

有消息傳來，永利已經把輪盤交給製造商檢查是否有偏差，但他們沒有發現任何問題。據說他後來又將輪盤送到能讓人登陸月球的太空總署科學家進行檢驗，他們將輪盤拆成碎片，仍然一無所獲。

與史提芬．永利的激烈仇怨自此開始，並且延續至今。這件事也代表真正的覺醒。在賭場都是會輸的，九八％的人在喝了一堆酒、對抗爛透的勝算時，下場都是輸，一切都有利於賭場的擁有者。但是投入數百個小時的時間和數千美元，挖掘出一個合法的數學優勢後，當權者就會非常憤怒。

舉例來說：永利毫不在意我上次去大西洋城玩二十一點輸了一百萬美元，也不在意我在金磚酒店玩百家樂和二十一點時輸了五十多萬。

但是當永利在輪盤輸錢給我時，就會覺得我好像走進他的豪宅，肘擊了他的畢卡索名畫。

在金磚酒店贏了三百八十萬美元後，我又在大西洋城和賭城的幾家賭場玩過幾次，但消息傳開後，賭場就不再讓我玩了。我轉為 B 計畫，邀請了一些合作夥伴一起玩我喜歡的輪盤。

其中一位槍手是「老穆」．莫里斯．穆爾門（Maurice "Mo" Moorman），我在路易斯維爾就認識他了。老穆是堪薩斯城酋長隊首輪選秀的選手，在一九六九年超級盃冠軍隊中擔任首發進攻線鋒。足球退役後，老穆成為成功的商人，在路易斯維爾市擁有自己的啤酒經銷店。

我問老穆，他是否可以幫我一個小忙，到大西洋城玩幾場輪盤。他合理地問我，這對他有什麼好處，我說我會給他贏得的二五%。他接受了。所以我教他：去路易斯維爾的一家特定銀行，找一個叫瑪麗的女孩，她會給他一張面值為四十萬美元的銀行本票，再搭乘飛機到費城，那裡會有豪車載他去大西洋城的賭場，接著將錢存入保險櫃，玩幾局高額的花旗骰。

「給他們看看你的速度，」我指示，「讓他們知道你是一名認真的賭徒，不是一個笨蛋。」

幸運的是，老穆大約贏了兩萬。他那個晚上打給我時，我概述了計畫的第二步。「早上去哈拉飯店找一個叫傑克叔叔的人，他會在飯店大廳的一排電話旁等你。他會將你介紹給一個叫斯坦的人，這個人會告訴你如何疊籌碼，還有輪盤的特別系統玩法。」

老穆出發到哈拉飯店玩輪盤。後來他告訴我，兩、三個小時後，他原本輸了六萬美元，卻又突然連中了三個數字，荷官不太高興。

他告訴老穆：「我們要關閉這個輪盤。」

「關閉？」老穆答道，「我坐在這裡賠了很多錢，而你真的認為這個輪盤有問題？」

「我們要關閉這個輪盤了。」

老穆說，那時荷官指著他身後說：「如果你想談談這事，找他們。」

他轉過身，看到兩個很像杜賓犬的人。大塊頭、強壯、滿臉怒容。

「嘿，」老穆說，「你們為什麼要關掉這個輪盤？我要把錢贏回來。」

「如果你知道怎麼做對你最好，就離它遠點。」

老穆說，他又看了看他們的體型和表情，決定不要多事。

老穆身分暴露後，我轉而找不起眼的艾維．王（Ivy Ong），他曾在加州做建築工人，然後把大部分積蓄都花在賭博上。我資助艾維五十萬美元，將他安排在大西洋城一家高檔酒店，他帶著妻子和兩個孩子一起去了。

在指定的輪盤玩了一天之後，艾維很開心地離開了。他贏了六十萬，因此獲得了免費升級到頂樓套房的待遇。艾維已經建立了高額投注者的形象，度假村邀請他妻子和孩子參加遊艇旅遊，他們在游艇上欣賞大西洋城時，艾維繼續之前的遊戲，他又為我們不斷增加的資金再添幾十萬美元。

然後賭區主管關了輪盤，把艾維丟出頂樓套房，又把他的妻子和孩子從遊艇上趕了下來。

艾維哭著打電話告訴我這些事，這個在人生中失去一切的人終於贏了，但他們卻把他和老婆孩子們趕到街上。

我的賭博生涯中經歷過一些決定性的時刻，那就是其中之一。我看清了賭場中不成文的不當行為守則：贏我們的錢，我們就禁止你進入。

從那一刻起，我發誓再也不在他們煙霧瀰漫的房間中輸掉一分錢。除了撲克牌和體育博彩外，我不再參與任何賭場遊戲。

當時我四十歲，正要開啟人生另一個豐盛的新篇章。

第十三章 轉捩點

杜威和我坐在世界撲克大賽的一張桌子前，我注意到有個高個子在盯著我們的比賽。

「你認識那個人嗎？」我問。

「認識，那是大衛・利百特（David Leadbetter）。」杜威說。

杜威解釋，大衛是許多頂尖職業高爾夫球手的教練，很有名氣，他剛從英國搬到美國，在佛羅里達州海恩斯城的格林尼勒夫高爾夫和網球度假村工作。

大衛的客戶包括尼克・佛度（Nick Faldo）、格瑞格・諾曼（Greg Norman）、厄尼・艾爾斯（Ernie Els）、尼克・普萊斯（Nick Price）、查爾斯・豪威爾三世（Charles Howell III）和魏聖美（Michelle Wie）。他也針對我喜歡的比賽寫過幾本暢銷教學書。

我請杜威安排一頓午餐，好向大衛請教如何提升自己的高爾夫球技。考慮到他的客戶層次，見面時我有點緊張。一開場，我便向他坦承來意，內容可能會讓大衛懷疑他將要參與到什麼事情來。

「我從沒在未塗油的情況下認真打一場高爾夫。」我說。

大衛當然知道在木桿和長鐵桿上塗油可以減少球的旋轉，進而減少球的軌跡彎曲。當時，大西洋兩岸的職業選手都被懷疑在比賽前，他們會在頭髮塗抹「一點點就夠」的油。我想大衛最驚訝的是，油脂的使用幾乎成了我們每天遵守的規則之一。

在遇到大衛之前，我曾在印第安納州的傳奇名將鮑伯·漢彌爾頓（Bob Hamilton）那裡上了幾堂課，曾五次PGA巡迴賽奪冠的鮑伯是個短打巫師，但我想提升我的整體技術。

我和大衛的第一次練習中，我用PING的木桿開球，很快就表現出球桿沒塗油會出現什麼狀況——我的球向右偏了五十碼。

我半是期望新的教練會給我一罐凡士林，然後逃回英國，但讓我感到欣慰的是，大衛一直支持著我，我們的友誼持續至今。多虧了他和他的徒弟西蒙·霍姆斯（Simon Holmes），我不塗油的高爾夫球技得到了巨大的提升。

如果你聽過接下來我要說的故事，請阻止我。作為一個全情投入的人，當我們搬到拉斯維加斯後，我便開始迷戀高爾夫球了。我決心要成為一名高手，儘管我的出身背景並不富裕。

在過去的四十年裡，我有幸得到世界上最好的教練指導，和他們交朋友，包括利百特，吉米・巴拉德（Jimmy Ballard）、吉姆・哈迪（Jim Hardy）、戴夫・佩爾茨（Dave Pelz）、彼得・科斯蒂斯（Peter Kostis）、彼特・考文（Pete Cowen）、蘭迪・彼得森（Randy Peterson）、丹尼斯・希希（Dennis Sheehy）、約翰・雷德曼（John Redman）、比利・哈蒙（Billy Harmon）和他的兄弟布奇・哈蒙（Butch Harmon）。

如果這些專業人士都沒空，我也很樂意向高爾夫球童、計程車司機和酒保請教。還有，因為認識了一些高爾夫傳奇人士，我也學到了很多。舉例來說，在佛羅里達和利百特學習後，我偶爾會去貝希爾俱樂部旅館，老闆是亞諾・帕默（Arnold Palmer），很多頂尖職業選手都會去那裡。杜威和我會和六名職業球員一起組隊，把賭注投到罐子裡，然後分隊。帕默在城裡時，偶爾也會加入。事後，他會坐在牌桌前玩一場刺激的「傷心小棧」（Hearts，四人撲克牌遊戲）。他是個國王，但在我們周圍，他只是一個普通人。

課堂間，我瘋狂地練習，在練習場上揮杆數小時，練習切桿和推桿到雙手紅腫。沒有磨練技巧時，就是從拉斯維加斯、南佛羅里達到南加州，四處找人對賭比賽。

我一生中最喜愛的比賽融合了我對賭博和高爾夫的雙重喜好，也就是職業賭徒邀請賽，這是道爾的創意。

道爾年輕時曾遊走於「嗜血之路」（Bloodthirsty Highway），那是範圍橫跨德州、奧克拉荷馬州和西南地區的祕密撲克巡迴賽，他們總是找暗室或地下賭場舉辦比賽。和他一起上路的還有兩個技術高超的夥伴——「水手」布萊恩・羅伯茨（Bryan "Sailor" Roberts）和阿瑪里洛瘦子，他們在路上曾多次遭遇搶劫和毆打，最後定居在拉斯維加斯。

道爾在一九七四年提出PGI的想法，好讓那些高額下注的朋友在六月世界撲克大賽結束後，還能繼續留下來。他和馬蹄鐵的老闆傑克想到，只要將場地從鋪了氈布的桌子，換到草地球道和果嶺上就可以了。

一開始，這只是沙丘高爾夫球場一局兩百美元賭注的比賽，迅速演變成為每年一度、為期一周在城市周圍多個球場舉辦的賽事。賽事由傑克挑選並邀請六十四位選手，也由他進行配對分組。

我在七〇年代末第一次受邀參加PGI，報名費五千美元，每輪最低一千五百美元（三天五百美元的拿騷賭注），還有五百美元的行政費用。

傑克說他不想接待得省錢才能參加比賽的小魚，他想要職業賭徒，以及那些一場比賽就能豪賭數十萬的騙子。每位參與者都不擇手段，放肆地篡改自己的讓分。這迫使傑克做了大量的調查，查看選手家鄉的消息來源，好了解那個地方的高爾夫賭徒在他的比賽中會有什麼表現。

傑克確認好讓分後——至少在可能的範圍內，因為受邀者都是著名的騙子，他放棄了美國高爾夫協會（USGA）的規則。

球包最多只能放十四支球桿？你想帶幾支就帶幾支。

像打撞球一樣推杆？沒問題。

傑克堅定執行的唯一規則是：你必須在找到球的地方打球。不能自由拋球，沒有合法移球。球車道、灑水器頭、施工地面，球落在哪，從就哪裡接著打。不容爭議。

我在自己第一次PGI中表現不錯，但後來我也變聰明了，像其他幾個賭徒一樣，比賽前在賭城租一個地方度過整個夏天，不斷練習球技，以提高競爭力。委婉地說，那些年我的現金流常常變動不定。

那幾年，我的現金流經常出現波動（這是委婉的說法），如果遇到那些賭注高達數十萬美元的重大比賽，只能找人資助。其中一個願意下注支持我的人是佛瑞德・費里斯（Fred Ferris），城裡的人都叫他薩奇。薩奇在一九二八年出生在緬因州沃特維，父親是黎巴嫩裔的鐵路工人，他自赤貧環境中崛起，在一九八〇年世界撲克大賽的德州撲克中打敗道爾和鮑比，贏得十五萬美元的獎金。

薩奇矮小纖瘦、鷹鉤鼻，注定和選美比賽無緣，自然而然地，我們都叫他「帥哥」。然而，薩奇的打牌技巧卻很美，他很頑強，對他所做的每件事情都全心全意，尤其是撲克。

我永遠不會忘記金磚酒店的那晚，薩奇和山姆・安吉爾（Sam Angel）一直待到其他人都離開。山姆的外號是「矮子」，因為他的身高只有五呎二吋（約一百五十八公分），常常也被人叫「臭子」。山姆在拉斯維加斯很有名，當他不酗酒和玩牌時，主要在兜售昂貴珠寶的贗品。

矮子很有趣，像是愛諷刺人的演員唐・里克斯（Don Rickles）那樣，但大多數時候他很討人厭，是一個脾氣暴躁的酒鬼，三餐都吃加鹽花生，這也是他「臭」的原因。

矮子戴著一個結腸造口袋，他有時打牌會把它當武器使用。有一個晚上，他情緒就要失控且快要破產，大部分高手都逃離這個區域，因為每次矮子輸牌時，就會打開他的結腸造口袋，釋放出連紙牌都能捲曲的臭味。你可以想像一下從那個袋子裡散發出排泄物、啤酒和花生的酸腐臭味。

薩奇是唯一一個留下來趕走矮子的人。薩奇以前和他一起玩過，對矮子那套卑鄙手法早有準備，每當矮子拿袋子釋放惡臭時，薩奇會點燃一根火柴，放到自己的鼻子底下。他用完一整盒火柴，直到他贏光矮子的每一分錢。

薩奇和我對賭博的態度都很堅定。他分不清高爾夫球和葡萄柚，但他知道我打得跟其他賭徒一樣好，尤其是在壓力下。在那些一天賭金幅度可能達到二、三十萬美元的比賽，他會為我提供資金支持。薩奇不會問我的對手是誰，或是我打得如何，但他知道我毫不畏懼，而且一直都是贏家。那對薩奇來說是最重要的，我們成了很好的朋友。

可惜的是，在一九八九年年初，薩奇被診斷出罹患腦瘤和肺癌末期，他請我幫他打理後事。他只有六十歲。「醫生告訴我，我只剩下幾個星期的時間，而不是幾個月了。」他說。

我們在人生道路上都會失去某些人，但這一次對我來說打擊很大。

薩奇要我陪他一起見他的律師，當我走進律師事務所時，看到一個紮著馬尾、頭髮及腰的男子向薩奇問好時，我差點沒站穩。他看來不像典型穿著正裝的律師，但當我看理查・萊特（Richard Wright）為他的當事人流下眼淚時，我希望他也能成為我的律師。從那時起，他也一直是我的律師。

薩奇於一九八九年三月十二日逝世，就在他最後一場高額撲克比賽的幾個小時後。我幫助他的女兒凱莉整理薩奇的財務，確保她能得到應得的一切，以此來紀念我們的友誼。

薩奇離世造成的悲傷，帶給我的另一個好處就是決定戒酒和戒菸，他的死迫使我面對自己的有限生命。但首先，我惹上了一堆麻煩。

受到薩奇去世的震撼，我和朋友出去，喝了太多酒，然後違背了自己的承諾，走進了該死的賭場。最終，我在凌晨兩點，醉醺醺地在馬蹄鐵賭博，突破了賭場設立的極限。

五年前，參加完班尼的八十歲生日派對後，我在他的賭場裡，因為醉酒而在一場賭局中輸掉一百萬美元，後來我在運動博彩贏了兩百萬後，又回到馬蹄鐵（我說過這個故事嗎？）然後喝醉了，又輸了那筆錢。

這一次，我在每注五萬的百家樂贏了五十五萬，然後泰德．比尼恩（Ted Binion，班尼的小兒子）降低了賭注上限。為此，我充分發揮了年輕時的綽號「路易斯維爾市的瘋狂比爾」，然後把自己搞得跟白痴一樣，沒有更好的形容詞了。

籌碼撒遍整個房間，我大聲叫囂，咒罵荷官、賭區主管。泰德和整個比尼恩家族——腦袋正常的人都不會這麼做，除非他們想要一張通往沙漠的單程票。

他們唯一的選擇就是把我趕出賭場。

我的好朋友吉恩是傑克的得力助手，也是當晚的值班經理，他護送我到夫利蒙街，一路上我還在用我知道的所有髒話咒罵他，然後我蹣跚地走過馬路，走進金磚酒店，醉醺醺地在一張二十一點桌子旁一屁股坐下。

我的手機響了，是憤怒的泰德。他說了些什麼，我就爆炸了。

「我不接受任何人那樣對我！」我大喊。

泰德說他正要過來。

「好，那就來吧。」我對他說道。

泰德在金磚酒店裡找我時，遇見了正在撲克牌館值班的道格。

「比利．華特斯在哪裡？」泰德說。

道格看到泰德眼中的嚴肅，決定要保護我。

他說：「我不知道，整晚都沒看到他。」

泰德繼續走到賭場深處，就在那時，道格注意到他腰帶後有手槍。

我的手機再次響起，這次是道格。

他說：「泰德在找你，他有槍。」

我還沒醉到想死，我趕快躲出去。

隔天早上醒來時，我覺得胃很難受，不僅是因為宿醉，也因為我的瀕死經歷。

我滿心懊悔的打電話給傑克。

「傑克，對不起，我不知道自己在想什麼，竟然那麼不尊重泰德和你們家。」

「嗯，比利，我想你那時候說話未經大腦，」他回答，「但相信我，我見過更糟的，我們沒事。」

薩奇的死亡和我在馬蹄鐵那個令人恥辱的夜晚成了我生命中的一個轉捩點——不，是最重要的轉捩點。經過多年的停滯、起伏和失敗，許下又打破的承諾，我終於說出：

「夠了，我一輩子都不再抽菸喝酒了。」

我馬上就戒了，徹底戒掉。

我厭倦了一直讓自己出糗。我一直否認自己有酗酒問題，主要是因為對我來說，酗酒是指每天都喝酒，或大部分時間都醉倒的人，在我心中，酒鬼不可能像我一樣一周工作七、八十個小時。而且，我曾經連續三個星期以上滴酒不沾。但只要一喝，我就停不下來，喝酒會改變我的個性，影響我的決策能力，而且是不好的影響。

我也準備戒菸了。我經常咳嗽，吸菸也害死了我在乎的人，包括我的母親和妮爾阿姨。不幸的是，在戒掉香菸後，我卻用吃東西來取代，也就是用壞習慣換壞習慣。我增加了三十磅，腰圍似乎在一夜之間從三十四吋膨脹到四十吋，褲子都穿不下了。有天晚上，蘇珊、我、傑克和他妻子菲莉絲一起去吃晚餐，傑克看著我的大肚子開始笑，這成了我必須遠離冰箱的動力。

我聽取傑克的建議開始打壁球。第一次和他對戰時，傑克讓了我十分，即使他自己也不是很強。在比賽中，我真的必須躺下來休息，我的背因為肚子太大而疼痛。

我很好勝，所以肚子必須消失。我雇了一位營養師，持續打壁球，直到我減掉了三十磅，也開始打敗傑克，即使我也讓了他十分。我對於高爾夫比賽也更加認真了。

在那個時候，我最喜歡的高爾夫球夥伴是四處巡迴流浪的普吉。二〇〇六年四月，在貝拉吉歐，我在他的追思會講述了我的普吉故事。我們在峽谷門鄉村俱樂部對戰湯米·費雪（Tommy Fisher）和麥克·薩克斯頓（Mike Sexton），這兩個人經常面對六位數的賭注。我在追思會上對普吉的親朋好友說：

我們在峽谷門的第十八洞，普吉將球打到右方，他用的是印有拉科斯塔標誌的泰特利斯球（Titleist），我們都非常確定普吉的球掉進水裡了。另外三個開球都落在球道的左側。突然間，我們聽到普吉對我們大喊：「我的球掉進沙坑了！」然後他迅速將球打上果嶺。

我們的對手嗅到一絲不對勁，所以他們以最快的速度開到果嶺，趕在普吉找到他的球之前。麥克一看，說：「普吉，這顆球的確是泰特利斯球，但上面沒有拉科斯塔的標誌。」

普吉立刻低下頭，你可以看出他很尷尬。他被當場抓到作弊。經過漫長的沉默後，他抬起頭來說：「兄弟們，我今天學到了一個寶貴的教訓。」

「是的，教訓就是你不應該想糊弄你的朋友。」麥克說。

「嗅，我確實學到一課，」普吉說，「我永遠不會再用有帶該死的標誌的球了！」

若要說我在高爾夫球中最精彩的一刻，那一定是發生在二〇〇八年二月蒙特里半島上的圓石灘高爾夫球場。對一位業餘高爾夫球手而言，能參加AT&T圓石灘職業暨業餘選手賽，可能是最令人垂涎三尺的邀請。我完全不在乎能不能結交名人或職業高爾夫球手，我渴望的是在最壯觀的舞臺上進行競爭。

在AT&T之前，我的讓分飆升至十一。從上一個秋天足球季開始，我就沒再打球了，我一直被其他業務分神，而自己信任的推桿也令人失望。出於絕望，我帶了五支不同的推桿去比賽，在練習賽時，這些桿子都無法將球打進洞裡。

比賽開始前，我去了練習果嶺，遇到了一位業務員向我推銷一款超粗壯的握把——就是一年前讓崔京周（K. J. Choi）贏得AT&T比賽而聲名大躁時所用的那種。我試著打打看，突然間就不會失誤了，粗大的握把在我手裡感覺更牢固，迫使我用肩膀出力。

當我表達對這個握把感興趣時，業務員卻帶來壞消息：這是新型號，一般大眾要等好幾個月才能購買。我運用傳統的肯塔基風格，塞給他一張百元鈔票，讓他為我最可靠的推桿安裝目前無法取得的握把。

這個超大的握把正是我需要的。有了經驗豐富的巡迴球童薩克・威廉森（Zak Williamson）幫助做果嶺判讀，我重新找到黃金手感。另一個幸運的巧合是，我的搭檔是我很喜歡的瑞典職業高爾夫球選手弗雷迪・雅各布森（Fredrik Jacobson）。弗雷迪和我在第一輪表現不佳，但我們設法在斯派格拉斯球場打出了低於標準桿七桿，總桿數六十五桿的成績。

第二天在礫石灘，弗雷迪打出五次小鳥球（Birdie）和一次老鷹球（Eagle），加上我也有一次小鳥球，我們在兩輪比賽後的總成績是六十二桿，低於標準桿十七桿。

星期六在波比山球場，佛雷迪再次在後半場發揮三十一桿的出色表現，而我因為推桿進步了，也穩定完成標準桿，有幾個洞還打出小鳥球。我們再次打出六十二桿的成績，以五桿領先進入星期日的決賽。

看到我們的名字出現在職業業餘排行榜的榜首，我既興奮又緊張。我們再次在礫石灘球場出戰，兩人都表現出色，並且還有一點幸運的加成。

一百四十五碼、標準桿三桿的第五洞是個先兆。我用八號鐵桿擊球，打得太遠且偏離球道，球落在一個狹窄的沙坑後，那裡是片壓平的草地，靠近看臺，幾乎沒有空間可以揮桿。弗雷迪的球則安全地落在果嶺前緣。

我告訴薩克，我想放棄，因為這一洞沒辦法少一桿。

「無論如何都試一試，」老手球童說，「你可能會出乎自己意料。」

當我用沙坑挖起桿全力一揮，桿頭完美地滑入球底時，那感覺不只是出乎意料。球從茂密的草叢中彈起，直接滾進洞裡，看臺上的球迷們爆發出歡呼聲。

圓石灘的魔法！

我們的領先優勢擴大到八桿。如果我有可能搞砸（讓我的桿數大增），那一定是在後九洞。相反地，我在後九洞打出四十桿，是我在錦標賽中最好的九洞成績，我們也維持創紀錄的壓倒性勝利。那些掃興的人發表意見時，我仍然情緒高昂。我們的勝利引起了失敗者和懷疑論者的不滿，他們對一個讓分十一桿的「拉斯維加斯賭徒」心存猜疑，「扮豬吃老虎」這個詞被多次提起。

在逐洞分析計分卡上的成績後，那些惡意言論稍微消散了一些，因為我最低的十八洞成績是八十三桿，在我的讓分範圍內。然而，評論家們仍然好奇我如何在壓力下表現得如此出色。

答案是：我可能比其他業餘選手打過更多的高壓比賽，弗雷迪在那個星期打出十六次小鳥球和兩次老鷹球，當然也有幫助。喔，順便一提，二〇一二年我又被邀請參加職業業餘賽，我的職業選手搭檔和我全程墊底，這次，沒人抱怨「扮豬吃老虎」了。

現在我和朋友大多數的比賽都是為了吹噓，或許也為了贏點錢。無論哪個球場或哪種比賽，我永遠懷念在蒙特里半島那一周神奇的時光。

第十四章
二度進出法院

在我告別了飲酒、吸菸和賭場賭博之後，我的生活明顯改善了——至少一段時間內是這樣的。我不再揮金如土，開始累積財富，我們的淨資產第一次紮紮實實地達到七位數。

一九八七年，我成立了一家投資公司柏克利企業（Berkley Enterprises），這個名字借用了蘇珊的中間名。我準備嘗試一個比較傳統的業務，而一九八〇年代末正是投資房地產的好時機。

那段時間，存款和貸款危險如龍捲風般襲捲而來，超過一千三百家金融機構破產，總資產近六千億美元。在那段時間，納稅人損失高達五千億美元，被視為經濟大蕭條以來最嚴重的金融崩潰。

我有個朋友叫艾瑞克·納爾遜（Eric Nelson），他是一個拍賣師，以跳樓價拍賣抵押的不動產。艾瑞克知道我有現金可以投資，他教我如何購買後快速轉手不良資產，以獲取可觀利潤。

艾瑞克介紹給我的物件，我幾乎全買下來，然後賣掉。我的策略很簡單：以大幅折扣購買房地產，盡快用最高價賣出，然後轉向下一筆交易。

例如在鳳凰城，我以每平方英呎二十五美元的價格購買了貝爾路上的一間購物中心，以每單位一萬美元的價格購買了一座公寓大樓，我還用極低廉的價格收購了亞利桑那州錢德勒市三十八個公寓的第一抵押權，以及用每個單位一萬美元的價格買下土桑市住宅社區裡一千兩百個已完成申請的住宅用地。

這門生意很適合我。我的財務情況和曾經混亂的個人生活逐漸穩定下來，我花更多時間陪伴蘇珊，我們一起更積極參與社區事務，包括參與當地的慈善活動。我們踏出這一步的時機正好，拉斯維加斯正在轉變為一個真正的大都市，一座閃耀著璀燦燈光、擁有五星級度假村和會議酒店的綠洲。

一九八五年，我的小兒子德林搬回家和我們同住。他在路易斯維爾過得不太好，卡蘿忙著照顧史考特。德林身材高大（一百八十五公分），性格外向，自七年級就開始玩足球和籃球，在校表現一直不錯，因為想參加球隊，要求平均成績要有C。然而，在他高二那年，十月份籃球校隊初試期間，他的前十字韌帶撕裂了。膝蓋受傷讓他開始走下坡，沒有運動作為動力，德林開始結交混混——翹課、抽大麻、晚上偷溜出門。有天他突然大發雷霆，摑了卡蘿一巴掌，是時候做出改變了。

他搬來同住時才十五歲，我採用了胡蘿蔔和棒子相結合的方法，迅速制定了規律。我們每周給他七十五美元的零用錢，還幫他找到工作，每周六能領到一百美元。他在金錢方面一直無虞，然後是棒子策略，我說：

「我有幾個規矩，你不能讓女孩懷孕，不能被逮捕，不能坐牢，成績要維持在A和B。如果你能做到這些，我們就能處得很好。」

我們在朋友麥可．高漢（Michael Gaughan）的幫助下，讓他進入畢夏普古門這所菁英私人高中，因為麥可是這所學校的重要捐贈者。德林被錄取為試用生，他也迅速融入了榮譽學會的圈子，在第一年成績全都是A，作為獎勵，我們買了台豐田的新車給他。從那時起到畢業前，他的成績一直保持在A和B，唯有大學先修物理學只得了C^+。

與此同時，麥可．肯特和我又聯絡上了，他發現醫生的雙重交易導致原始電腦集團的崩潰。隨著一九八六年大學美式足球賽季逼近，他決心要重組集團並向前邁進。

麥可需要一個合法的下注場所，所以我把他介紹給我的朋友。金恩．馬戴（Gene Maday）是小凱撒運彩的老闆，小凱撒隱身在大道北端一間破舊的購物中心裡，是個典型的賭城聚集場所。金恩來自底特律，原本在拉斯維加斯經營計程車公司，在一九七〇年才開了小凱撒賭場及運彩公司。在金恩的漠然放任下，那裡地板上滿是膠帶，香菸的煙霧濃厚地像簾幕，賽馬表和賭注卡散落一地，稱這裡是「低級酒吧」都已是稱讚。熱衷的賭徒湧向這個獨特的投注站，手裡拿著特大瓶啤酒四處遊蕩，等投注站在白板上用黑色麥克筆公布人人關注的賠率表時，又爭相奔向前方的公用電話。一家老派的場所：純正的賭城風格，寶貝。

小凱撒很快以接受巨額賭注聞名，金恩和他的專業運彩分析師「托雷多黑子」鮑伯・布萊克（Bob "Toledo Blackie" Black）接受來自全國的高額賭注。因為歡迎大額賭客，小凱撒吸引了像美高梅大酒店（MGM Grand）創始人柯克・科克萊恩（Kirk Kerkorian）這樣的知名人士，他是拉斯維加斯的商業傳奇，他的心臟只會對六位數以上的賭注跳動，我曾親眼目睹他開車進沙丘停車場，拉下車窗，將一袋現金扔進我和金恩等待的車裡。

我向金恩提議，我幫麥可下注，也可以同時為我們倆下注。金恩喜歡這個想法，他很高興有機會了解麥可的數據，這樣不僅自己可以受益，還可以隨心所欲地調整他的賠率，這對像金恩這樣的大型博彩商來說簡直如入仙境。

生活本來甜美無比，直到一九八九年八月份一本名為《干擾》（*Interference*）的調查書籍出版，攪亂了我們的賭博遊戲，事情開始變得麻煩起來。

作者丹・莫爾迪（Dan Moldea）重述了電腦集團調查的故事，並推斷沒有起訴任何人的原因是，羅瑞瑪電影公司的負責人梅夫・亞德森也與該集團有牽連。亞德森當時的妻子是電視明星芭芭拉・華特斯（Barbara Walters），而她剛好是雷根總統妻子南西・雷根（Nancy Reagan）的好朋友，有人質疑過這種關係，但由於缺乏證據，莫爾迪從未報導出來。

儘管如此，書中引用一位司法部線人告訴莫爾迪的話：「問題在於司法部知道這是個組織犯罪，其中和體育、政治和娛樂界一些重要名人都有些尷尬的聯繫。整個調查因政治原因而被擱置。」

司法部和打擊部隊裡的某些人無法接受這一推論。

六個月後，一九九〇年一月五日早上，距電腦集團案追訴時效到期僅剩兩周時，聯邦調查局再次上門。

一大群探員在早上八點闖進我家時，我正為前晚通宵的撲克賭局在補眠，蘇珊穿著睡衣和睡袍，已經起床照顧狗了。她被迫忍受體檢的羞辱，然後才被允許穿衣服。

兩位打擊部隊探員出現在我的臥室裡，我眨了好幾次眼睛，才認出他們夾克上大寫的ＦＢＩ。

「你得穿衣服了。」一個人說道。

或許是擔心我在短褲裡藏武器，他們要求我當著他們的面換衣服。不能刮鬍子，不能洗澡，不能讓自己看來體面些，更羞辱人的是，他們還給可憐的蘇珊戴上手銬和腳鐐，然後帶著我們遊街走過我們高檔的社區。

遊街示眾只有一個目的，就是要在鄰居和朋友面前公開羞辱我們。

我們幾個星期前已經知道即將被起訴。奧斯卡曾懇求打擊部隊成員，讓我們自首，相反地，聯邦政府選擇玩公關遊戲，並羞辱我們。

我被護送到等候的廂型車時，瞥了一眼車道上的《評論雜誌》。我們成為頭條新聞，標題寫著：「針對拉斯維加斯的賭博集團進行起訴」。

我無法形容自己看到蘇珊遭受那種對待時的憤怒。那天早上，我對聯邦調查局和司法部的憎恨成倍增加。

手腳被銬且沉默的蘇珊和我一起乘車前往聯邦法院，其他十七個與電腦集團有關的人也被正式起訴。有趣的是，麥可·肯特、多明尼克·斯皮納勒、梅夫·亞德森和艾爾文·莫拉斯基並不在其中。我們面臨總共一百二十項指控，包括涉嫌共謀、違反州際賭博資訊傳輸法和利用州際設施從事詐騙活動。

沒有一個指控和博彩或組織犯罪有關，再說一次，一個都沒有。這一次，政府改變了策略，在起訴書中編造一種新的犯罪類別，他們稱之為「有組織的賭博」。

這項指控是基於禁止非法博彩的聯邦法規。他們聲稱這些法規可以擴大範圍，將所謂的商業企業活動定為犯罪。如此一來，他們指稱電腦集團的成員違反了聯邦法律，透過在內華達州境內外使用有線通訊設施（即電話）與合法和非法博彩業者進行賭博。

這麼做的風險極高。如果政府成功起訴電腦集團向博彩業者下注，運動博彩的整體格局將會改變，而跨越州界下注的業餘賭徒都會違法聯邦法律。

採集完指紋、各自關押後，蘇珊和我只能凝視著同樣悲慘的午餐：一份濕漉漉的雙層夾心三明治。我們的律師拯救了這一天，也拯救了我們的消化系統。奧斯卡來了，將我們保釋出來。

我們聚集在奧斯卡辦公室之前，檢察官也出手了，他們想要交易，如果我同意認罪，他們將撤銷對蘇珊的所有指控。

很好。聯邦政府打得是妻子免獄牌。

蘇珊很震驚。

「我有可能被關進監獄嗎？」她問道。

奧斯卡有很多特點，他很浮誇、很愛龐貝藍鑽琴酒，但從不嬌慣他的客戶。

「蘇珊，你沒有做錯任何事，但站在法官和陪審團面前，任何事都可能發生。所以，是的，你有可能被送進監獄。」

蘇珊開始哭泣。

我知道自己必須做什麼。

「很簡單，」我告訴奧斯卡，「我會認罪，讓他們放了蘇珊。」

蘇珊停止哭泣。

「比爾，我們需要私下聊聊。」她說道。

我們走到奧斯卡辦公室附近的一家快餐店，蘇珊等到我們都坐好後才開口說話。

「我們沒有做錯任何事，」她說，「在美國賭場棒球賽怎麼就會發生這種事了？你不能認罪。」

一九九二年一月，蘇珊、我和其他十二名被告站在拉斯維加斯的陪審團前，媒體全程報導這場里程碑般的審判。我也明白其中的重要性，並決定找里克．萊特（Rick Wright）來取代奧斯卡，老實說，奧斯卡對我忽視他的建議，和諾貝爾探員見面仍心有不滿。現在回想，當時的決定是對的，里克的確改變了局勢。

檢方也進行了一些陣容調整。我們案件最初的主要檢察官是艾利克．強森，他仍是組織犯罪打擊部隊的一員，但這次他決定置身事外。他把檢察控制權交給了珍．霍金斯．舒麥克（Jane Hawkins Shoemaker），一名入職第二年的助理檢察官。

有趣的是，我們發現舒麥克曾為洛伊德．喬治法官工作，就是六年前授權聯邦調查局竊聽和跨州突襲行動的美國地方法院法官，這真是個巧合嗎？

所以喬治法官在這場戰鬥中有一隻攻擊犬。我們擔心，如果他繼續審理此案，而且由舒麥克負責檢控，我們將毫無勝算。考慮到這一點，奧斯卡在一九九一年六月提出動議，要求撤換喬治法官，訴求法官失職，因法官在開庭前命令我出席一次無前例的祕密聽證會，討論我和諾貝爾私下會見的法律影響，而奧斯卡卻不在場。通常情況下，這種動議會像昨日垃圾一樣被丟棄，更何況喬治法官具有足夠的影響力，就連我們審判所在的拉斯維加斯聯邦法院後來都以他的名字重新命名。

信不信由你，七月下旬，原本萬分渺茫的希望卻如願以償，儘管喬治法官在他的裁決中寫道：「法庭絕對沒有偏見、成見或不當行為。」但他還是讓位了，替代他的是美國地方法院資深法官克拉倫斯．紐科瑪（Clarence Newcomer），他來自費城街頭，具有聰明的老靈魂，且主審過許多博彩及黑幫相關的案件。

突然間，我們看到了一絲希望。

然而，我們還是害怕。相信我，當你和你所愛之人被迫在聯邦法庭為了你們的自由而戰時，有罪和無罪之間的界線是極其細微的。

表面上，當肯特同意代表政府作證，以換取對所有刑事指控（包括與他們境外帳戶有關的稅務詐欺和逃稅）的豁免時，我們的案子似乎變得更加艱鉅。如果他不說實話，對我們其他人來說可能不是好兆頭。

在舒麥克檢察官的開庭詞中，她非常努力地描述了電腦集團是一個網絡綿密的賭博和博彩巨頭，在十三州都有龐大的業務，每年賺取數百萬美元利潤。簡而言之，陪審團的女士們、先生們，我們的行為是一個龐大的犯罪企業。

我們的共同辯護律師肯尼·韓斯（Kenny Hense）過去也是位檢察官，精通賭博法，他承認，電腦集團有時的確賺取了驚人的金額，但它絕不是邪惡的賭博帝國。他質疑為何會耗費數百萬稅款和數萬小時聯邦調查局人力，來調查這件事。

不出所料，肯特作為政府的頭號證人首先出庭作證。他用數小時的時間作證他的電腦天分，他的賭博史，還有我們內部運作情形，但事實上，他的陳述只對我們有利。肯特只是說出了事實，我們只是賭徒，不多也不少。

真正的轉折點出現在第二天，聯邦調查局特別探員湯姆斯·諾貝爾接受尖銳的交互詰問時。韓斯以諾貝爾在一九八五年一月為搜查令提出的原始宣誓書，攻擊他的可信度和他無止盡想要起訴電腦集團的企圖心。

我們的辯護律師並沒有就此停止，他讓聯邦調查局探員承認，當他為搜查令準備原始宣誓書時，他並不知道電腦集團是做什麼的。但諾貝爾作證道，他「想要相信」有涉及賭博行為。

當韓斯對諾貝爾的賭博知識提出質疑時，這位特別探員就像拿到一把爛牌一樣只能認輸。

他承認：「我必須先說的是，我不是個賭博專家。」

諾貝爾隨後承認自己的賭博「經驗有限」，並表示：「我要告訴庭上的每個人，我不是一個賭博專家。」

但是我們攻擊力十足的辯護律師還沒有結束：

韓斯：請問你：在你參與這項調查之前，你是否曾經聽過有人在錄音中或其他場合下過對沖投注？你知道這是什麼嗎？

諾貝爾：不，我沒聽過。

韓斯：但是你在宣誓書表示，根據你所聽到的錄音，存在對沖投注，並且你希望取得搜索令，對吧？

諾貝爾：是的。

韓斯：好。那不是真的。你甚至不知道錄音帶上的「對沖投注」是什麼意思，對嗎？

諾貝爾：我知道什麼是對沖投注，但我不確定我所聽到的是不是對沖投注。

韓斯：那麼你怎麼能在宣誓書上作出這樣的陳述呢？

諾貝爾：因為它要求一種思想狀態或信念，而那就是我的信念。

韓斯：不，這是你想要相信的，不是嗎？

諾貝爾：很明顯，是的。

諾貝爾那天最終離開證人席時，你差點就要可憐他了。

他承認，在他尋求上級許可進行一開始的全國性搜查行動時，他故意歪曲了他對臥底國稅局博彩行動的了解，並在調查過程中對被告隱瞞這個訊息。

法官撤銷對真正的博彩業者詹姆斯．波克特．霍金斯（James Proctor Hawkins）的指控後，這個案件變得更加離奇。他裁定霍金斯涉嫌參與非法賭博是不當起訴。《評論雜誌》報導這場審訊變得荒誕不經，像是場《愛麗絲夢遊仙境》的喜劇。政府起訴合法賭徒，卻讓一位真正的莊家自由了。

對這樁政府案的最後一擊來自辯方的最後一位證人羅伊．伍夫特（Roy Woofter）。伍夫特被視為拉斯維加斯社區的支柱，他既是智者，也是聲譽卓著的律師，曾擔任過克拉克郡地方檢察官，並且是現任拉斯維加斯市檢察官。

伍夫特證明我在一九八四年底，曾藉由班尼．比尼恩在馬蹄鐵飯店安排的會議中，尋求他的法律建議。在我對我們跨州下注的合法性表達擔憂後，伍夫特告訴陪審團，他研究過相關判例法律，並得出結論，根據他的專業意見，我們的行為並不違法。

伍夫特也作證說，在一九八五年一月聯邦突襲後，我曾打電話向他諮詢：「羅伊，你還堅持你的建議，認為跨州下注是完全合法的嗎？」

他說：「是的，怎麼了？」

我說：「因為，我剛被聯邦政府突襲了。」

這就是案情變得更加扣人心弦的地方：到了一九九〇年，檢察官決定向另一個大陪審團申請起訴時，政府明顯已經知道在非法博彩指控上處於劣勢。他們早已意識到電腦集團只不過是一群有組織的賭徒，所以，他們玩弄手法，選擇不向一九九〇年的起訴大陪審團說明相關法律，即使他們過去已明確告訴一九八五年的大陪審團，單純下注者並不違反聯邦法律。

在里克和氣卻具毀滅性的結辯中，他讓政府成為審判對象，首先是諾貝爾虛構的賭博信念。

這一切始於聯邦調查局竊聽人們的電話，諾貝爾先生憑他未受訓練的耳朵，聽完之後認為自己聽到了一個巨大的跨州賭博行為，於是他不顧一切地追著這件事，而且他將訊息傳給打擊部隊，他們自此也咬著不放。突襲行動以來已經過了七年，事實上，這個周日就是超級盃前突襲行動的七周年，這些人等著上法庭，被這件事困擾已經這麼久了……

接著，里克將陪審團的注意力轉向聯邦調查局對蘇珊和我的電話竊聽錄音，在大約五十天的時間裡，錄下了超過一萬次對話。他注意到，在錄音的文字稿中，沒有一個關於賭博的字眼。

> 而這些被告恰好成為打擊部隊的目標，他們之所以成為目標，是因為諾貝爾先生對證據的錯誤描述。你成為目標，就無法脫身，他們咬住不放，就像狗一樣，唯一擺脫他們的方式，就是透過陪審團的判決，他們就是鬥牛犬。

十天漫長的等待後，我們的案件終於交給陪審團審理。如果在正式判決之前，我們需要尋求安心的保證，只能來自兩名備選陪審員，他們已經被排除在審議之外，並能自由向媒體發表意見。

「如果在這個情況中存在陰謀，我覺得這是政府要對付這些人。」備選陪審員琳達．麥康尼科（Linda McConnico）對《評論雜誌》說，「這讓我對政府所做的許多事情有了新的看法，我想我之前對此真的很盲目。這個案件中如此浪費納稅人的錢，我感到相當憤怒。」

備選陪審員理查德．摩根（Richard Morgan）也表示同意：「依我個人意見，這些人已經受到了七年的壓力。如果這種事情發生在我身上，我會感覺被騷擾或迫害。」

經過三天的審議，陪審團提出了他們的判決——六十四項指控全部無罪。我高興地想要大聲尖叫。

陪審員有五十四項指控無法決議，但據說投票結果為十一比一贊成無罪裁定。（唯一不同意的是一位前警察，他在陪審員問卷上沒有披露自己的職業，這是相當重要的資訊。）

這對我們來說是一次勝利，對於聯邦調查局和美國檢察官辦公室來說，則是一次徹底的災難。

「這真是一場可怕的浪費，」陪審團主席黛博拉·帕拉迪諾（Deborah Palladino）告訴了《評論雜誌》，「無人應該承受這些人所經歷的痛苦。」

之後，在接受《評論雜誌》的記者訪問時，我選擇了寬恕和理解。

我說：「我不希望我的仇敵遭遇這種經歷，但經過這一切，我成為了一個更好的人。最重要的是，我很高興自己生活在美國，如果是另一個國家，你可能不會得到審判的機會，也沒有機會釐清這一切。」

幾天後，聯邦政府宣布放棄所有尚未起訴的指控。

判決大約一個月後，我走進市中心美國銀行的大樓時，遇見了庫特·舒爾凱（Kurt

Schulke），他是聯邦檢察官新派任到拉斯維加斯的組織犯罪和敲詐勒索打擊部隊的負責人。

我攔住他，向他自我介紹。舒爾凱參加了我們的審判，我擔心打擊部隊會永遠追著我的案子不放，我曾聽說過聯邦調查局有多麼記仇的故事。

我直截了當地問了舒爾凱是否有任何不滿，而我永遠不會忘記他說的話。「比利，我們不常遇到像你這樣的人。別擔心。」不幸的是，司法部的其他黑暗角落里，有一些記憶力非常好且懷恨在心的人。

在那個時候，我只知道蘇珊和我自由了。

第十五章
貓和老鼠

為了防止聯邦政府再次破門而入，我在一九九二年冬末做了一些策略性的調整。首先，我找到世界最大的律師事務所格林伯格．陶瑞格（Greenberg Traurig）事務所，向其中的賭博專家諮詢，在他的建議下，我創立了賽拉運動顧問公司（Sierra Sports Consulting）。我以自己的名義取得了一張營業執照，並在工業園區租下了辦公室，門前掛上公司招牌，在營業時間內一直大門敞開。

我聘請了前拉斯維加斯警局警官「阿基」詹姆士．韓德利（James "Arky" Handley）和鮑比．希特（Bobby Hitt），請他們負責安全和法規事務。兩人都有持槍許可，這很重要，因為運動賽事只能用現金下注，我每周在拉斯維加斯都要周轉數百萬美元。

我在電腦集團的幾年了解到，在勝率遊戲要爭取關鍵的數學優勢時，規模和範圍很重要。為此，我設立了一個類似高盛集團和摩根大通等投資公司使用的作戰室，只是賽拉押注的是運動賽事，而非交易股票。

我聘用了一位虔誠的摩門教徒，名字也很虔誠，叫丹尼爾．佛瑞（Daniel Pray），他是位來自聖地牙哥的傑出軟體工程師，建立了一個電腦網絡，讓三十名員工能在幾秒內輸入來自全球主要博彩公司的資訊。這本質上是相當於貝斯體育（DonBest Sports，現今線上賠率和投注的黃金標準）的早期離線版本。

丹尼爾的電腦程式讓我們能盡可能取得即時賠率，為了達到這個目標，每天早上我的員工都會拿著博彩公司的名單，依優先順序撥打電話，了解他們每場比賽的賠率和限制。電話會打一整天，不斷更新已公布的賠率和限制，我也因此可以即時計算出偏好比賽的總百分比和總市場。

對幫我下注的槍手而言，問題也是一樣的：在六分時的比例是多少？六．五分呢？十個員工在同一時間打給十個不同的槍手，這時只要快速算一下，就能知道我們在任一場比賽中間接投注了多少金額。等終於到了採取行動的時候，我們迅速出擊，工作團隊迅速撥打給他們的聯絡人，就像在速食店高峰時間一樣，不斷地處理訂單。我們信任不會倒賣的槍手會得到兩個號碼，無法信任的人只有一個。在大比賽中，我們則會冒著風險，讓所有槍手都有兩個號碼。

若說我對資訊只是著迷，大概就像說湯姆．布雷迪（Tom Brady，職業橄欖球員）的球技只是一般。請記住，當時是八〇年代，網路還沒出現，也沒有全天候的體育報導。那麼沒有這些資源，我們如何深入研究每個球員和球隊呢？動手整理！逐條整理。

我和麥卡倫國際機場早晚負責清潔客機的清潔員領班達成協議。為什麼選擇客機？由於機場每天至少十六個小時有客機降落，每架飛機上都散落著旅客留下的報紙以及當地的體育版。我的員工每天跑好幾次機場，搜集全國各地的報紙，他們可以拿到《紐約時報》（*The New York Times*）、《波士頓環球報》（*The Boston Globe*）、《邁阿密先鋒報》（*The Miami Herald*）和《芝加哥論壇報》（*The Chicago Tribune*）等報紙。我們還有一個團隊專責閱讀報紙的體育版，好從中搜取任何關於球隊、球員和教練的資訊。

他們查看各地的比賽、體育專欄、對球隊老闆、教練、球員以及其他與球隊相關的人的採訪，我們也搜尋有關賽事計畫、傷病、球員個人和職業生活，以及他們親朋好友的零碎資訊。

為了幫助賽拉運動的運作，我在賭城又成立了另一間公司，讓合夥人和下注手都配備雙向對講機和呼叫器，負責在城裡合法的下注場所低調地喝飲料，直到下注的時候。

作為合規部門主管，阿基明確表示，對於每筆一萬美元以上的賭注，團隊成員都必須提交一份《貨幣交易報告》（Currency Transaction Report），這是美國銀行在客戶進行超過一萬美元的貨幣交易時使用的表格。

我們也確保不會有人對比賽發表個人意見，以免他人懷疑我們協助和教唆博彩公司。

從早上六點到晚上八點，賽拉運動火力全開，像進行一場沒有休息時間的消防演習。從八月底大學橄欖球賽季開始，到四月初的最後四強賽，我們總共下了數千次賭注。

球季中還夾雜著其他可下注的ＮＦＬ、ＮＢＡ、ＭＬＢ、ＰＧＡ巡迴賽和ＮＨＬ比賽。每年，我們公司要處理數以億計的「總投注額」——也就是我們每年下注的金額。

全年無休，日夜不停地高強度運作，處理如此巨大的金額，無疑是一種生存考驗。我們不惜一切代價，確保大多數的博彩商絕不知道這些賭注的主要來源。

我的任務從來沒有動搖過：在每場比賽上找到最好的數字和價格。無論遇到什麼困難，透過反覆嘗試，我成為世界上最擅長找到那個數字並隱藏來源的人。

運彩的生意對一般大眾來說可能像是量子物理學。在最高層次上，這更接近賭徒和投注商之間的心理戰——貓和老鼠，獵人和獵物的遊戲。公開賠率只是觸發遊戲的一種方式。

有些懷疑論者認為我的目標是讓每個博彩商倒閉，但事實完全相反。博彩商追求平衡，他們絕不想太偏向比賽的任何一方，他們樂於看到兩邊勢均力敵，下注金額相等，他們無論如何都能獲得一〇%的利潤。

如果博彩商破產了，他可能倒閉，也可能降低他的投注限額。兩個情況對我都沒有任何好處，我的目標是維持博彩商的運營，並擴大他們的限額，這有助於擴大市場規模，也意味著我有更多潛在的利潤。

最聰明的博彩商還是解開了謎底，他們想直接和我合作，想直接從我這裡知道我喜歡哪些比賽。如果他們聰明的話，他們會使用我的資訊，透過調整賠率，迫使賭客投注另一方，擴大限額，好從中獲利。

一個聰明的博彩商知道，總會有贏家和輸家。他們也明白，如果沒有贏家，就沒有生意可做。意即：最聰明的博彩商接受所有人下注——就像百家樂、二十一點和花旗骰一樣。最聰明的博彩商知道他們可以利用聰明的下注者為自己賺取利益。

在我早年的職業生涯中，主要的大聯盟博彩商有鮑伯・馬丁、強尼・奎寧（Johnny Quinn）、金恩・馬戴和史考蒂・薛特勒（Scotty Schettler）。緊隨其後的是尼克・博格丹諾維奇（Nick Bogdanovich）、吉米・瓦卡羅（Jimmy Vaccaro）、瑞奇・巴切利里（Richie Baccellieri）、麥特・梅特卡夫（Matt Metcalf）和克里斯・安德魯斯（Chris Andrews）。他們都是大師，知道如何經營博彩。

他們有多聰明？這個嘛，尼克曾管理美國威廉希爾（William Hill U.S.）運彩公司，後來又負責監督凱撒運動的交易近十年，然後被聘為席卡（Circa）的運彩經理。吉米是運彩網路VSiN的資深開盤師，也是南極點賭場與溫泉飯店的運動行銷副總裁。瑞奇曾就職MGM、凱撒和棕櫚賭場，現在和尼克一起在席卡工作，擔任產品開發總監。克里斯是傳奇開盤師「匹茲堡傑克」傑克．法蘭齊（Jack "Pittsburgh Jack" Franzi）的侄子，目前在麥可．高漢（也是賭城傳奇人物）開設並經營的南極點工作，擔任運彩總監，他和尼克是死黨。

一九九二年，傑克．比尼恩是尼克在馬蹄鐵賭場的老闆。周一早上八點，我就可以對一場大學橄欖球比賽下注兩萬五千美元，對另一場職業橄欖球賽押注五萬美元。我非常不想讓傑克的賭本出現損失，但他堅持我應該是第一個向尼克下注的人，因為我的帳號是一〇一。

「我希望你早點在我這裡下注，而且我希望你直接下注。」傑克說道。「因為反正不管是你下注，或其他人下注，我都得接這個生意。」

傑克知道如果我直接向尼克下注，例如在一場比賽中下注熱門隊伍贏九分，會給馬蹄鐵賭場帶來優勢。根據我的賭注，尼克可能會立即將號碼調到十，並持續監控市場，以確保他比大家領先半點。一個經營不善的博彩商很容易在一方收到太多賭注。比賽開始後，他們不再接受賭注，相反地，他們正用莊家的錢賭一場不公平的比賽。

傑克若能早點拿到我的賭注，他的運彩經理就有一整個星期的時間，依據我的賭注來調整他的賠率和限額。

我在邊疆賭場也和湯米．埃拉迪（Tommy Elardi）及鮑伯．葛雷哥利亞（Bob

Gregoria）有過類似的安排，我和他們合作了幾年，從未發生過爭執。

曾是夢幻度假村重要人物的吉米．瓦卡羅，也是個值得信賴的人。當時夢幻度假村的博彩生意像門前的假火山一樣蓬勃發展，從吉米的角度來看，他很樂意接受我的賭注，因為他想知道那些投注高手在幹嘛。

「我可以給你這些條件，」吉米與我們第一次談判時說道，「NFL每邊三萬，大學球賽每邊兩萬，不含總分。」

我們達成協議。我從未違背對吉米的承諾，反之亦然。他從未因為我而改變賠率，或拒絕我的下注，因為坦白說，他想知道我所知道的。我也從未反悔過任何一場比賽，從未在事先介紹的情況下，就派下注手到夢幻度假村。

那就是尊重。

一旦我建立了勝率巫師的名稱，我不得不派槍手去向一些博彩商下注，因為他們不了解專業博彩技巧。另一個利用槍手的原因，是為了獲得更大的限額，在全球範圍內增加更多下注量，如此，我才能擴大我的市場。

以我們和英國威廉希爾的合作為例，假如一個帳戶連贏兩個星期，無論以何種方式取勝，他的限額可能會從每場比賽一萬美元，縮減到每場五十美元。博彩商不是切除一根手指，而是切斷了整隻手臂。這就是他們的心態，這就是贏家被嚴厲懲罰的方式。

都柏林愛爾蘭的派迪鮑爾（Paddy Power）更糟，他們的限額只有五百美元，如果一個帳戶連贏三次，他們就會關閉那個帳號。多年來，我在派迪鮑爾開了兩百多個帳戶，平均持續時間為四天。可惜的是，今日許多合法博彩商都是這麼運作的。

這些博彩商最後讓自己損失了很多錢。賭徒確實會贏，而且有些人能夠持續贏一段時間，然而，幾乎所有人最終都會輸。

想像一下，如果賭場以同樣的方式運作，只要開始在吃角子老虎機上贏錢，就會被趕出去，若真是如此，每個賭場最終都會死寂一片，空無一人。這就是為什麼經營賭場的專家們明白，贏家一定存在。

顯然，我能夠保護和掩飾賭注背後來源的時間愈長，就能繼續好好利用我們豐富的資訊。多年來，我了解到如果有人被趕出去，就得找另一個人取代。

如果你要製作一部關於運動賭博的電影，配角就會是雇來代表我下注的槍手和夥伴，他們扮演豪賭客的角色，而且和博彩商一樣，有各種不同的形象和規模。

最佳的槍手及夥伴是在業內以輸家著稱，又能下大筆賭注的體育賭徒，他們享有賭場提供給高額投注者（即大輸家）的免費待遇，包括住宿、食物和飲料。

早期，我讓來自肯塔基州的人冒充豪賭客，得到不錯的成績，直到有些博彩商停止接受任何來自「藍草州」的人投注！

我被迫讓團隊多元化，讓夥伴和槍手組成聯合國，他們透過分享收益得到報酬，這取決於他們下注成功與否，在大多數情況下，我投入幾乎所有資金，承擔了大部分的風險，帳面上出現盈利就可以分得報酬，而這種情況經常發生。或者我會允許他們最多投資五〇%的錢，透過他們的帳號下注，共享利潤和損失。

戰無不勝的前世界冠軍拳擊手佛洛伊德．梅威瑟（Floyd Mayweather）也曾是我的合作夥伴——合作了一天。他的問題在於，小佛洛伊德想要擴展到我們約定的範圍之外，他是最高等級的豪賭客，在兩家賭場下注，限額高達五十萬美元。我們說好他不能在其他地方下注我的選擇，但他忍不住越線，跑到其他四、五家我也有下注的賭場。我不得不中止與他的合作，因為他破壞了我的策略。

人性如此，我職業生涯中遇到的大多數人都以某種方式屈服於古老的貪婪和誘惑。他們認為自己可以偷偷下注，出售我的資訊，從一疊鈔票中抽出幾張，或者直接偷走我的錢，希望我不會注意到。

相信我，我注意到了。

在這個遊戲中，你必須讓人們對自己的行為負責，如果槍手感覺到你不在最佳狀況，他們就會竭盡所能趁機偷走你的東西。

例如，有個我稱為「強尼」的夥伴，帶著他欠我的二十萬美元，走出頭等艙班機後被聯邦探員攔下，探員好奇這筆錢的來源，強尼解釋了幾個小時，最終說服探員，他是個專業賭徒，才得以離開。

第二天早上，我拿到錢，並在強尼說完那個故事後提醒他，那筆錢是我的，如果我沒拿到錢，那麼他就應該負責。

如果沒有這些不成文的規則，你能想像我可能會被不誠實的賭徒欺騙多少次嗎？一定數不勝數。

如果我發現在團隊祕密下注後，賽事賠率可疑地變動了，我會測試找出是哪個槍手出賣了我。當我發現不誠實的槍手——而我總是會發現，我會讓那個背叛者在下場比賽選擇錯誤的那一邊，然後我會回頭在同一場比賽下注正確的一方。這樣一來，我實現了兩個目標：給那個人一個教訓，可以說是給他一個打擊，我也能以更好的價格下注我選擇的球隊。

我們每天都記錄分數。我有像鮑比．瓦爾德（Bobby Ward）這樣的長期員工，負責每天盤點數字，他會逐一比對手上輸贏的單子和現金，細到每一塊錢。如果夥伴越界，可能會有兩種結局：給那個人一次警告和第二次機會，讓他們明白如果再犯就完了；或是當場終止協議。

有件事值得一提，我報警稱一位名叫以西結．魯巴卡達（Ezekiel Rubalcada）的人盜竊，起初我認為他是個誠實的人，他曾是拉斯維加斯一家建築商的監工，該公司在二○○八年金融危機期間破產了，當時，以西結已婚並有一個孩子。我們的網路高爾夫行銷部門主管賈許．希爾（Josh Hill）是他的鄰居，在他失業後，向我推薦了他。

我在第一次見面時告訴他：「這是你第一次也是最後一次見到我，如果博彩商或他們的員工看到我們在一起，你對我就沒有用了。」

我將以西結安排在M賭場度假村，給他五十萬現金，存入以他名義開立的帳戶，讓他負責用賭場給的平板電腦下注。賽季結束後，我派遣鮑比到度假村收回尾款，鮑比到賭場外時，他看到一個人正在猛敲以西結的車窗。車窗降下來了，從裡面遞出一個袋子。

後來，我們知道以西結因為習慣了作為夥伴的免費食宿生活，決定上演一場劫車事件來增加他的收入。問題是，不只有鮑比看到以西結把錢袋交給應該是竊賊的人，酒店的監視攝影機也看到了，還拍到他們急忙開車逃向高速公路。

我提出了訴訟，並且在二○一一年八月，以西結被控三十三項盜竊和入室盜竊罪，在五個月的時間裡竊取了四十八萬兩千八百八十三元。他承認了兩項重罪，被判處三年緩刑，法庭命令他要賠償我三十六萬四千六百三十四元，但是我從未見過分文。

要了解我的工作方式，你需要理解聰明的博彩商會密切關注賠率是否持續對某個特定下注者有利。如果你只是一個休閒玩家，有時候賠率會對你有利，有時候不動，有時候則往反方向移動。理論上，隨著時間的推移，這應該會趨於平衡，絕大多數人會下注熱門隊伍。有些博彩商不願意與那些賠率總是有利於他們的賭徒打交道，在他們的世界裡，那種人很聰明。優秀的博彩商則有不同的見解，他們根本不在乎，他們根據注碼調整賠率，盡可能地吸納賭金。

我怎麼能讓起疑的博彩商無法追蹤到我？我有創意。我在一家博彩商會開立多達二十個帳戶，而不是像一般人只有一個帳戶。為什麼需要二十個？因為如果只有一個帳戶，每周下注五十到一百注，就無法掩飾賠率一直往對那個帳戶有利的方向波動的事實。藉由開設二十個帳戶，結果會像是有許多隨機投注者，對賠率產生了不同的影響。

為了進一步保護我最有價值的資產，我設計了一套以紅綠燈為基礎的色彩編碼系統——綠色、黃色和紅色。為了讓你理解，假設你是負責我其中一個帳戶的槍手，第一周我會叫你下三個賭注，三個賭注贏了兩個。你之前在這家博彩商沒有任何下注紀錄，但這三場比賽的賠率都對你有利。在我的世界裡，你的帳戶會被標記為紅色。因此，接下來的一周，我會確保後續三次賭注中，至少有兩次不會影響賠率，或者是會對你不利。

我要如何做到這一點？

舉例如下：我想下注一個冷門隊伍，原本可以拿到加六．五的分差，但是，我想要的數字自然是比較有價值的七。現在我可以一次完成兩個事情了。我利用熱門帳戶（紅色）在比賽中押上「錯誤」的一方，即下注熱門隊伍的六．五分。比賽賠率會變為七，然後我要公開發出一個加七的投注單，並且盡可能弄出動靜，讓人知道是我下了注，我希望每個人都知道比利．華特斯用加七分下注這場比賽。此時，我已經做了兩件事：首先，下六分半的紅色帳戶已經冷卻下來，博彩商不再懷疑我的槍手是高手，因為他知道比利．華特斯進場下注七分；第二，我用更好的價格下注了我想要的數字。

現在，假設我讓槍手在第一周下了三注，最後輸了兩注。有一條賠率朝我們靠近，一條保持中立，另一條則往反方向。在我看來，這個槍手是安全的綠色，下周可以繼續下注。至於黃色，假設槍手下了三注，兩條賠率朝他移動，他贏了一場比賽，輸了兩場，但因為他在贏的那一場下了兩倍的賭注，所以輸贏打平了。槍手可以繼續下注，但要小心進行。

我們的帳戶總數超過一千六百個，每周都會讓員工逐個檢視，並將它們依顏色分級。這很麻煩嗎？當然是。但這就是我所需要的，也是我活著的目標，因為我需要比博彩商更聰明，他們人生的唯一目標就是要讓我破產。

可以想像，這是一個大規模、多層次的貓捉老鼠遊戲，一個我仍然熱衷參與的遊戲。

第十六章
把快樂化為商機

我在世界各地打了數百場高爾夫球，看過許多球場管理不善。在一九八〇年代末，這個國家大部分的公共球場都由地方政府運營，因此條件往往很差，顧客服務水準也一樣，飲食的選擇通常屈指可數。此外，大多數高爾夫專家主要專注於兩件事情：提供教學，以及自己打高爾夫球。

大多數私人俱樂部並沒有好多少，它們通常由熱心的志願會員負責經營，但他們更熱衷於舉辦派對和活動，而非經營企業。要管理三項具挑戰性的業務，即餐飲、場地維護和零售，其中複雜性令人望而卻步，很多時候，高爾夫球場管理者往往沒有充分利用最大的潛在收入來源。

因此，隨著娛樂性高爾夫逐漸供不應求，我看到了一個商機。

在那時候，我已經確定自己可以用一種有紀律的方式進行體育博彩，也累積了資金來追求其他商業興趣。由於我更喜歡投資在自己喜愛的事物上，涉足高爾夫業肯定是合適的選擇。當我得知新墨西哥州阿布奎基的半私人俱樂部天堂山莊違約時，我忍不住採取了行動。

馬克·譚納（Mark Tenner）是我的牌友，他向我介紹了這個案子和它的挑戰，他正在考慮購買這個球場，但需要資金買下債務憑證，確保這個球場不會被查封。他提議我加入這筆交易，作為投資資金的交換，我可以獲得優先回報率，還有大部分的利潤。

我做了盡職調查，並訂購一份對這個城市及高爾夫球市場的競爭力市場分析。我並沒有將此視為一個長期投資，我們的目標是讓這個陷入困境的財產恢復生機，就賣掉它換取利潤。

我能從克服障礙、創造獨特事物的過程中獲得很多樂趣。就天堂山莊而言，這個俱樂部已經相當成熟，周圍是維護良好的住宅，這裡也是國內最活躍的高爾夫市場之一。這裡算不上多奢華，但我覺得它被低估了，有巨大的上升空間。

然而，俱樂部的會員並不滿意，這個地方因為管理不善，已經變得一團糟，會所破敗不堪，球道上的草參差不齊，天堂山莊周圍的房價也暴跌。

在儲蓄和貸款危機之後，我在商業房地產的購買、整修和翻新業務很成功，因此在一九九一年，我買下了自己第一間需要翻修的高爾夫球場。然後我找上一位真正的專家吉姆·科爾伯特，他是我最老也最親密的朋友，他曾說他願意把生命託付給我，而我也是如此信任他。他在一九八七年因膝蓋問題和頑固的背痛而退休，在這之前的二十三年裡，他靠打高爾夫球為生，在PGA巡迴賽賺到相當不錯的收入。

回到拉斯維加斯後，他創辦了吉姆・科爾伯特高爾夫公司（Jim Colbert Golf），在鼎盛時間，這家公司擁有或負責營運二十幾家公共高爾夫球場，雇用了數百名員工，每年的總收入接近五千萬美元。

我們的友誼始於八〇年代初，當時我幫助吉姆在拉斯維加斯舉辦PGA巡迴賽，那是這個城市的第一場職業高爾夫比賽。一九八三年第一屆比賽時，賽事總獎金為七十五萬美元，創下當時的紀錄。吉姆和我也一起舉辦這個城市的「第一洞」計畫，向年輕人介紹高爾夫球，並教導他們良好的價值觀，後來這裡成為國內最大也最成功的分會。

一九九一年，吉姆和他的合夥人將公司出售。那時，他的膝蓋和背已經康復，他迫不及待想拿著他訂製的球桿參加資深巡迴賽。吉姆第一年就獲勝三次，最終贏得了二十場比賽。他在長達二十二年的資深巡迴賽中戰績卓越，並兩次被評選為年度最佳球員。

吉姆賣了公司之後，有幾個高階主管便沒了工作，我聘請了其中幾位得力幹將，在我創立的新公司西南高爾夫公司（Southwest Golf）擔任重要職位，任命迪克・坎貝爾（Dick Campbell）負責發展、資本改進、營運、招聘和行銷。

我想說天堂山莊歡迎我們的加入，但那就像說威斯康辛州的藍波球場熱烈歡迎伊利諾州的芝加哥熊隊一樣。會員已被這家球場傷透了心，他們還起訴了前任老闆。

我和社區管委會的首次會面非常艱難。管委會的負責人是吉姆．奈特（Jim Knight），他是德韋恩．奈特（Dwaine Knight）的父親，後者後來成為內華達大學拉斯維加斯分校的傳奇高爾夫球教練，也是我個人的好朋友。

「奈特先生，我們希望成為你們的好夥伴，」我在第一次會議中說道，「我了解你對前任擁有者不滿，但我們的計畫是翻新俱樂部，並進行重大資本改善。請給我們一次機會。」

沒有一絲贊同的議論聲，沒有歡呼，每個人臉上都沒有笑容。難搞的一群人，比我一開始想像得還要難搞。我們剛開始改善球場時，就有人破壞了新的建設設備。

我又召集了一次會議，這一次我沒有那麼親切。

我說：「我來解釋一下這件事要怎麼做，如果這種情況再次發生，我會在這個高爾夫球場周圍建立一座六英呎高的圍欄，而且等翻修完成後才會拆除。」

從那一天開始，我們的問題消失了。吉姆和他的妻子成為我們最大的支持者，針對前任老闆的官司已被撤銷，我們重建了球場，翻修了會所，提供高水準的客戶服務和一流的餐飲。第一個月，我們的現金流已經轉為正值，兩年後，天堂山莊每年獲利一百萬美元，《高爾夫文摘》（*Golf Digest*）評選它為阿布奎基最佳半私人球場。

我在一九九六年以四百五十萬美元將這家俱樂部賣給美國高爾夫公司（American Golf Corporation），五年前的投資賺到了兩百萬美元，而且每個人似乎都對我們的參與感到滿意。這番成功使我開始思考：這個公式可能行得通，我還能從事我喜愛的高爾夫球。

在一切進展順利的情況下，西南高爾夫公司又併購了另一家瀕臨解體的高爾夫球場——亞利桑那州猶馬市的太陽高地鄉村俱樂部，我們應用了在天堂山莊取得極佳效果的相同公式，也獲得了相同的結果。

那時候，我們的業務策略已經進化，我們的目標是透過為客人打造主題球場，提供「一日鄉村俱樂部」體驗，成為按日計費高爾夫球場的主導力量。這表示我需要擴大執行團隊。

我在一個最不可能的地方——一家披薩店，找到了關鍵人物。多年來，我和蘇珊都在聖地牙哥附近索拉納海灘的加州披薩廚房用餐，米切爾・艾普斯坦（Mitch Epstein）是這家餐廳的經理，他對細節的注重和顧客服務引起了我的注意。

「米切爾・李。」我們在一九九一年初遇時，他只有三十歲，當時我這麼叫他。

「你想做一些不同的事情嗎？」幾年後我問了他。

「華特斯先生，除了這個，其他事我不會做。」他說道。

我解釋了我的想法，米切爾能將相同的技能應用在不同的舞臺上。

「成為西南高爾夫的國內飲食部總監如何呢？」

米切爾．李從未踏出過南加州，直到一九九四年，我們搭上飛機前往芝加哥，執行他的熱身任務。我安排他到伊利諾高爾夫俱樂部接受考驗，那家垂危的俱樂部位於阿岡昆，距風城約一小時車程。

參觀完俱樂部後，我告訴米切爾，他有兩天時間籌辦一場一百五十名受邀者的開幕派對，吉姆．科爾伯特是吸引點。他問我們打算在哪裡舉辦活動。

我說：「這就是我雇用你的原因，你來解決。」

米切爾行動迅速，幾乎一夜之間就在停車場搭起一個帳篷，而且舉辦了一場轟動的活動。幾天後，他解僱了負責餐飲的夫妻檔，還有一些把「辛苦」和「工作」視為髒話的員工。我們重新翻修了球場，提升了員工和服務水準，蘇珊後來也重新裝修了會所。不久之後，我們每年的利潤達到一百萬美元。

伊利諾伊州郊區日內瓦的鷹溪俱樂部是另一個失控的俱樂部。會員們對先前的老闆感到憤怒，因為他們未能兌現承諾，包括建造新的俱樂部會所。

我們同意收購這個俱樂部，條件是：我必須獲得那些憤怒會員的支持。我連續兩周每天早晚不斷舉行會議，每次會議和二十名會員見面，會議中不許飲酒，只談公事。

等所有會議結束，大多數成員和我們一樣對這個計畫感到興奮。我們打造了一間占地四萬一千平方英呎的會所，增加了兩個游泳池和新的網球場，將鷹溪轉變成一個專屬的私人俱樂部。

為了增加明星光環，我邀請了芝加哥白襪隊長期備受推崇的播報員「老鷹」肯・哈里森（Ken "Hawk" Harrelson），提供他會員資格，並任命他為我們的董事會主席。心血來潮時，老鷹會在白襪隊轉播時高談闊論起鷹溪俱樂部，這一舉動引起了人們對鷹溪的興趣，會員數也飛速增長。

我們的下一個項目是伊利諾聖查理斯市的柏爾山高爾夫球場，那原是一個狀況不佳的市立球場，我們把它改名為「黑鷹高爾夫俱樂部」，以紀念偉大的美洲原住民酋長（也是芝加哥的職業冰球隊），並使其重生。

隨著這項業務蓬勃發展，我需要更具行動力。我購買了航程約三千英哩的里爾三五噴射機（Learjet 35）作為我的私人飛機。如此一來，在發展高爾夫球場業務時，大大方便了我在拉斯維加斯和芝加哥或其他地方的往返飛行。

在一九九五年十月時，公司已經收購了一個高級公共高爾夫球場（伊利諾高爾夫俱樂部）、一個私人俱樂部（鷹溪），以及一個營運穩定的市立高爾夫球場（黑鷹）。最終，我們將它們全部賣出，獲利五百萬美元。

我支離破碎的生活開始重整。在一九九五年的秋天，我就要五十歲了，已經七年沒有喝酒了，而且不再出沒於賭場。最重要的是，我已經成為妻子的可靠丈夫和伴侶，她值得我盡力對她好。

我經營全球最大且最成功的運動博彩業務，隨著經濟愈發穩定，我開始進行多元化投資。我們曾在新墨西哥州、亞利桑那州和伊利諾伊州收購、改善和出售五個高爾夫球場，也在亞利桑那州和加州成功開發和出售住宅和商業房地產。

從一九八〇年代開始，柏克利企業作為西南高爾夫和其他業務資產的母公司，改組為華特斯集團（The Walters Group），旗下有多家公司，業務包含抵押貸款銀行業務、風險投資、生物科技投資、高爾夫球場營運和房地產開發等。

和我同齡的人可能會安於現狀，每天在高爾夫球場中打球，或是和妻子、好友一起環遊世界。但我不是。相反地，我加倍投入風險，這次選中賭博的終極樂園。

我對政治一直沒什麼興趣，但是不管你喜不喜歡，政治會對你產生興趣，尤其是你若活在九〇年代，住在美國成長最快的內華達州，又是一名開發商。

當時該區的人口爆炸式增長，以家庭為主的飯店和閃亮的主題公園取代了廉價酒吧和脫衣舞俱樂部，每年有四千萬遊客湧入拉斯維加斯。作為一名商人，我需要與決策者接觸，無論是民主黨還是共和黨，他們的黨派關係對我來說並不重要，我只希望與關心發展、公共安全和財政責任的政治家合作。

我知道「金錢等於通行證」的金科玉律，捐款得愈多，就愈有可能獲得接觸權勢人士的機會。這不代表我能影響那些公職人員的投票方向，完全不行。對我來說，競選捐款只能帶來一個陳述你案子的機會。

我很快就發現，政治和高爾夫在拉斯維加斯是緊密相連的。所有人都歡迎來尋找陽光和歡愉的遊客，無論是賭場主管、貴賓接待員或是陪同服務。然而，想要打一、兩場高爾夫球嗎？這在當時的拉斯維加斯，那可是另一回事了。

當時根本沒有足夠的高爾夫球場和場地時間，可以滿足快速增長的需求。因此，按日收費的球場經營者就連為最好的酒店和賭場預約球場時間，也像是在施舍一樣。此外，果嶺費用也是天價。

我再次察覺到商機。我想尋找靠近賭城大道的房地產，卻發現可發開的土地少之又少，大部分大面積土地都屬於聯邦土地管理局。在搜尋隱藏寶藏的過程中，我覺得自己像印第安那．瓊斯，仔細研究分區地圖，直到我找到了一小塊未開發的土地——一個占地僅約一百英畝的公園，地主是市政府。

這個地產一直未被開發是有充分理由的。它位於東拉斯維加斯一個被稱為「自然公園」的地方，那是城中犯罪率最高的區域，警局稱之為「針頭公園」，這塊地被毒販和癮君子占據，充斥著謀殺和混亂。

清理這塊區域並非我們面臨的唯一挑戰，建築師說，建造十八個球洞、停車場、練習場、俱樂部和維護設施至少需要一百六十英畝的土地，我們還少了六十英畝。

我們的研究表明，較小的場地也可以打造出一個高爾夫球場，但我們需要一位具有特殊技能的人，才能成功實現這一目標。佩里·戴爾（Perry Dye）是傑出高爾夫球場設計師皮特·戴爾（Pete Dye）的長子，曾在日本將幾個球場硬塞進郵票大小的土地上。所以我聘請了他和他的設計團隊，包括家族成員辛西雅（Cynthia Dye）、麥克葛雷（McGarey）和麥特（Matt Dye），一起施展他們的魔法。

下一站是市長辦公室，簡·瓊斯（Jan Jones）是這座城市第一位女市長，她是史丹佛大學的畢業生，擁有豐富的商業背景。我向市長提出將「針頭公園」改為「沙漠松高爾夫俱樂部」的提案，並解釋了這個球場將遵循我的「一日鄉村俱樂部」概念，為願意付費打高爾夫球的人提供與獨家鄉村俱樂部同樣水準的高端服務和環境。

我提出了一個官民合作的夥伴關係，承諾會清除犯罪，提供工作機會，並創造一個美麗的環境，過程不花市政府一分錢。

瓊斯市長可能在想：「如果有愚蠢的商人願意冒這麼大的風險，我有什麼理由說不呢？」然後她告訴我，市府要求我必須通過一些程序，首先，要向市府提出提案，意味著這將是一個競爭性的過程。

像美國高爾夫、全國高爾夫不動產（National Golf Properties）和全家高爾夫（Family Golf）這樣的知名運營商通常會爭搶在城市建造高爾夫球場的機會，但他們不會搶針頭公園，我是唯一的投標者，市議會蓋上了同意章，如果他們加上「祝你好運，傻瓜」，我也不會怪罪他們。

然而，鑒於我們在新墨西哥州、亞利桑那州和伊利諾伊州在高爾夫球場開發和管理經驗，我相信我們可以使沙漠松成為一個成功的企業和高爾夫旅遊景點。破土後，我告訴我的團隊，這個案子不能只是一記簡單的全壘打，我們要讓它成為滿貫全壘打。我們以鳳凰城評價最高的渡鴉高爾夫俱樂部為藍本，投入一千九百萬美元來打造沙漠松高爾夫俱樂部。

為了營造當地的興奮感，我們計畫舉辦一個大型發表活動，我邀請了市長、市議員、警長、媒體，還有一些合作夥伴和朋友，我向他們大力推銷，將沙漠松的主題塑造成一個真正的派恩赫斯特度假村，場中種了四千棵松樹，球道上堆滿松針。

我推銷，但沒人買單。我內心的撲克牌玩家能看出來，人群中沒有人相信我說的話，一個都沒有。我們手頭有項艱鉅的任務，而且似乎每隔幾個月，就會遇到一個又一個令人氣餒的挑戰。

開發進行六個星期後，一名懷孕婦女在我們場地對面的便利商店遭遇致命的搶劫。

在那之後的六個月，一個小女孩在對面的角落遭到性侵。

在那時，我開始懷疑自己的理智，賭場的吃角子老虎機看來似乎是更有利可圖的副業。

為了得到市府批准，我做了很多承諾，而且一直遵守著。我們舉辦了一場就業博覽會，從鄰近地區招聘了六十五人從事維護和餐飲工作，我們開設了普通教育發展課程，並聘請了英文導師來幫助居民提升教育水平和語言能力。此外，我們還展開一項兒童計畫，當地學童只要成績及格，就可以免費學習高爾夫。

雖然我們滿懷善意，也努力工作，這個計畫仍被許多無關但可怕的事件所困。在一九九六年十二月盛大開幕後三天，一位警察菜鳥與另一位休假警察一起慶生，他們喝到清晨時分，然後醉醺醺地在拉斯維加斯東部開心的兜風。新聞報導稱警官羅恩．莫滕森（Ron Mortensen）在距大自然公園幾個街區遠的地方，向一群人開了幾槍，造成二十一歲的丹尼爾．門多薩（Daniel Mendoza）死亡，兩名警察在槍擊事件後都辭職了，莫滕森被判無期徒刑，不能假釋；另一名警官被判處九年徒刑。

門多薩的家人都非常傷心，他們沒有錢將丹尼爾運回墨西哥和他母親安葬在一起，所以他們舉辦一場洗車活動，藉此籌集運送遺體所需的三千美元。看到《拉斯維加斯太陽報》（*Las Vegas Sun*）上的報導後，我與丹尼爾的家人見面，悄悄地給了他們所需的資金。

那筆捐款和其他努力為沙漠松注入了新的生命，高爾夫球場逐漸成為民眾引以為傲的象徵，成為毒品販子、幫派以及塗鴉藝術家的禁地。最終，犯罪減少，社區領袖們也開始支持球場，超過兩億美元的發展資金湧入該地區，其中一部分用於兩年後建造的新高中。

一九九七年，《高爾夫文摘》評選沙漠松高爾夫球場為國內「最佳豪華新球場」，六年後，沙漠松又榮獲國家旅遊發展獎（Tourism Development Award）。

從純粹的財務觀點來看，沙漠松是我表現最差的投資，但它仍然是我最引以為傲的成就之一。

在克服了針頭公園的挑戰後，我夢想著解決更大的目標。我為數家拉斯維加斯賭場起草了一份積極的商業提案，第一通電話打給泰倫斯．藍尼（J. Terrence Lanni，他的朋友叫他JTL），當時他是美高梅大酒店的執行長，也是位行業巨擘。起初，泰倫斯不願和我見面，他也不介意告訴我原因。

一九八六年，泰倫斯擔任凱撒世界公司的總裁兼執行長時，我在他的塔霍賭場玩輪盤贏了兩百萬美元，他明確表明自己對此事仍感到不悅。

我向他解釋，基於對輪盤偏斜數小時的研究，我能贏得那筆錢很公平。當他明白我沒有在他的賭場作弊，泰倫斯就放下了這件事。我們建立了友誼，一直持續到他於二〇一一年七月因癌症去世，享年六十八歲。

我對他做了一場提案報告，我和華特斯集團總裁麥克．盧斯（Mike Luce）為此練習了數十次，我們強調華特斯高爾夫與美高梅在任何層面上都不是競爭對手，相反地，我們希望成為合作夥伴，提供尚未出現的服務，提供住宿加高爾夫球套裝行程，以填補淡季期間的空房。更重要的是，酒店可自每筆高爾夫球預約中收取佣金。

「你想和旅遊網站做生意，還是想和收入更高且喜歡賭博的高爾夫球選手做生意？」我問道。

在泰倫斯還沒來得及回答前，我自問自答：「你想要高爾夫球選手，他是個更好的客戶。」

我準備了圖表，詳細列出了高爾夫球選手的平均收入，以及他們的可支配收入。我解釋說，在很多情況下，飯店客人都在競爭賭場旗下的球場打球，我也指出大多數高爾夫球手恰巧也是賭徒。另外，我提供度假村團客優惠場次，並同意免費為他的員工舉辦年度錦標賽。

我的願景是將拉斯維加斯打造成一流的高爾夫旅遊目的地，可與亞利桑那州斯科次代爾，或南卡的希爾頓黑德島媲美。我想要創造「拉斯維加斯高爾夫體驗」，並且希望藉由在思考、智慧和努力上超越競爭對手，來實現這一目標。

泰倫斯很快就做出決定，我們握手，我帶著美高梅高爾夫業務的獨家交易離開了房間。

第十七章
賭把大的

雖然讓快倒閉的高爾夫球場扭轉局面很有趣，但我發現自己渴望更多刺激，尤其是涉及我另一個最愛的事業——賭博。

一九九六年，我決定挑戰不同類型的運動創業，我想成為拉斯維加斯賭場的運彩商。在我看來，運動博彩是個成長中的產業，但大多數賭場對此不夠重視，他們大多認為賭場內提供博彩只是麻煩或不得不做的事，他們更希望客人在更有利可圖的賭桌上下注。

我有更深的了解。

既然我已經成功地將更專業的商業方法帶入高爾夫球場經營，我想我可以嘗試將同樣的方法應用於賭場博彩業，這個行業經常受到管理不善的影響。

我的計畫非常野心勃勃。我安排了與大人物的會議，例如掌控美高梅帝國的泰瑞·蘭尼（Terry Lanni）和曼德勒度假村集團（Mandalay Resort Group）的執行長兼董事長麥克·恩西格（Mike Ensign），我告訴他們，我將提供全美最高的投注限額，並為

ESPN製作一檔運動博彩節目，以推廣這個城市及賭場。簡而言之，我將把拉斯維加斯推廣為全國的運動博彩之都。

這個點子大受歡迎。僅僅幾周內，我已經得到能在美高梅集團和曼德勒集團內經營運動博彩的口頭承諾。

那時，我只欠缺一張博彩證照。我知道，鑑於過去與法律的摩擦和作為職業賭徒的名聲，要拿到執照並不容易。所以，我做了當時任何一個認真想申請執照的人都會做的事：我聘請了州裡最有聲望的博奕律師鮑伯・費斯（Bob Faiss）。

鮑伯當時是內華達州最大的律師事務所萊諾爾・索耶與柯林斯（Lionel Sawyer & Collins）的資深合夥人，他建議我們針對博彩證照進行個人、專業和財務背景「防禦性」調查，這個想法是為了在內華達州博奕管理局發現前，先挖掘出任何可能的問題。

鮑伯的妻子琳達和搭檔海倫・弗利（Helen Foley）一起經營一家極具影響力的公關公司，鮑伯請他們也參與協助。他們建議我提升自己的公眾形象，因為他們相信如果我公開宣傳蘇珊和我多年來所做的社區慈善工作，會有所幫助。我們一直低調地支持聯合之路（United Way）、男孩女孩俱樂部（Boys & Girls Clubs）、童子軍和女童軍，也和亨德森市福利部門合作，贈送節日火雞、玩具和衣物給有需要的家庭。

我們同意讓琳達發起低調的公關活動，以提升我們的公眾形象。同時，她的丈夫負責處理管理局，為我們安排與博奕管理局成員的一對一會議，包括主席比爾・拜布爾（Bill Bible）。我向管理局的官員承諾，如果他們批准我的執照，我會完全停止下注體育賽事，專心致力於經營博彩業。經過一番說服，最終他們給我非正式的口頭核准。

一九九六年底，我們只差一步就能取得執照，還有美高梅大酒店、曼德勒海灣度假村、石中劍酒店、馬戲團賭場酒店、盧克索酒店和新建的蒙地卡羅賭場度假村的博彩營運權。這是一場大膽的舉動，如果放到今天，將價值數十億美元。

然而，在一九九六年十二月七日早上，拉斯維加斯大都會警察局突襲檢查我們的賽拉運動顧問公司總部，警方查封了電腦紀錄和文件，包括每個月超過一萬兩千通長途電話的細節，以及轉帳至我名下的本地銀行帳戶的九十七萬美元。（那是贏利！）他們還找出我們存放在八家賭場保險箱裡的五百萬美元現金。那時候，在拉斯維加斯下注體育賽事只能使用現金或籌碼。

媒體大肆報導這次突襲是紐約警察局全年調查活動的一部分，該活動主要針對伯納諾（Bonanno）家族和吉諾維斯（Genovese）家族的非法博彩活動，年賭注金額高達四億美元。

我心想，別再來一次了，我們經歷了電腦集團的審判之後，不應該再這樣。在我循規蹈矩，合法成立賽拉運動顧問公司後，不應該再這樣。在我們付出所有努力去控制賭場的運動博彩業務後，不應該再這樣。

我們被冠上那些老掉牙的虛假指控——跨州轉移博彩資訊、擁有「非法賭博收益」，以及與組織犯罪有關聯。更糟的是，警察還把我的軟體專家丹尼爾．佛瑞，還有我的安全主管阿基．韓德利（Arky Handley，退休的都會警官）都拖下水。

在突擊行動結束後，阿基打電話提醒我，我們在馬蹄鐵存了兩百八十萬美元現金。

他問：「你要怎麼處理那筆錢？」

我說，如果我們把錢拿出來，看來就像我們做了什麼錯事。我叫阿基別動那筆現金。

我們花了一些時間研究我們為何又被針對，以下是我所獲得的資訊：在一次電話監聽中，有人聽到一名紐約組頭向拉斯維加斯博彩商下注，因為我們也經常與那個紐約組頭通話，再考慮我們下注的數額和範圍，警察再次錯認我們一定也是博彩商。

過去起訴電腦集團時，依賴的是「一加一等於三」公式，這次天真的執法人員又用了一樣有缺陷的公式。只是這一次，我們的對手不再是聯邦調查局，而是拉斯維加斯大都會警察局的情報單位。

幸運的是，地區檢察官史都華．貝爾（Stewart Bell，他後來成為內華達州的資深法官）在深入研究博彩突襲行動和我業務的合法性後，拒絕提出任何指控。

然而，對檢察總長法蘭基．蘇．德．帕帕（Frankie Sue Del Papa）來說，情況並非如此。作為內華達州第一位當選的女性國務卿，法蘭基．蘇絕非政治新手，她對那些得罪過她的人也非常記仇，包括我。在上一次的州檢察官選舉中，我曾捐款一萬美元支持她的對手，這讓我成為了法蘭基．蘇政治黑名單上的一員。

同時，州檢察官通過使用（且濫用）民事沒收法來加大壓力，這條法令允許執法機構沒收犯罪嫌疑人的資產，而不必對他們提出任何犯罪行為指控。說到那種心態，拉斯維加斯情報部門的某些官員顯然是一組與眾不同的人種，他們更感興趣的是沒收財產，而不是將罪犯關入牢籠。根據一位前副警察局長所言，他們的行動有自己的預算和「超級積極」的風格。

我們發現，在短短一年內，情報部門曾拘留超過五百名「可疑」人士，其中還包括在機場閒晃的毫無戒心的遊客。如果警察碰到珠寶或現金，而且在他們看來，你開始支吾找解釋，他們就會扣押財產。接著，就到了「讓我們來做個交易」的時間。天啊，別再說有人飛到世界賭博之都，還能帶著現金通過拉斯維加斯機場了！

我們做了調查，發現情報單位內有兩位高官成立了一家私人公司，將監控設備賣給他們所服務的情報單位。這才是組織犯罪吧！

突襲完我們公司後，這些搗亂的警察顯然是看了太多《邁阿密風雲》（*Miami Vice*），扣押了我的兩百八十萬美元——他們若是沒分一杯羹，就不會把錢還給我。突襲幾天後，里克接到一通貪污警察的電話。

「我們認為這筆錢可能來自非法賭博，有可能是洗錢的款項，」他說道，「你現在想要解決了嗎？」

這是公然搶劫。警察要求五十萬美元，訊息清楚明確：付款或接受起訴。

「我想你不知道自己正在面對的人是誰。」里克答道。「比爾・華特斯沒做錯事，他一分錢都不會給你。」

我沒給錢，而且我對這些手段深惡痛絕，後來我還到卡森市的內華達州參議院司法委員會作證，講述我在都會情報單位的經歷。隨後的立法改革了州法律，並加強了沒收公眾財物的要求。

即使有個大陪審團的起訴懸而未決，我仍然將精神和金錢都專注投入高爾夫球場的遊戲中。我在一九九七年六月又有一次大規模交易，花費了三千四百萬美元從吉姆・科爾伯特和他的合夥人手中購買了拉斯維加斯的日出鄉村俱樂部。

我們將這個地產重新命名為駿馬山高爾夫俱樂部（Stallion Mountain Golf Club），翻新了其中三個球場，並在隔壁建了第二個僅服務會員的俱樂部，名為思奎爾（Squire），俱樂部有自己的出入口，提供一流的服務。此外，我們在思奎爾增加了二樓，成為華特斯高爾夫公司的總部。

我們的策略是利用賭場合作夥伴，吸引數以萬計來開會的人，還有外地富有的高爾夫球手。有了新的五十四洞設施和沙漠松球場，我們就有大量可使用的場地空間。

基本規則很簡單：我們期望高層主管將消息傳達給前線工作人員，包括禮賓櫃、行李員、代客泊車員和銷售人員，所有攜帶高爾夫球袋進入大廳的客人，都只能轉介到我們的高爾夫球場。

作為交換，我們以一〇％的現金佣金或者免費的高爾夫球場積分回饋給那些員工。我們還在機場和幾家酒店設置了高爾夫服務櫃檯，其中包括世界上最大的美高梅酒店。

我對卡內基那套贏得朋友、影響他人的學說沒有興趣，我們身處戰局之中，與城裡其他高爾夫球場經營者對抗，絕無虛言。而且我們不靠榮譽制運作，我要求每個人對其行為負責。

我們持續進行「神祕客」行動，以確保賭場的員工遵守我們的協議。每天，我都請業務偽裝成客人，打電話或親自前往合作飯店的禮賓檯、行李服務檯和代客泊車檯，檢查服務情形。

「嗨，我要在城裡住幾天，想去打幾場高爾夫，該去哪裡好？」

如果我們的名字和號碼不是唯一的答案，那麼我就會打電話給飯店總裁。

我們每周也會舉辦業務會議，檢視每家飯店預訂的球場時數及來源，如果純品康納酒店的行李櫃檯在某個星期只預訂一次，我要知道原因。我們每天都在檢視有沒有人違反我們的協議。

遇到阻力時，就迎面而上。像貝拉吉歐酒店內的櫃檯主任（我們稱他為泰德）不再向酒店房客推銷我們的球場，我要求我的高爾夫主任喬・達爾斯特羅姆（Joe Dahlstrom，曾指導過泰德和他的家人）找出原因。

後來喬重述他們的對話：

「泰德，我們坦白說吧，我喜歡你，我們的關係一直很好，我們的佣金也比其他人優厚。我們知道你正在推薦客人到其他地方，怎麼回事？我可以怎麼幫你？」

泰德回答：「這個嘛，你告訴比爾・華特斯，我想送客人去哪裡就去哪裡，我是禮賓主任。」

「我明白了，」喬說道。「但你真的想因此引起爭端嗎？不管華特斯先生怎麼樣，我們和你們酒店有協議，我是來和你合作的。因為等我走出這裡，我的對講機就會響起，華特斯會問我，『事情進展如何？』所以，我們還要不要合作？」

當喬走出貝拉吉歐酒店的那一刻，他的對講機的確就響了。他告訴我，泰德沒興趣和我們合作。

「他到底說了什麼？」我問。

「去你的，去你的比利・華特斯。」

「好吧，喬，我來處理。」我說。

我打電話給泰德的老闆，再次提醒他，泰德違反了我們的協議。這一次，酒店管理層決定採取行動。一個小時後，泰德被炒魷魚了。

一九八八年，華特斯高爾夫公司正處於顛峰，而克拉克郡提出位於曼德勒海灣南邊街區上一百五十五英畝土地的租賃提案。

拉斯維加斯因住房和旅遊業的快速成長而蓬勃發展，但高爾夫球場仍然供不應求；郡裡只有一個公共高爾夫球場，市裡也只有五個。位於拉斯維加斯大道南端開放租賃的地產之所以未被開發，是因為它是麥卡倫國際機場的起降區域，它還有一個巨大的排水區，和一條貫穿中央的電力線，此地產的北端歸聯邦土地管理局，並可供郡政府開發利用。

這個案子的競爭非常激烈。故鄉在拉斯維加斯的網球英雄安德烈・阿格西（Andre Agassi）和他長期合作的經紀人佩里・羅傑斯（Perry Rogers）組成一個重量級團隊。一起競爭的還有當時內華達州最有權勢的政治幕後推手西格・羅吉奇（Sig Rogich）。

一九七三年，西格創辦了R&R廣告公司（R&R Advertising），並將其發展成內華達州最大的廣告和諮詢公司（現改名為R&R Partners）。自一九八四年到一九九二年，他擔任過雷根總統、老布希總統和參議員約翰・麥凱恩（John McCain）的溝通和競選顧問。

提到政治影響力，西格掌握州裡每個機會，而且精確知道如何發揮最大效果。我原本計畫與西格合作競標那塊土地，但我們意見不合，最終分道揚鑣。

在我們分道揚鑣之前，我們曾構想建造一個一級方程式賽車場，周圍圍繞高爾夫球場，類似於印第安納波利斯賽車場內的四洞設計，這種布局被稱為「磚廠交叉點」（Brickyard Crossing）。但是，西格想讓一位加拿大夥伴加入，我們因此發生爭執，這個計畫也付之一炬。

計畫第一次投票被推遲，這代表西格知道他無法得到足夠的選票。郡委員會又安排兩次投票，但都選擇了延期。我認為這只是西格的策略。最後，委員會在九月份設定了最終投票日期。

西格沒打算不戰而退。在那次投票前，他對委員會做了一場激情十足的演講，我記得他最後說：「我們的團隊從中獲得的所有利潤都會捐給當地慈善機構。」

觀眾停止笑聲後，七名委員中有四名以各種利益衝突為由選擇棄權，這是郡委會歷史上首次有四位委員在投票中棄權，後來委員會便要求任何事項至少要有五名委員參與投票。

我們以一票之差贏得了選舉，二比一。那個結果代表一個美好的計畫即將誕生，我們稱其為峇里海高爾夫俱樂部（Bali Hai Golf Club），它以南方海域為主題，將成為「拉斯維加斯大道上的熱帶天堂」，與附近的曼德勒海灣度假村相得益彰。

峇里海將成為華特斯高爾夫的招牌，而且它至今仍是美國最成功的公共高爾夫俱樂部之一。

我的峇里海高潮轉瞬即逝。一個月後，在我拒絕放棄被沒收的兩百八十萬美元中的五十萬美元後，大都會情報部門和檢察長辦公室履行了他們的承諾。我被控以兩項重罪和一項嚴重輕罪，罪名是濫用金融工具（基本上是洗錢）。檢察長辦公室指控我向紐約組頭下注，再將贏得的錢非法帶回內華達州。

當情報單位的成員得知我被起訴時，他們在西撒哈拉大道的菲利普餐廳舉辦了慶祝派對，我的案子被指派給因嚴格執法而聞名的法官唐納德·莫斯利（Donald Mosley）之後，他們又舉杯祝賀。我怎麼知道派對的事情呢？店長菲爾·迪爾（Phil Diel）打電話給我，詳細地描述了情況。

大家都認為我完蛋了，以後絕對無法獲得內華達州的博彩證照。但多虧了莫斯利法官，他做了正確的事。他在十二月撤銷了起訴，理由是「文本問題」，這個法律術語的意思就是，把這些間接推測的垃圾丟出我的法庭。

莫斯利法官撤銷這項博彩控訴後一年，州檢察總長辦公室和情報部門又捲土重來，他們於一九九九年十一月第二次以洗錢罪起訴，但隔年又被駁回。他們第三次起訴我，但也只能看到那些指控全被撤銷。

最終，在二〇〇二年十月一日，首席地方法院法官馬克・吉本斯（Mark Gibbons）以一項不留上訴餘地的裁決，結束了六年荒謬且不間斷的騷擾，他炮轟檢察總長辦公室和都會警察部門，以大量在他看來「有偏見且無關緊要的證據」提起訴訟。

吉本斯法官炮轟後一個月，一位新警長來到城裡，他的正式職銜是克拉克郡警長，然而作為市裡和郡內唯一民選執法官員，警長在拉斯維加斯無須向任何人報告，同時負責監管近三千五百名執法人員。

這位新的領頭人名叫比爾・楊格（Bill Young），他取代了會背地傷人的前任警長傑瑞・凱勒（Jerry Keller），也就是那個允許他的下屬勒索我的凱勒警長。

楊格警長上任時堅稱他將讓政治和警務分離，在一個犯罪肆虐的城市裡，比爾・楊格是一位典型的犯罪打擊者，也是模範警察，他對於參與政治毫無興趣。

在吉本斯法官做出判決後，我產生報復心理，考慮對警察局和市府提起誣告訴訟，但楊格警長有個更好的主意。

「比利，我知道他們對你做了什麼，」他告訴我，「我們將歸還你的兩百八十萬美元，並加付利息，還有你被扣押的財產。只要你不違法，不會再有人打擾你。」

我要的只是公平正義，我受夠戰鬥了，因此我同意放棄任何未來的訴訟。接著，我欣喜地拿回四百六十萬美元，其中一百八十萬美元是利息。

這六年的地獄讓我錯失打造一系列優質運動博彩的機會，但我覺得正義得到伸張，我也準備好展開下一個重大計畫了。

第十八章
躲避吸血鬼

在內華達州逃過四次起訴後，我厭倦了成為狂熱警察和野心檢察官的沙包。應對他們毫無根據的指控成本高昂，而且讓我無法專心於業務擴展。我已戒掉不健康的飲酒、吸菸和賭博習慣，轉換成極強烈的企業家精神，但我一直覺得苦惱，因為像賽拉運動顧問公司這樣成功的企業，會讓我成為愈來愈大的攻擊目標。

案例A：一九九七年，內華達州博奕管理局頒布一條法規，強化對「信差」（messenger）下注的管制，禁止人們用手機或呼叫器下注，或在有報酬的情況下，代替他人在博彩商下注超過一萬美元。這條新規則是由一群目光短淺的運動博彩經營者發起，他們想將我這樣的專業運彩分析師趕出市場。

我需要確保我們遵守新的規定。因此，我聘請州裡兩位最優秀的博奕律師法蘭克・

施雷克（Frank Schreck）和鮑伯·費斯，他們兩人是內華達州主要博奕公司的法律代表。

他們建議我把每個替我下注的人當作「合作夥伴」。從那時候起，我們開設了幾家獨立的公司，並將所有權股份分配給每個合夥人。在新的安排下，他們現在為自己和我下注。因此，他們會以分潤的方式獲得報酬，以便應對信差投注法條。年底時，他們都會收到獨立的一〇九九稅表（譯註：美國國稅局表格統稱）。

律師還建議我將投注業務分為兩個獨立的營運部門，一個在內華達州，另一個在外國。為了避免任何問題，所有跨州的投注都必須由境外公司的員工進行。我們聽取了這個建議，朝南到墨西哥的提華納，在高檔社區租了一個住宅，供卡爾·鮑伯利特（Carl Boblitt）及其經驗豐富的老手們所領導的團隊使用。但不久後，土匪就來敲門了。

就像拉斯維加斯的大都會警察一樣，墨西哥警察肯定也覺得現金豐厚的美國人是容易下手的目標。公司成立後不久，就有一些聯邦警察攔住我們的司機，開出好幾張莫須有的超速罰單。他們的最後通牒是：當場支付罰款（相當於五十美元），或被帶到市中心登記。

我們付錢了。

然後，「守望相助隊」出現在我們的辦公室，推銷額外的安保服務，我們認為自己別無選擇，只能報名。我希望那是最後的勒索，但在二〇〇一年四月ＮＢＡ常規賽季的最後一天，更多的麻煩出現了。

一幫放假的警察闖入我們的院子，搶走了三萬八千美元現金，還綁架了兩名重要的美國員工。

第一通贖金電話中，對方要求三十萬美元才願意放人。談判開始了。

我決定虛張聲勢。

「留著他們吧，」我告訴綁匪，「反正我也不想要他們回來了。」

然後掛斷了電話。

殺價持續了三個小時，腐敗的警察將我的員工關在警察局後一輛無標記的警車裡。贖金要求逐漸下降，最後以三萬美元的價格換取被劫走的兩名員工。

別忘了，這些貪婪的警察剛從我身上偷走了三萬八千美元，還綁架了我的員工。我很憤怒，但還不至於為此爭吵，或讓我的人受到進一步的虐待。

我安排交付贖金，然後結束了整個墨西哥公司。

隨著提華納成為我後視鏡中的風景，我將目光投向大西洋彼岸，尋找一個更安全的工作環境。歐洲的運動博彩深植於文化中，更棒的是，那裡的賭博收益不像美國一樣需要繳稅。

我飛往蘇黎世，然後轉往阿姆斯特丹，與瑞士和荷蘭的銀行家會面，希望能開設數十個銀行帳戶，以處理數百萬美元的合法海外博彩活動。

讓我們花點時間來了解一下背景：當時是二〇〇一年十月底，就在九一一恐怖襲擊發生後不久，國會通過愛國者法案，賦予聯邦當局大範圍的權力，經法院批准後，可進行竊聽，並獲取涉嫌資助恐怖主義的個人銀行及商業紀錄。

根據個人經驗，歐洲銀行比美國銀行更嚴格執行《愛國者法案》（*Patriot Act*），尤其是瑞士和荷蘭銀行，他們最不願意與美國公民做生意，尤其是名下有不少起訴紀錄，又想要在海外帳戶之間進出數百萬美元的職業賭徒。在銀行考慮為我開設帳戶之前，我們必須提供大量的個人和財務紀錄。不管你想到什麼，他們都想要：公司介紹、銀行對帳單、稅務紀錄、個人與專業推薦信，而且每一份文件都會受到沒有幽默感、一絲不苟的瑞士和荷蘭銀行家嚴格審查。最後，我們通過檢查，得以在英屬維京群島、直布羅陀和賽普勒斯成立多家空殼公司，例如以我祖母為名的露西全球有限公司（Lucy Worldwide LLC）和行男有限公司（Action Man LLC）。每家公司的成立，都是依據律師所提供的建議行事。

這個安排成為一段長達十六年的國際遠征的起點，我們將法律辦公室搬到蘇黎世，將中央海外總部從提華納遷至倫敦郊區的英國康伯利，然後再遷至巴哈馬的自由港，最後又搬到巴拿馬城。我再次派遣卡爾和我的高層人員前往英國，我們安裝了數位電話轉接器，就可以透過網路打電話，每個轉接器都有兩條電話線，可以用程式設定成任何區域號碼。我們的策略是不管人在哪裡，打給博彩公司的電話都要像是當地的電話。沒有博彩商願意接到其他區域的下注人來電，他們會提高警覺，懷疑來電者是為他人行事。為了進一步掩飾我們的行動，我們聘請了幾位口音道地的英國人來下注。在一位愛爾蘭朋友的幫助下，我們又找到十幾名合作夥伴，進一步擴展我們的國際基礎。

只有一個問題：康伯利的時區比拉斯維加斯早八小時，時差迫使我的團隊要在晚上七點半開始工作到至少凌晨五點。漫長的工時和高壓的工作環境促使我在一個賽季後就決定離開英國，搬到較溫暖且時差較小的巴哈馬。

我們在自由港一個有圍牆環繞的社區安頓下來，找了三間三房的公寓，我們的巴哈馬朋友從半個島嶼遠的地方拉了高速T1網路線到公寓裡，讓我們擁有最快的技術。九個房間都住滿了員工；其中一個公寓的一樓成為我們的營運基地。我們還擁有一台巨大的發電機，讓我們得以在幾場颶風中仍能繼續下注。

在這裡，我想致敬一位在逆境中仍展現出強大的個人力量，並堅定支持我的人。

在我以為他只關心妻子，不會考慮其他人事物時，肯尼斯・漢斯（Kenneth F. Hense）真正無私地展示了他的友誼和對法律的奉獻。

美國國土安全部和司法部投入數十億美元來打擊恐怖主義，尤其關注像聖地牙哥這樣的邊境城市。

在二〇〇〇年代初，我除了在拉斯維加斯、歐洲和巴哈馬開設博奕公司外，還在聖地牙哥成立了一個分支辦事處，由鮑比及六個夥伴往返賭城，負責那個辦事處。鮑比有天打電話給我，報告有人在翻他的垃圾。

我們又被突襲了。聯邦當局扣押了一輛卡車的文件，美國檢察官辦公室也開始調查洗錢活動。

我打電話給里克，他後來向美國檢察官安妮·佩瑞（Anne K. Perry）解釋，我們沒有做任何非法的事，我們根據紐澤西州賭博法專家律師肯尼斯·漢斯的建議，合法地投注運動賽事和轉移資金。

隨著調查的進展，肯尼打電話給我，從他的支支吾吾的語氣，我立刻感覺到不對勁。他說，診斷結果是大腸癌。

他告訴我：「我入院了，我出不去了，如果你和里克需要我幫忙的話，就趁現在吧。」

隔天，里克和我就搭我的飛機過去找他。降落在湯姆斯河區機場時，天氣非常寒冷。當我們走進紐澤西州布里克海洋醫療中心的病房時，差點沒認出肯尼，他的臉色憔悴，呈現病態的灰色，體重也減輕了很多。他的妻子克萊兒在照顧她，他們還有兩個十幾歲的女兒，瑪麗娜和凱拉。

在我們抵達前，肯尼已經停用嗎啡，才能保持清醒，好閱讀並簽署里克準備的法律意見書。肯尼十分虛弱，幾乎無法簽名。里克隨後聯繫了佩瑞檢察官，他說，肯尼快死了，如果你想再來問他話，最好快點來。

佩瑞和他的檢察官團隊隔天就從聖地牙哥飛過來，肯尼再次停止嗎啡。在錄影中，肯尼確認他已經閱讀意見書，並且出於自由意願簽署了它，也回答了檢察官的問題。

隔天，二〇〇四年二月二十日，肯尼．漢斯逝世，享年六十八歲。

根據肯尼於臨終時的訪談，佩瑞檢察官撤銷了洗錢案。

我們在巴哈馬待了三年，然後再次搬家，於二〇〇〇年代中期搬到巴拿馬城。那時，我知道公司領導層需要改變了，卡爾太過疲憊，和身邊的每個人都會起爭執。我冒險讓一個綽號為傑鳥（Jbird）的小孩負責。

傑鳥來自正宗愛爾蘭家庭，是個純正的長島人，一個口若懸河的紐約客。他出生劣勢，卻好勇鬥狠，是我欣賞的那種人，他高中畢業後曾在空軍服役一段時間，然後進入我們公司，晉升到這個位置。

他的第一個任務是拿一袋現金，在大學橄欖球賽季期間，在黃金海岸賭場對三場比賽的總分下注七萬五千美元。等他通過那個試驗，我們又給了他六十萬美元現金，讓他去芝加哥向一個重要的組頭投注。

幫別人下注是一回事，指揮一個國際運動博彩業務是完全不同的挑戰。傑烏渴望成功，卻天真無知。一開始在巴拿馬時，我問他近況如何，他口中的第一句話是「我們要去……」。

我立即阻止了他。

「沒有我們，」我告訴他。「只有我。我們這種詞會有人大作文章。組頭就會接著問『我們是誰？你背後是誰？』」

我教導傑烏如何訓練他的人，值得稱讚的是，他立刻就明白了。他甚至教那些不太懂英文的國際團隊說：不是我們，是我想要押底特律七分。我，不是我們，要下注阿拉巴馬州負十。

一句錯誤的話，下注者就會在丹佛、底特律、邁阿密或紐約暴露了。

巴拿馬辦公室很快就變得像中央情報局，那裡滿是巴拿馬人、愛爾蘭人以及各式各樣的美國人——南方人、紐約人、內華達人，講著十幾種不同的口音。他們利用二十幾台數位電話轉接器，掩飾公司的位置，每個員工都是國際神祕人物。這麼做的唯一的目就是讓我們的身分保祕，並保持我的市場活躍。

為此，我們至少有二十幾個人，用二十個不同的帳號向同一個博彩商下注。必要的時候，我們會做「假動作」，也就是押反方，好讓一個熱門帳戶冷卻下來，或是給某人一些教訓，或是取得更好的賠率。

每個周末，我會在拉斯維加斯的早上五點起床，戴上耳機，然後開始工作。我看著電腦螢幕上快速變動的實時賠率，同時協調網路和電話下注，精準到每一秒，注意總得分、位置、上半場、下半場、獨贏盤等每個數字。

我帶著拉斯維加斯的團隊，傑鳥就在線上，他的人也拿著電話等待，那些人的下屬也在線上等待。這就是我們由數百人形成的電話樹，直接或間接地隨時準備行動。其間利用合作夥伴的數百個帳戶，還有我們自己下注時使用的一千六百個帳戶。

在秋天繁忙的星期六，我們每天會下注多達三百次——大學籃球和橄欖球、NFL、NBA、NHL，有時候還有PGA巡迴賽，一場接著一場。就像每四十五秒進行一次火警演習，每一秒都得同步到位。

在那些日子裡，我們一年工作兩百七十天，紐約證券交易所相比之下根本是太平間般的死寂。如果你走進我們瘋狂的操作現場，你的第一個想法肯定是：這些人瘋了。

而且，你知道嗎？我們確實瘋了。

第十九章 機會之地

我的大兒子史考特心地非常善良，他從還不會走路的時候起，就是一個貼心、有愛且慷慨的孩子。我問過自己數百次，為何這個無辜的男孩要受腦瘤所苦，而不是我。但其實還有我很少談及的另一面——我如何接受擁有一個殘障兒的事實，以及蘇珊和我如何因照顧史考特，而幫助成千上萬像他一樣的兒童和成人。這個契機來自一家位於拉斯維加斯的非營利機構，他們致力於為智力和發展障礙人士提供改善自身及其家庭生活的機會。

這個機構稱為機會村（Opportunity Village），簡稱OV。

在史考特七歲確診之前，我遇到過身心障礙者，但從未真正「看見」他們，我太著迷於賺錢和追求成功，身障者不在我的世界中，我對他們所面臨的各種困難一無所知。

史考特來到拉斯維加斯跟我們一起生活時，已經二十多歲，卡蘿盡了最大的努力，但她已經筋疲力盡了。史考特和其他年輕人不同，他到十八歲了還無法進入大學、找到工作或學習一門技能。在搬到拉斯維加斯之前，他的日子通常從早上十點或十一點開始，飲食大多只吃糖果、喝汽水，每周只洗澡兩次，他的智力水平相當於一個六年級學生。

卡蘿需要休息，而史考特需要換個環境。蘇珊和我很高興能接他同住，我們做的第一件事是建立一個日常生活規律──六點起床，吃早餐、洗澡、上班、運動，一起在家吃晚餐，九點就寢。

我們希望讓史考特感受到被愛，有成就感且得到支持，我們希望他能夠有人生目標。

他安頓下來後，我買了一輛紅色的運動風日產車給他，他在城裡開車時像個老奶奶，如果車速限制是每小時四十英哩，他只會開二十五英哩，阻礙了交通。有一天，他去卡爾斯賈食品連鎖店買三明治，離開快餐外帶窗口後，他轉彎不及，撞上了一根電線桿，撞裂了後側板。

「史考特，怎麼了？」他開進我們的車道後，我問道。

史考特哭了出來。

我又說：「你本來可能傷到別人，也可能傷到自己，」然後我問出重點，「你打算怎麼處理這件事？」

史考特的回答令我意外。

「爸，日子總是有好有壞。」

我無言以對。

但我還是擔心，我知道自己無法永遠在他身旁幫助他，史考特需要找到生活的目標。

到了八〇年代晚期，我們對於慈善事業的投入已經達到一定程度，我已經悄悄地加入了六個慈善機構的董事會。我愈了解這些慈善機構的運作方式，對高昂的行政費用就愈感到沮喪，這些費用本應用於工作本身，我也納悶，為什麼在拉斯維加斯沒有更多的努力來幫助像史考特這樣的人。那時，我想到「凱蒂」克拉琳．羅德曼（Clarine "Kitty" Rodman）。

凱蒂．羅德曼就像會出現在威廉．福克納（William Faulkner）小說裡的角色，一個南方的大家閨秀，身材嬌小但意志堅強且熱心慈善。凱蒂從維吉尼亞州西遷至內華達州，成為內華達州歷史上最具影響力的女性之一。在她作為賽拉建設公司（Sierra Construction Company）董事和股東的五十年中，這位「建築界的第一夫人」參與建造市裡大多數地標性建築，包括金磚酒店、比尼安的馬蹄鐵酒店、四皇后賭場酒店、聖塔菲和夢幻度假村。她的公司還參與沙丘、夫利蒙、明特、撒哈拉、金沙、哈仙達、弗拉明戈、拉斯維加斯希爾頓、黃金海岸、純品康納、星塵、邊疆、巴利及拉斯維加斯遊客中心暨會議中心各個階段的建設工作。

換句話說，她幾乎參與了拉斯維加斯所有重要建設。

但是凱蒂不只是改變了城市的天際線，她付出了自己的心力和數百萬美元，支持內華達伊斯特希爾斯、內華達大學拉斯維加斯分校、婦女權益和特殊教育計畫，還有四十年來對機會村的投入，建立或重建了上萬人的生活。

OV成立於一九五四年，由一對唐氏症兒的父母和五名孩子患有智能障礙或相關障礙的個人或家長共同創辦。這家非營利組織專注於職業訓練、社區就業、日間服務、倡議、藝術和社交娛樂。它的目標很簡單：給予個案自尊感、目標感和薪水。

儘管凱蒂在八〇年代末竭盡全力，OV仍然陷入困境。在更多出名且關係更廣的慈善機構之中，它黯然失色，辦公室也只是設在南四街一間昏暗狹小的市中心倉庫內。

那時候，凱蒂問我和蘇珊是否願意參加一個募款活動，並希望我們能捐款。

只要活得夠久，你的人生總會有三、四次覺醒的時候，這個事件對我來說就是一次覺醒。蘇珊和我參加第一次籌款活動後驚嘆不已，然後我參觀了他們的總部，在跟隨工作人員參觀聊天的過程中，我了解到有三分之二的智能發展障礙者是一出生就有問題，另外三分之一則受困於命運的安排——意外、疾病，或者像史考特那樣改變人生的腦瘤。

當時觸動我的是，我們所遇到的每個孩子或成人都沒有向我們抱怨，這一點我仍感動至今。他們的目標都是希望能有機會做出貢獻，成為社會中有生產力的一員。

第一次參訪後，蘇珊和我開始大力支持機會村。我也帶史考特去參觀了，而且我很快地意識到兒子找到了一個新家。史考特被那些最需要幫助的人吸引，承擔起保護者和提供者的角色。他東奔西跑，推輪椅、安慰另一個人，或者幫忙處理手頭的事情。

「爸爸，」他說道，「我喜歡這裡。」

史考特很快成為OV的常客，他的官方職稱是華特斯家族「大使」。他擔任志工時，堅持幫助殘障程度最嚴重的人，願上帝保佑他。

凱蒂對史考特的參與和我們的興趣印象深刻，因此，她在一九九三年安排了一次會議，對方是我視為沙漠中的德蕾莎修女。

拉斯維加斯因聚集許多知名的賭場老闆、撲克玩家和藝人而聞名，但這個城市也有許多慈善家、非營利組織領袖、關懷志願者和其他富有愛心的人士，我覺得他們所做的好事並未獲得足夠的認可。

琳達．史密斯（Linda Smith）名列榜首。

我們認識時，琳達是OV的慈善事業副總裁，這只是她在一九八五年到二〇一六年間擔任的其中一個高階行政職位。在午餐時，琳達分享了她的人生故事，結果發現許多方面都與我的相似。

她在英國出生，生活在貧困、忽視和虐待中。在加拿大長大的琳達自學舞蹈，成為了一位模特兒和演員，後來嫁給加拿大頂尖藝人格倫．史密斯（Glenn Smith）。他們住在北方邊境時，迎來第一個兒子克里斯多福，患有重度唐氏症。

這個年輕的家庭最終搬到了拉斯維加斯，格倫和韋恩．紐頓搭檔演出，擔任歌手和鋼琴手，韋恩一直以來都是很厲害的表演者。雖然琳達和格倫已經成為美國公民，他們仍需忍受昂貴且冗長的戰鬥，才能讓他們的兒子得到法律地位，因為他們遇到移民暨歸化法案中一條過時的法律，第二一二條A款的阻礙：禁止罪犯和智障人士入境美國。

你沒看錯。智障人士。就是這樣的措辭（用語現已更改）。

「我們花了十八年的時間，才讓克里斯多福取得合法居住在美國的地位。」琳達告訴我。

她的故事讓我淚流滿面。

「無論你需要什麼，」我告訴她，「我們能幫上什麼忙？」

我當時決定不僅要捐贈金錢，更重要的是付出我自己的時間。琳達與我一起制定策略，提升機會村在社區中的聲譽。她有很多籌款的想法，充滿熱情，而且無論是向我或任何人「要求」捐款時，都毫不畏懼。

我沒有誇大琳達作為募款者的無畏精神。例如那次我介紹她認識席琳．狄翁（Celine Dion）和她的丈夫兼經紀人雷奈．安吉利（René Angélil）。

我在二〇〇三年春天透過一位共同的朋友，認識了熱愛撲克和賭博的雷奈，那時席琳剛在凱撒宮完成一場成功的駐場表演。席琳正處於聲音巔峰期，這是拉斯維加斯很少見的水準。

我問雷奈是否考慮與席琳在凱撒宮舉辦一場演唱會，並將所有收益捐贈給機會村。二〇〇四年初，他同意與琳達見面，而她的表現也令人驚嘆。會議在凱撒宮可容納四千一百人的劇院後臺舉行。當時，雷奈、凱撒宮負責人及席琳的演唱會製作團隊 AEG Live 都到場了。

在會議中，琳達使出了她的絕招——談論自己如何養育一個有唐氏症的孩子，以及患有殘疾的孩子如何成為生活中真正的老師。

雷奈坐在桌子的末端。就像琳達後來回憶，他聽完後說：「好，我們會選定日期，然後售票。」

琳達更進一步，詢問雷奈是否可以讓機會村加價銷售一些前排座位，凱撒的那位先生幾乎從椅子上跌下來，雷奈已經同意了，為什麼還要進一步要求？但琳達卻堅持下去。

「我們有捐助者會願意付更多錢坐前排。」她說道。

「不，我們以前從未這樣做過，」雷奈說道。「我不想這麼做。」

但作為母親的琳達無法保持沉默。

「是這樣的，雷奈，」她說道，「我有捐助者願意以十萬美元買一個座位。」

「有人願意付十萬美元？」雷奈回應。

「喔，我想可能會有幾個人，我們可以在一個下午募到一百萬美元。」

琳達後來告訴我，會議室中出現了長時間的沉默；她確信那時房間裡的每個人幾乎都屏住了呼吸。

「好。」雷奈說道。「慈善團體必須先支付十四萬美元的製作費，但席琳和我會支付這筆費用。」

席琳最終舉辦了兩場絕佳的演唱會，我們也募得琳達承諾的一百萬美元。席琳和雷奈深深愛上了機會村，並成為了這個事業的忠實支持者。每年，他們都會帶著大兒子和雙胞胎來參加魔法森林（Magical Forest）活動，而且琳達和席琳、雷奈也成了一輩子的朋友。

雷奈，願他的靈魂安息，於二〇一六年因癌症去世。

籌款專案一開始的目的，是讓機會村從一九六四年即入駐的陰暗市中心辦公室，搬到更大、更溫馨的地方。一九九〇年西奧基校區落成，夢想實現了。

琳達又提出了一個絕妙的想法，在假期時，將校園變成一座魔法森林，一個冬季仙境。她構想了一個充滿歡樂的戶外景點，有聖誕老人，有閃耀的聖誕燈飾，就像故事書一樣，並提供食物、飲料和假日的歡樂氣氛。一九九二年，我們的第一年，共募集三千美元。三十年後，魔法森林仍然是內華達州中南部一項受到千百個家庭和孩子們喜愛的傳統活動，現在每年募集的資金都超過兩百萬美元。

每個晚上，都需要超過一百名志工協助這個活動。從一開始，我就決定讓華特斯集團負責聖誕夜的工作，這是最難找到員工的時候。蘇珊和我負責收銀機，在入口售票亭裡數著皺巴巴的一美元紙鈔，其他九十八名志工則隨需要分配工作。

你可以想像，在要求州內最具影響力的人支持機會村方面，我從不羞怯。自一九九九年肯尼·奎恩（Kenny Guinn）開始，我一直是內華達州每位州長的主要捐贈者，部分原因是為了確保他們知道比起賭城其他慈善機構，機會村能更好地回報納稅人的錢。我請求資金支持的對象包括州長、參議員、賭場高層、名人、藝人，最近也包括了NFL拉斯維加斯突襲者隊的控股老闆兼管理合夥人馬克·戴維斯（Mark Davis）及WNBA拉斯維加斯王牌隊的球隊老闆。我會舉辦參觀活動，讓潛在捐助者親自看看那些讓機會村獨一無二的創新計畫、服務和奇蹟。

有時候，大筆的捐款承諾會意外降臨。有一年，來自阿肯色州小岩城的朋友，坎貝爾夫妻（Craig & Elizabeth Campbell）在聖誕假期期間來訪，正好在那個時候，我在當地報紙上刊登廣告，呼籲人們捐助機會村。

在我不知情的情況下，伊莉莎白拿起他們家裡的《評論雜誌》，注意到其中一則廣告。在他們回家的路上，他們在一個紙盤的背面寫下捐助承諾。他們其中一個要求是，這張捐款支票必須成為我的驚喜。

果然，我接到了朋友泰瑞・蘭尼的電話，他是美高梅度假村的執行長。「比爾，我現在在機會村，你馬上過來。」鑑於那是泰瑞的要求，我沒有多問就急忙趕到行政辦公室。

有人告訴我，蘭尼先生在後面的工作區。

我打開門，看見約一百位個案都站起來歡呼，泰瑞和琳達手持一張超大型支票，當我看到坎貝爾這個姓氏，並看到他們家族捐款的金額——一百萬美元時，眼淚差點奪眶而出。

二〇二〇年，機會村在內華達州亨德森市的華特斯家族校區慶祝二十周年，我和蘇珊同意發起一項額外募集八百萬美元的活動。

今日，位於東湖米德大道的紅磚建築內一片繁忙，在這裡工作的個案忙著各種工作，從文件分類到為Paper Pros（內華達州的大型媒體管理公司）進行影像處理都有。工作室的門上裝著一塊牌匾，上面寫著「紀念史考特・華特斯」。

工作室裡，十幾個年輕男女（有不同程度的殘疾）把從運輸部、福利部等內華達州公共機構取來的數十萬份文件，進行分類、整理和掃描。此外，每個月還有來自凱撒娛樂（Caesars Entertainment）約一百萬張的非賭博收據。

一旁，有台價值二十五萬美元的巨型碎紙機，每天運行八小時，回收來自賭場、法律和醫療辦公室等高達八噸的紙張，這些還只占機會村六百多家企業客戶的一部分，尚未包括美食、印刷、郵寄、包裝、清潔、推廣和二手商店方面的業務。

在我多年來支持機會村計畫的過程中，最能觸動我心的人，是第一天踏入西奧基校區就業培訓中心時遇到的年輕人阿朗佐．奧雷德（Alonzo Allred）。

阿朗佐出生時是個健康的孩子。十二歲時，他摔下樓梯，導致腰部以下癱瘓，大腦的創傷使他失去一隻眼睛的視力。

他註定要在輪椅上度過餘生，他卻依然保持著樂觀和積極的態度。每次我看到阿朗佐，我一定會問他近況如何。他總是抱著他的夥伴巴尼（一隻紫色恐龍），給我同樣的回答：「我超級棒棒的。」

我第一次見到阿朗佐的父母時，他們已經七十多歲了。阿朗佐每天早上要花三個小時安靜地自己穿上衣服，因為他不想吵醒父母。他們自然會擔心自己過世後，兒子該怎麼辦。這個擔憂讓我深思：當阿朗佐和我們的其他殘障個案失去了父母後，他們要怎麼辦？

所以我們召集了一支機會村支持者團隊，發起一個三千五百萬美元的活動，為無家可歸的高需求、高功能成年人提供長期住所。在二〇二一年六月，我們舉辦了貝蒂村（Betty's Village，以創辦捐助者拉爾夫和貝蒂恩格斯塔命名）的盛大開幕典禮，這是一個擁有八十一張床位的住宿設施。

機會村是內華達州最大的殘障人雇主，擁有超過八百名員工。他們是自豪的納稅人，於二〇二二年共賺得四百萬美元。現在有四個主要校區，服務一千名成人和兩千名兒童。

像無數個非營利組織和公司一樣，我最喜愛的慈善機構也受到疫情的影響。歷史上第一次，我們不得不取消數個重要的募款活動，並面臨解雇數百名員工的局面。我出獄後不久就知道這些問題，蘇珊和我共同捐款一百萬美元，以此開啟一場更大的募款活動，最終捐款金額翻倍，其中很大一部分要歸功於馬克·戴維斯捐助的二十五萬美元。

每當我在監獄裡感到沮喪的時候，就會想起在機會村的個案，他們從不抱怨自己的糟糕日子。我會繼續支持這個美妙的地方。

在那裡，我以新的角度看待我的兒子，他成為我的英雄，是我所認識的最具同情心，也最勇敢的人。

史考特還有個小故事：透過我們的朋友鮑比·瓊斯（Bobby Jones），在服裝公司工作的比昂·威爾科克斯（Bion Wilcox）和他的妻子茱蒂，我們得知了位於愛達荷州雷克斯堡的瑞克斯學院，他們的女兒珍妮是那裡的學生。史考特一直夢想成為一位廚師，而我們知道瑞克斯有個包括烹飪課程的智力障礙生學程。好心的理查夫婦（Dave & Nancy Richards）同意在史考特就讀瑞克斯期間住在他們家。

學校由摩門教教會經營，我只支付了史考特的學費和食宿費，在史考特就讀期間，從未有人要求捐款。

史考特的經歷讓我很感動，所以我打電話給南希，看看我能否幫忙。令我驚訝的是，她說她的丈夫戴夫負責學校的募款工作。後來戴夫和學校校長史蒂夫·班尼昂（Steve Bennion）飛來拉斯維加斯，住在馬蹄鐵酒店，我和蘇珊和他們共進晚餐。隨後，我們資助學校建設新的廚房，現在已成了楊百翰大學的一部分。

一九九五年，在雷克斯堡住了兩年後，史考特畢業並取得學位。我們看著他走過舞臺，那天，他欣喜地告訴我：「爸爸，我是家裡第一個拿到大學學位的人。」這是我生命中最驕傲的一天。

若是沒有他之前得到的支持，史考特在瑞克斯學院的這一切經歷就不可能發生，機會村改變了史考特的人生，同時也改變了我的，讓我成為一個更好的人。每次我造訪這個特別的地方，它總能豐富我的生活。無論我們付出多少，這都是我永遠無法還清的一筆債。

第二十章
左撇子和我

我凝視著世界上最著名的左撇子高爾夫球手，無法相信他正在說什麼。當時是二〇一七年四月，一個明亮的春天，菲爾・米克森坐在我在加州喀斯巴德住處的露臺上，眺望著碧藍太平洋上的衝浪者。

那時，菲爾已是名人堂高爾夫球選手，並在PGA巡迴賽上贏得了四十三場比賽。我們成為朋友已有八年，其間共度歡樂的高爾夫球賽和高風險的運動博彩。

菲爾出現時，還欠著我幫他下注而輸掉的兩百五十萬美元賭注，這筆債務已經拖延近三年，而且還在不斷增加。坦白說，我心裡有更要緊的事情，尤其是涉及十項電信和證券詐騙指控的內線交易案。這場刑事審判持續了三周，在四月七日剛結束——對我而言，結果相當糟糕。

我輸了一生中最大的賭注，我以為曼哈頓十二名陪審團員能看穿政府的刑事案件，但由於法官阻止陪審團聽到政府探員的非法行為，他們對所有指控做出有罪的判決。

菲爾開著他那改裝過的黑色休旅車到達時，我已經是七十歲的高齡了，帶著電子追蹤腳鐐被軟禁在家，正在爭分奪秒地安排我的生意。我正在等待七月份的聽證會，當時法官無視官方的量刑建議，即一年零一天的刑期，反而判我五年的刑期，這對我來說，無疑是另一次打擊。

菲爾有機會在我的審判中作證——關於他是否得到內部消息，我是否推薦兩支股票的其中一支，他可以說出真相。但菲爾決定不為我作證，原因我稍後會詳細解釋。我有什麼感覺？完全背叛。

事實證明我的假設錯誤，他來我家並不是為了彌補過錯或道歉，相反地，他終於來解決他欠我的錢。

他抱怨失去了埃克森美孚和巴克萊銀行豐厚的贊助，也抱怨和KPMG的交易損失了二五％，我坐在那裡無言以對，他甚至抱怨他珍貴的灣流噴射機必須承受三千兩百萬美元折舊。

那段時間，我即將入獄服刑，而那場審判花費我超過一億美元的法律費用、罰款和賠償。

我對自己說：成千上萬的人排隊等待菲爾的簽名，但如果我能夠花大錢買回與他的關係，我願意出高價。

菲爾用一個奇怪的邀請結束了我們的會面。

他告訴我：「我會在這裡待兩周半，想打高爾夫球嗎？」

時間快轉四年。

現在是二〇二一年五月二十三日，我已出獄一年，和蘇珊坐在我們的客廳裡，我們看著電視裡成千上萬名狂熱粉絲突破保安防守，衝向南卡羅來納州風景如畫的基亞瓦島海洋球場第十八洞球道。他們的英雄，即將在五十一歲生日的前三周，成為職業高爾夫歷史上最年長的大滿貫冠軍。

在電視上播放的場景很不真實，菲爾從狂熱的粉絲人海中走出來，手持推桿，即將完成一場史詩般的勝利。坦白說，我很難理解這一切，不是因為菲爾的輝煌時刻，我為這位高爾夫球員和我深愛的運動感到非常興奮。

我反思的是我們已經破裂的友誼，我回想我們之間發生的一切，一點點解構我的感受：

如果我身處菲爾的位置，我會怎麼做？

如果我必須在幫助一位好朋友爭取自由，和拒絕上法庭回答問題之間做出選擇，我該怎麼辦呢？

我會在他最需要的時刻遺棄那個朋友嗎？

我是否會為了自保，幫助聯邦政府定罪一位朋友？

最後的推球落下，菲爾在歡樂的慶祝中被簇擁離開，我心想，如果他們像我一樣了解他，就不會仍然如此熱情地喜愛這個人。

時間再快轉九個月。

時光來到了二〇二二年二月，據報菲爾因兩百億美元的報酬，加入由沙烏地阿拉伯支持的LIV高爾夫聯盟，從此跌落神壇，自王子變成被人唾棄的人物。但菲爾不僅加入了LIV聯盟，他還積極招募其他職業高爾夫球選手離開PGA巡迴賽。

在一次接受作家艾倫．希普納克（Alan Shipnuck）的訪談中，菲爾描述沙烏地阿拉伯人是「惹不起的可怕傢伙」，而他並未因此卻步。

「我們知道他們殺害了〔《華盛頓郵報》記者和美國居民賈馬爾〕卡舒吉，而且在人權問題的紀錄非常糟糕，他們那裡會處決同性戀者。明知道以上種種，為什麼我還會考慮呢？因為若想改變PGA巡迴賽運作方式，這是一生一次的機會。」

菲爾還用「操縱」、「強制性」等說法批評巡迴賽的「強硬」手段。在先前接受《高爾夫文摘》的訪談中，菲爾抱怨PGA巡迴賽「令人討厭的貪婪行為」。但正是這個PGA巡迴賽，到二〇二二年為止已支付給菲爾九千六百四十萬美元的獎金——這個數字在運動界中僅次於老虎伍茲，更不用說還有超過八億美元的代言費、贊助和場外收入了。

大眾開始看到了菲爾的另一面，但這一面是PGA巡迴賽對手和其他圈內人一直都知道的。

菲爾自覺地離開高爾夫幾個月，二〇二二年六月，在他承諾參加倫敦郊外舉行的首場LIV賽事前夕，又重返公眾視野。兩個月後，菲爾在法庭文件中透露，他被巡迴賽組織停賽至二〇二四年三月。（更令人驚訝的是，PGA在二〇二三年六月宣布計畫與LIV賽事合併。）

被禁賽後，菲爾的第一個悔改之舉是接受《運動畫刊》的鮑伯·哈里格（Bob Harig）訪問。在電話訪談中，菲爾表達了對他人生中所犯「錯誤」的「遺憾」，包括「一個真的需要解決的場外成癮問題」。

他補充說：「我傷害了很多人，對此我感到非常抱歉。我的賭博行為已經到了無法無天又令人尷尬的地步，我必須處理這個問題，而為此我已經花了好幾年的時間……接受上百個小時的治療。」

菲爾沒有仔細分享他那些「無法無天且令人尷尬」的賭博習慣，所以我在這裡提供一個例子。

二〇一二年九月，菲爾在芝加哥外的麥迪納鄉村俱樂部，那裡是第三十九屆歐美萊德盃高爾夫球場的比賽場地。他打電話給我，說他非常有信心，他和老虎伍茲帶領的美國隊，一定能從歐洲隊手中奪得獎盃。他非常自信，所以他要求我代他下注四十萬美元，押美國隊贏。

我再次無法相信自己聽到了什麼。

「你瘋了嗎？」我告訴了他。「你不記得彼得．羅斯（Pete Rose）的事了？」這位前辛辛那提紅人隊總教練因為押注自己的球隊而被禁賽。「你被視為現代的亞諾．帕默，你要為了這個冒險放棄一切？我可不想摻和。」

「好啦，好啦。」他回答，然後掛了電話。

我不知道菲爾是否在其他地方下注，希望他找回了理智，尤其是還發生了驚人逆轉的「麥迪納奇蹟」。在單打比賽的最後一天，歐洲隊在十比六落後的局面中，創下了萊德盃歷史上最偉大的逆轉勝，他們贏了八場比賽，一場平局，只輸了三場，最終比數十四．五比十三．五，以一分之差擊敗美國隊，獲得了勝利。

那個星期日，菲爾以一洞之差輸給賈斯汀・羅斯（Justin Rose），也是這場驚人失敗的幫兇。

如你所見，我與菲爾在賭博和高爾夫方面的關係很複雜，我是他的導師、知己、忠實的朋友，一起打球的夥伴，也一起賭博。我比菲爾大二十四歲又一個月，但說到賭博、高爾夫球和生活，我們幾乎是忘年之交。

媒體、高爾夫球界、推特和其他地方對我在這本書中會怎麼談論菲爾都有很多揣測，其中大部分都假設我會翻舊帳，而菲爾有很多需要擔心的事情。

經過深思熟慮後，我決定將事實真相公諸於世，讓事實說話。我不是要詆毀菲爾的賭博行為，我只想分享我們之間的賭博夥伴關係，還有導致我入獄的股票交易真相。到目前為止，完整的故事尚未公開，你可以自己判斷這個人的行為。話雖如此，我不會分享他個人生活的任何細節，如果其他人選擇這樣做，那就交給他們來說吧。

我們首次相遇是在二〇〇六年加州北部舉辦的AT&T圓石灘職業暨業餘選手賽。瑞典職業高爾夫球選手弗雷迪・雅各布森和我都晉級了，然後命運巧合地，我們與菲爾和他的業餘搭檔史蒂夫・萊恩斯（Steve Lyons）配對，史蒂夫是福特汽車公司北美市場副總裁，也是他其中一個公司贊助商。

菲爾和佛雷迪都打出七十七桿，並列第三十八名。在最後一輪比賽中，我和菲爾只聊運動，對於蒙特雷半島的迷人美景和我最喜愛的球場，我們毫不在意。他顯然知道我在體育賭博方面的成功，並試著和我建立那方面的關係。

儘管那天他的桿數偏高，菲爾依然充分展現了他作為一名高爾夫球手的才華。多年來，我曾與許多PGA巡迴賽的職業選手一起比賽，坦白說，菲爾擁有其他選手所沒有的特殊技能，他也願意冒著輸掉整場高爾夫比賽的風險，只為了打出一個驚人的好球。我非常欣賞他！

多年來，我和菲爾一起打了幾十場高爾夫球，其中大多數在南加州的拉霍亞鄉村俱樂部、大德爾馬、德爾馬鄉村俱樂部、聖塔菲牧場、農場俱樂部、橋梁俱樂部、種植園俱樂部和麥迪遜俱樂部。

傳奇球員吉姆．科爾伯特曾和我們打了幾次球；我們也和菲爾友善的哥哥提姆一起打過幾場，達斯汀．詹森（Dustin Johnson）和班．克蘭（Ben Crane）也曾在麥迪遜俱樂部和我們一起打球。但大多數時候只有菲爾和我。我們打球的時候會討論各種主題——運動、商業、賭博和生活等。

我們通常會打賭，但那只是為了增加樂趣，通常是十八洞的比賽賭注，而不是計桿賽。賭注很小，通常為一萬美元。如果比賽提前結束，我們允許追加一半的賭金。

大部分時候，我們都從同一個發球區開球，我每九洞大約可以多打六到七球，我們比賽過程中都非常努力。

總的來說，我肯定在球場上沒有贏過菲爾一分錢，我覺得我們差不多打平，但比賽不是為了錢，而是兩個競爭激烈的人互相努力超越對方。我們也可以不賭錢，但我們仍然會盡力戰鬥。在那些高爾夫球場度過的時間裡，我認為我們成為了朋友。

二〇〇八年五月，我被邀請到北卡羅來納州夏洛特參加富國錦標賽的職業業餘賽。我在更衣室碰到了菲爾，這一次，他更直接了。

「我聽說你找人合夥。」他說道。

「是的。」我說道。「但那個人要能進入我不能下注的地方，或是可以比我下注更多錢的地方。」

菲爾符合這兩個條件。在富國錦標賽見面之後，我們保持聯繫，最終建立了一個持續五年的博彩合夥關係。在那段期間，我在菲爾身上看到許多事，讓我想起年輕時的自己，當時我沉迷於賭博，並利用我的汽車業來為這種成癮行為提供資金。我喜歡他的活力和個性。

在我們的合作投注期間，我不止一次發現自己不得不默默提供一些建議，幫助菲爾避開我年輕時所困擾的問題。

從一開始，我們的賭注約定兩人各占五成（口頭協議），菲爾出資一半，我出資另一半。如此一來，我們的風險和回報都是相等的。

菲爾說他有兩個可以大額投注的海外帳戶。在我與夥伴及槍手合作的幾十年間，菲爾的帳戶之大無人能出其右。而且，若沒有投注數百萬美元的話，你是無法獲得這類型帳戶的。

我和他合作的原因很簡單。考慮到我在賭博界的聲譽，我在菲爾的兩家博彩公司投注限額約為：每場大學比賽兩萬美元，職業比賽則為五萬美元。菲爾在海外體育博彩的大學比賽限額達四十萬美元，對NFL的下注限額也是四十萬美元，即使在五五分成之後，我的限額也至少增加一倍。菲爾在每家博彩公司大學比賽的高低分限額也有十萬美元，是我最大限額的二十倍。

據菲爾自己的說法，我們一起下注的時候，他的資產估計為二．五億美元（每年光代言合約收入就高達五千萬美元）。我們同意只要贏利或損失達到三百萬美元時，就會結算。事實上，我對菲爾是否會還我三百萬美元的擔心程度，就像普通人欠我一千美元一樣。

起初，我不了解菲爾的投注習慣或背景，所以我進行了一些研究。我的策略是模擬他的下注模式，假裝下注的是菲爾．米克森，而非比利．華特斯。我按照他的模式，同時以相似的金額下注，無論是支持冷門或熱門球隊，盡可能按他的模式下注。

協議的前六個月非常順利，海外博彩公司未能發現菲爾的投注模式有何不同，除了贏的次數遠比以前多。儘管我們盡力維持帳戶運作，但海外博彩公司還是很快就關閉了這兩個帳戶。他們告訴菲爾，下注方式遠比以往更有紀律，所以他們知道這不是由他一個人操作的，他們說，帳戶可以恢復，但只能他自己下注。因此菲爾啟動了曾經休眠的帳戶來繼續合作。

根據最初的協議，我向菲爾明確指出，我們的賭注必須是合法的，而我們合作最重要的是保密性，不得與任何人討論我們的安排，他也不能使用我的資訊在其他地方下注。

我幾乎可以肯定，菲爾以前的運動賭博行為違反了法律，而我不打算參與其中。因為我曾聘請過頂尖的運動博彩法律專家，所以我知道如何合法下注。而且我告訴菲爾，唯有如此，我們才能繼續合作。

然而，菲爾希望能有更多主動權，我們同意在一些我沒有意見或不感興趣的賽事，我也可以代表他下注。我的想法是，菲爾的行為有助於掩蓋我們的行動，並擴大我的市場。

但在一個月內，在下注周一晚上的足球比賽時，發現菲爾背著我，偷偷違反我們的協議。在我不知情的情況下，菲爾看到了這筆注碼，並且未經我的許可，就在那兩家關閉我們共同帳戶的博彩公司分別下了他自己的注碼。他的賭注導致那些博彩公司立刻改變該場比賽的賠率，其他公司也隨之調整。因為賠率整整移動了一點，我的賭注就不再有利了。

在一通簡短的電話後，我得知罪魁禍首是菲爾。我直接找他對質，告訴他我擔心他的下注方式是否合法，他可以繼續那樣做，但我們就不能再合作了，他需要做出選擇。菲爾向我道歉，並承諾再也不會與那些人做生意了。

我和菲爾的賭博夥伴關係在二〇一四年春季結束，那時我們得知政府正在調查我的股票交易，我會在未來的章節中詳細描述此事。

和菲爾的商業關係結束後，我從兩個非常可靠的運彩來源那裡了解到更多他的賭博事蹟。他們說菲爾在NBA長射程五隊組合上每場下注兩萬美元是稀鬆平常的事，他也常在足球、籃球或棒球賽事下注十萬或二十萬美元。根據我詳細的下注紀錄和其他來源提供的紀錄，以下是菲爾在二〇一〇年至二〇一四年間賭博習慣的摘要：

- 一千一百一十五次下注中，每次下注十一萬美元，贏得十萬美元。

- 八百五十八次下注中，下注二十二萬美元，贏得二十萬美元。（一千九百七十三次的投注總額超過三億一千一百萬美元。）
- 光是二〇一一年，他就下注三千一百五十四次，平均一天九次。
- 在二〇一一年六月二十二日，他在美國職棒大聯盟比賽下了四十三個注，輸了十四萬三千五百美元。
- 在足球、籃球和棒球的下注次數達到驚人的七千零六十五次。

菲爾在參加PGA錦標賽時，也沒有妨礙他的賭博活動。根據二〇一〇年至二〇一四年的下注紀錄，他在二十九個賽事期間共下了一千七百三十四次賭注，包括在二〇一一年八月的巴克萊錦標賽期間，他打出了低於標準桿八桿，排名第四十三名，但也對棒球和職業足球季前賽下了七十注（那個周末他在賭注中贏得了四十一萬五千美元）。

根據熟悉菲爾其他投注的賭博消息來源，二〇一二年二月十一日，一個繁忙的周六大學籃球賽，菲爾因賭博損失累積近四百萬美元。即便如此，他卻有阻隔這些影響的驚人能力，隔天在圓石灘的AT&T職業暨業餘選手賽，他打出六十四桿的成績，以十一桿的差距擊敗同場的老虎伍茲。

同一個賭博消息來源還說，菲爾解決債務的速度非常慢，以致於有些海外博彩公司拒絕接受他的下注。在一起洗錢案的文件中顯示，菲爾最終支付款項時，他的管理公司至少兩次將錢匯到一家房地產公司，並在備註中將這些款項列為「初期投資」或「額外資金」，試圖掩蓋他的賭博損失。

根據我們的關係和我從其他人那裡得知的消息，菲爾在過去三十年間進行的賭注總額超過十億美元，我認識的唯一一個能超越這種賭額的人只有我自己。從一九九〇年代中期開始的二十年間，菲爾的損失接近一億美元，這個金額是艾倫・希普納克在他那些暢銷的菲爾未授權傳記中所述四千萬美元的兩倍半。

坦白說，考慮到菲爾的年收入和資產淨值，無論過去或現在，我對他的賭額毫不擔心。他是一位大玩家，而大玩家總是下大注。這是他的錢，他可以按照自己的意願使用。

二〇一四年二月十一日，我和菲爾見面，處理他欠我的兩百二十萬美元賭債。我們在橋梁俱樂部用餐，這是聖地亞哥郡的私人鄉村俱樂部，他是會員。會面變得有點像喜劇一樣的祕密活動，因為菲爾叫我將手機留在桌子上，然後跟著他回男子更衣室。

我心想：到底發生了什麼事？

在成為多年的朋友之後，菲爾突然變得像黑道分子一樣。我最近得知國稅局正在調查菲爾和其他兩位賭徒的一起洗錢案，所以我想他可能擔心自己的手機被竊聽。

在更衣室裡，菲爾告訴我，他幾個月前在波士頓的一場聯邦快遞盃（FedEx Cup）比賽後，被兩名聯邦調查局探員嚇了一跳。探員登上他的私人飛機時，他還以為是高爾夫同行開的玩笑。

「但他們開始問我有關你和其他人的問題。」菲爾說道。他沒有說明這些「其他人」是誰，但我猜想必然是捲入另一起洗錢調查的兩個人。

然後菲爾警告我，不要對任何人談及此事，因為聯邦調查局探員說如果他告訴我，他就會惹上麻煩。

菲爾又說得更具體一些，他說聯邦調查局詢問他一些股票交易和匯款的事情，他說自己誠實地回答了問題，但擔心探員正在調查他涉嫌洗錢。

關於他欠我的兩百二十萬美元，菲爾問道：「我可以付給別人嗎？」

「絕對不行！」我告訴他。「如果你把那筆錢匯往其他帳戶，那就是洗錢。你我從未做過任何非法的事情，你必須將那筆錢匯到原來的帳戶，不能用其他方式處理這筆錢。」

我們的對話結束後，我拿回手機，離開了俱樂部。等我到達停車場時，我打了電話給律師里克，一字不漏地告訴他剛剛發生的事，里克記下我們的通話內容。

十一天後的高爾夫球賽中，菲爾又說了更多聯邦調查局質詢的細節。他說他告訴探員，我們之間的對話沒有一次讓他覺得不舒服，我沒有提供任何「非公開重要資訊」，也從未暗示他可以透過股票交易來償還賭債。

他說探員問他：如果他知道我在某個股票交易中賺了兩千五百萬美元，他會怎麼想？

菲爾說他這樣回答：「為比爾高興，他是一個誠實而光明磊落的人——和我所認識的任何人一樣誠實。」

我提醒菲爾，我做的所有投注——包括我們一起做的投注，都是完全合法的，我也向他保證我有書面的法律意見來支持這個立場。

我告訴菲爾：「如果你不得不談論我，請說實話，你和我沒有什麼可隱瞞的。」

如果我事先知道菲爾透過某家公司支付海外博彩公司，因此涉及洗錢指控，我絕不會和他有任何形式的賭博協議。

我已經身陷政府的熱鍋之中，不需要再添麻煩。在與菲爾相遇之前，我已經被起訴了五次，正如之前解釋的，我已經竭盡所能遵守美國法律，包括支付數百萬美元給律師，以及將大部分的運動博彩業務轉移到海外。

我覺得非常滑稽的是菲爾對我們賭博安排的描繪。在我被紐約起訴內線交易兩周後，菲爾在俄亥俄紀念賽前發表談話，這個賽事每年由創辦人傑克．尼克勞斯（Jack

Nicklaus）在俄亥俄州都柏林的莫爾菲爾德村高爾夫俱樂部舉行。菲爾在二〇一六年六月一日的記者會開場時表示，他「對被捲入整件事感到失望」，他還說：「我很高興這件事已經過去了，結束了。」

當被問及他與賭徒（指的是我）的關聯時，菲爾告訴媒體：「這個嘛，我必須對我所交往的對象負責。未來，我將盡最大努力，確保以我希望的和應有的方式來代表自己、家人和我的公司。」

二〇二二年六月，在發表那些言論的六年後，菲爾毫不猶豫地與殺害記者卡舒吉的「可怕混蛋們」合作，並從他們手上獲得報導中所說的兩億沙烏地阿拉伯油元。

回顧過去，菲爾言論中明顯的虛偽是很容易看出來的。

事實是，他與可疑角色的交往有跡可尋。

在與沙烏地阿拉伯合作的前一年，有人提出菲爾與「浪子」唐・德瑟蘭諾（"Dandy" Don DeSeranno）的關係。《底特律新聞》（*Detroit News*）引用之前未報導的法院紀錄，於二〇二一年六月二十一日刊登一篇文章，標題是：「左撇子與浪子唐：格洛斯波因博彩公司如何涉嫌詐騙菲爾・米克森」。

故事描述德瑟蘭諾是「底特律歷史上最大的賭徒之一……他還在一九九四年至二〇〇二年間在拉斯維加斯開設賭場和博彩公司，接受大人物的賭注。」法院文件揭露了一位「與黑幫關聯密切的博彩商……被指控詐騙菲爾五十萬美元。」

《底特律新聞》在與二〇〇七年「傑基小子」傑克・賈卡隆（Jack "Jackie the Kid" Giacalone）有關的聯邦詐騙審訊紀錄中，發現了德瑟蘭諾和米克森的名字。傑基小子是「東尼傑克」安東尼・賈卡隆（Anthony "Tony Jack" Giacalone）的侄子，這位底特律黑手黨前頭目曾計畫在一九七五年與工會領袖吉米・霍法（Jimmy Hoffa）見面，當天霍法就失蹤了。

菲爾也是布萊恩・蘇里夫（Bryan Zuriff）的好朋友，他是節目《清道夫》的前執行製作。

在與蘇里夫合作的過程中，菲爾協助創建製作《比賽》（*The Match*），這是由透納體育頻道（Turner Sports）製作的電視高爾夫系列賽事，邀請頂尖級職業選手與湯姆・布雷迪、阿倫・羅傑斯（Aaron Rodgers）、查爾斯・巴克利（Charles Barkley）和培頓・曼寧等名人競技。菲爾在拉斯維加斯影溪高爾夫球場的二十二洞比賽中擊敗了老虎伍茲，贏得九百萬美元的獎金。

在他構想《比賽》之前，蘇里夫於二〇一三年七月因參與營運與俄裔美國黑幫有關的高額非法賭博圈而認罪，聯邦政府在這項重罪中，起訴三十四名被告參與和兩個組織犯罪有關的詐騙、洗錢、勒索和與賭博相關罪行，蘇里夫是其中之一。

根據他的認罪協議，蘇里夫承認他「在洛杉磯經營自己的非法賭博公司」，透過非法網路賭博網站的帳戶賭博數百萬美元，並「協助」紐約一家「大型」高額非法體育博彩公司，「為百萬富翁和億萬富翁提供服務」。

後來，蘇里夫被判處六個月的居家監禁，緩刑兩年，社區服務三百小時，以及罰款二萬美元。

二〇二二年六月，我在聖塔菲牧場俱樂部打完球，正要走回我的高爾夫球車時，看見菲爾朝我走來。那時，我們已經五年沒有說過話了，在我服刑期間，他從未曾給我寫過一張字條。

「你好嗎？」菲爾問道，「很高興看到你出來打高爾夫球，很高興見到你回來了。」

附近的十幾個俱樂部成員看到菲爾和我在一起，他們心知肚明我們之間的情況。那場面就像有人放了臭彈；沒人敢靠近我們三十英呎以內。我們的對話持續不到十分鐘。

我們寒暄了一陣，然後菲爾試圖辯解他為何拒絕作證，他說他的律師不希望他站到法庭上回答問題。

我當場打斷了他，又是這個蹩腳的藉口，二〇一七年春天，最後在我喀斯巴德家見面時，他也是這麼說的。

「別說廢話了，」我告訴他，「別再侮辱我的智商。所有人只想知道你和我的關係，而我只想你能作證說出真相。」

菲爾支支吾吾地說了一會兒，最終只是說了聲：「對不起。」

他選擇這個時間點送上遲來的道歉，我自然不會忽略。菲爾曾發表兩篇新聞聲明來與我劃清界線，最近一次是在二〇二一年一月，當時他覺得有必要公開並正確地聲明，他並未支持我的減刑，這與白宮發表的聲明相反。

我懷疑菲爾只是因為他在ＬＩＶ高爾夫風波中成為國際棄兒，所以才道歉。他知道他背叛了我們的友誼，還有他知道我正在寫這本書。

確實，很抱歉。

第二十一章 大師班

我當時並未意識到，在我人生第一次破產，也就是我九歲在曼福德維鎮雜貨店老闆押注世界大賽時，就邁出了寫這一章的第一步。歡迎參加我的運動賭博大師班。

從那一刻到現在，我經歷了許多考驗和磨難，遠超過任何人的想像。可以毫不誇張地說，我在六十多年的賭博生涯中下注了數十億美元（是的，數十億）。

我也投入數以百萬計的經費，努力在賽事賭博中保持競爭優勢。如果不是我們不斷更新電腦模型，連對運動的思考方式都換了至少五十次，早就在雷根時期就被淘汰出局了。

說實話，直到我決定寫這本書之前，給我兩千萬，我也不願分享我的系統細節。朋友們問我為什麼現在願意洩露我的祕密了，簡單來說，我不再年輕了，我想回饋給運動迷。我可以寫整整一本書談論策略、變數、資料庫和百分比，但我試著將我學到的一切濃縮到接下來的兩章。

本章先概述我的核心原則，並討論成功運動博彩的三個關鍵元素：讓分、下注策略和資金管理。

接下來的內容將深入探討每一個要素，包括我從未分享過的圖表和數字。

我想事先說明一下：我分享的是我的系統，你也可以按照自己的想法設定你的模型，但無論你使用何種系統，或下注多少金額，了解運動投注的基本原則是非常重要的。

另外，雖然接下來的兩個章節專注於ＮＦＬ，但這裡提供的方法可以適用於任何運動賽事。在我的職業生涯中，我遵循以下的指南，幾乎為所有運動做過分析且下注，結果是成功的。

基礎知識

不久前，內華達州是美國唯一可以合法進行運動博彩的地方，現在，多虧了BetMGM、DraftKings、FanDuel、凱撒宮、席卡、Pinnacle和其他網站及手機應用程式的出現，現在的運動博彩界比過去更加競爭且複雜，但我可以向你保證，這些平台都不是為了幫助你贏得勝利。

贏錢並不容易：從一開始，機率就對你不利。

讓我從最基本的事情講起：投注方式有很多種，但主要的一種是分差投注。

在分差投注中，比分很重要。例如，坦帕灣海盜隊在對戰紐奧良聖徒隊時，被看好贏七．五分。你可以選擇下注坦帕灣負七．五（這代表他們必須贏超過八分，你才能贏得賭注），或是紐奧良正七．五（代表他們不能輸超過七分，或是贏得比賽，你才能贏得賭注）。無論哪種情況，你通常必須支付額外的一〇％才能下注，所以想投注一百美元，就要花一百一十美元，也就是所謂的「抽頭」。

因為你必須支付額外的十美元，這代表你的勝率要超過五二．三八％，才能打平。

還有一種解釋方式：即使你半數的時間都選對隊伍，投注一百一十美元贏得一百美元，你也只能拿回資金的九五．四％，因為你還得付錢給博彩公司。如果你兩邊下注，總投資額就會是兩百二十美元，在一輸一贏的情況下，你可以拿回贏得的兩百一十美元（你的賭注加上一百美元的獎金），但你也輸了一百一十美元的賭注。結果就是：你投資了兩百二十美元，贏得兩百一十美元，相當於九五．四％，這比例比大多數吃角子老虎機還糟糕，它的回報率平均約為九六％。如果你玩的是過關投注（Parlays）和優惠投注（Teasers），賠率會更糟，這一點我們稍後會解釋。

在輸贏盤賭注中，你只要下注哪一隊會獲勝即可。棒球、網球、足球以及其他比分通常較小的比賽中，常能見到輸贏盤，但任何比賽都可以下注輸贏盤。

在輸贏盤中，常用負號表示被看好的熱門隊伍，冷門球隊的則是加號。舉例來說，在坦帕灣海盜隊對戰紐奧良聖徒隊中，坦帕灣是負一百八的熱門隊伍，紐奧良則是正一百六的冷門隊伍。如果你希望坦帕灣獲勝，你必須下注一百八十美元才能贏得一百美元；如果你喜歡紐奧良隊，下注一百美元就能贏得一百六十美元。最終分數不重要，只要你選的隊伍獲勝即可。博彩公司的費用已經算進賠率之中。

我的重點在於，普通人面臨幾乎無法克服的劣勢，除非你能扭轉賠率，使其對你有利，否則長期來看幾乎肯定虧損。我已連續三十六年做到這一點，現在我將與你分享我為運動博彩制定的一些核心原則：

- 一切從評估價值開始，也以評估價值結束。
- 保持以投資基金的方法來投注。
- 只在時機出現時才下重注，賭注要維持在總賭本的一%至三%。
- 時間就是金錢——你用更多時間來分析隊伍和機會，發現價值的機會就愈大。
- 堅持事實，不要成為被情感和忠誠驅使的粉絲。
- 理解分數的價值。在足球中，三、六、七和十四的價值高於其他數字，其中三和七最重要，因為美式足球是以達陣和射門為得分方式。

- 理解美式足球中半分的價值，這是我成功的第二個重要因素（讓分是第一個）。大量的NFL比賽都是由二到八分的差距決定的，如果你能在分差上多贏半分，將會造成天壤之別。我們的團隊有數學公式能顯示這些數字的實際價值，我會在下一章與你分享。
- 到處比較以獲得最佳價格。在不同場所設立賭注帳戶，比較賠率和價格，一定要這麼做！尤其是在賽季中，每一分錢都很重要，輸贏之間的差距微乎其微；確保在下注前你找到的是最好的價格和賠率。
- 不斷學習。我賭了六十年，仍不斷學習新事物。

讓分投注

當然，了解讓分投注對於成為成功的運動博彩者至關重要。我有一支由專家組成的運彩分析團隊，為每個NFL球隊開發實力評分，並為每位球員評分，同時記錄統計所有影響比賽的重要因素。我們會對每場NFL比賽進行結果預測，就像拉斯維加斯的博彩公司一樣，而且我猜我的意見和那些博彩公司相違背，我的成功紀錄證明了一切。

許多運動博彩者沒有時間或沒有專業知識進行深入讓分分析，這是可以理解的。請使用公開資源，從ＥＳＰＮ到地方報紙都可以。以下是每位運動博彩者都應該知道的關鍵訣竅。

主場優勢

考慮到球迷氛圍、民間傳說及常識等因素，一般認為ＮＦＬ的標準主場優勢相當於三分。別這麼快下結論。根據一九七四年到二〇二二年每一場ＮＦＬ比賽計算，實際平均主場優勢更接近二．五分。此外，在過去四年的ＮＦＬ比賽中，主場優勢實際上不到一分（很大程度上要歸功於新冠肺炎）。

如果你在過去三年誤以平均三分的主場優勢計算，那你肯定會輸。這個變項需要不斷更新，才能跟上趨勢。我會花很多時間閱讀和分析隨時間變化的得分趨勢，以確定主場的優勢到底有多大。

此外，平均主場優勢因特定城市而有所不同。一些球隊因為地理位置（如丹佛野馬隊）或天氣（如在極冷或極熱氣候中的綠灣包裝工隊或邁阿密海豚隊）而享受到特別優勢。整體出席率、狂熱粉絲的存在、主場舒適感、主場熟悉度以及客隊的旅行問題等因素，也可能影響主場優勢。

預防

「預防防守」是指在半場或比賽後期保持領先時，防守方放鬆防守的傾向。

了解每個球隊的特點很重要，他們在領先時是否打得較為放鬆？當比分大幅領先時，教練團會讓關鍵球員休息嗎？當他們領先雙位數時，他們會採用預防防守策略嗎？

這些都是需要研究和理解的關鍵事項。如果你了解這些傾向，你會發現某些球隊無論是否被看好，都更適合下注。

傷病

傷病會明顯地影響一支隊伍的表現。對我而言，這在獲得讓分優勢上是極為重要的因素。知道每場比賽誰上場、誰沒上場，以及誰帶傷上場是絕對關鍵的。

我們密切關注NFL的傷情報告，並查看媒體和其他資訊來源，以獲取關於傷情程度的重要訊息。

了解術語也十分重要。雖然沒有固定規則，但以下是NFL的一些指南：

- 缺席（Out）：不會上場。
- 存疑（Doubtful）：不太可能出賽。他們整裝上場的機會遠低於五〇%。近來這一點有些變化，球隊對存疑球員是否上場這一點更加謹慎。

- 未定（Questionable）：你會常常聽到這個詞語，球員出場的可能性約為五成，這正是你需要非常關注的地方，尤其是涉及關鍵球員時。

在考慮傷病問題時，你必須了解替補球員的品質。球隊或對手是否會因為傷病球員而調整策略？如果是的話，就要相應地調整你的思路。

你也必須考慮到多人傷病的因素，如果關鍵位置上有超過一名球員受傷，影響可能倍增。我將在下一章更詳細地討論這個因素。

比賽因素

我們也要考慮了其他可能影響個別比賽情況的因素，包括：

- 草地：客隊是否在與其主場不同的草地上比賽？
- 分區賽：客隊在分區賽中往往表現更厲害。
- 周四晚上就開始比賽的球隊：多一些休息時間通常有幫助。
- 遠程旅行的隊伍：長途旅行會影響隊伍表現。
- 連續幾周在外打比賽：連續第二周客場比賽比第一周更辛苦，第三周又比第二周更困難。
- 輪空周後的隊伍：再次提醒，一周的休息是否有幫助，取決於該隊伍的情況。

- 時區變化的隊伍。
- 溫度差異：從炎熱氣候到寒冷氣候的隊伍。
- 雨雪天氣：有些球隊在惡劣的環境條件下表現比其他球隊更出色。

這些因素都會在下一章說明並排名。記住，良好的讓分分析對於成功的運動投注至關重要。但是僅靠讓分無法保證取得最大的成功，這只是我三管齊下策略的一部分；下注策略和資金管理同樣是必不可少的。

投注策略

在你制定了一套讓分策略後，是時候想想怎麼下注了。但在開始下注之前，你必須制定一個投注策略。目標很簡單：獲得最好的價格。但是獲得最好的價格並不容易，也不簡單，這需要一些努力。以下是成功投注策略的一些關鍵要素。

- 了解所有選擇。有很多地方可以下注，現在合法的地方比以前更多了，博彩公司的數量仍在增加，電視網路和運動聯賽常和博奕公司合作推廣運動博彩。

●不要只在一家賭場或博彩網站下注——如果這樣做，你就是個傻瓜。你需要四處比價，以獲得最好的價格。想要成功，就必須獲得充分的訊息。

●盡量建立多個帳戶。不要只選擇同一家博彩公司，但要確定它是合法的，而且你有信心能拿回獎金。

●熟悉投注資訊來源。有些網站匯集了來自數百家運動博彩公司的資訊，我建議每個投注者都應該監控五大主要運動博彩公司，無論你是否與他們下注。這些市場領導者通常最早公布賠率，並接受大額賭注，是非常強有力的指標，可以了解賭注線的走勢，這是投注策略中必不可少的。這些公司包括：Circa、MGM、Caesars、Sports411 和 Pinnacle。

●DonBest.com、Vegas Insider 和 SpankOdds.com 是行業聚合器，提供大量價格資訊。在這些網站上，你可以看到開盤賠率、即時賠率，以及不同博彩公司之間的賠率和價格差異，同時你也能輕鬆看到賠率在一天和一周內的變動情況。

●熱門球隊下注要趁早，冷門球隊晚點再下注。這是個一般性的原則，當然也有例外，我稍後會探討。

●某些數字比其他數字更重要，而微小的百分比可能隨著時間推移成就你或毀掉你。博彩公司可以允許你改變分差，額外的半點就可能增加贏得比賽的機會，你必須知道買分的方式和時間點，以增加你的勝率，但前提是你要用正確的價格購買。下一章我會提供一些表格和範例，指導你該怎麼做。

- 理解半分的價值。NFL賽季有兩百七十二場比賽，如果你能在所有比賽使用半分，那一季就有一百三十六點。取得（或用正確價格購買）額外的半分可以成為勝敗的關鍵。我將在下一章解釋半分背後的策略。
- 知道何時下注分差，何時下注輸贏盤，一定要選擇有最大價值的。我在下一章的投注策略列出一個非常有幫助的表格，可以比較輸贏盤和分差。
- 保持紀律。制定計畫並堅持執行，不要試圖以計畫外的賭注來彌補損失。想追平周日和周一晚間賽事的損失，通常會導致災難，就像在賽馬場的最後一場比賽中，下注於大冷門，以試圖扭轉局面一樣，都是非常愚蠢的。
- 如果你的賠率和博彩公司的賠率差異夠大，對你來說就是個下注機會。然而，在下注前，你必須決定賭多少，這將取決於分差和分數的價值。我也會在下一章列出表格，說明每分的價值，以及買半分的價值。
- 我會在一周的不同時間下注。當我認為我得到最佳數字時，就會提早投注；如果我覺得這只是比較好的數字時，就會晚些下注。我一直注意關鍵博彩公司的賠率如何變化，也會注意關鍵數字及其價值。在下一章也都會說明。

這件事值得再三強調：下注時，不只要找最好的賠率，也要找最好的價格。行業標準是一百一十比一百，但你可能會找到價格更好的博彩公司。Pinnacle 是一家位於海外、受監管的博彩公司，但不對美國公民開放，他們在某些賭注上提供一〇五比一百的賠率。長時間來看，較低的價格非常重要，在一百一比一百的賭注中，你的勝率必須是五二・三八％；但在一〇五比一百時，勝率是五一・二％。差異很明顯。

優惠投注和過關投注

過關投注和優惠投注很受歡迎，尤其是對美式足球投注者。它們有點像彩券，獎金更多，但並不容易中獎。而莊家喜歡它們的原因只有一個：它們比直接押注的方式更具盈利性。

因為莊家始終占有優勢，每位投注者一開始就處於劣勢，這種劣勢稱為預期損失，也就是投注者以相同賠率多次下注，且沒有運用精準的讓分策略時，預計會損失的金額。

若是直接押注，下注一百一十美元贏得一百美元的情況下，預期損失為四・六％。

根據目前的規則，平局的話投注是無效的，兩隊過關投注的預期損失為九・八％，是直接投注預期損失的兩倍多。三隊過關投注的預期損失是一二・四%，幾乎是直接投注預期損失的三倍。

我的觀點是：相對於一百一十比一百的直接投注，以目前的價格來看，兩隊和三隊的過關投注並不是個明智的選擇，就是這樣，沒錯。我會在下一章提供更多有關過關投注和優惠投注的細節。

資金管理

妥善管理你的資金，和賽事分析及投注策略一樣重要。

首先，坐下來，決定你要承擔多大的風險。從一開始就假設你會失去一切，簡單來說，沒有資金就不能下注，所以第一優先是盡一切可能保護你決定冒險的資金。

基於這個想法，我建議你設定一個明確的投注金額上限。理想情況下，在任何一次單獨的投注中，所冒風險都不應超過資本的一%至三%，如此能讓你分散風險，並限制損失過大。

我喜歡以單位來下注。為了說明，假設你有一萬美元的賭金，一單位設為一百美元，也就是一%，所以你有一百個單位可以下注。

我也建議你以半單位下注，範圍從〇．五到三單位，而下注的單位數取決於你的賽事分析。例如，你可以為每場比賽分配星級值，你對投注的信心愈高，分配的星級就愈多。有些比賽在分析後可能落於兩個投注單位之間，那麼你應該選擇投注一．五或二．五單位，而不是二或三單位。

最重要的是：自律。

稅款

最後但同樣重要的是，聯邦政府。

隨著美國的運動博彩不斷擴張，我們需要國會開始關注與稅收和運動博彩相關的問題。

根據我的經驗，一些在股市上投入重金的投資者，也會想在運動賽事上下重注。但這些人並不愚蠢，他們習慣支付長期收益二〇%的稅金。在運動博彩中，你的收入被視為一般收入，也必須繳稅。二〇二三年，夫妻共同申報稅的最高稅率可能達到三七%，外加三．八%的淨投資稅。加上州稅，某些州的稅率就達到或超過了五〇%。

此外，你無法將賭博損失轉至下一期。根據現行的美國國稅局（IRS）稅法，不動產、股票、債券或商業方面所承受的損失可以延期到下一年，合法賭博就不可以。

在歐洲下注的一大優勢是，如果你是歐洲公民，你在賭博中贏的錢都是免稅的。像英國這樣的國家早就意識到，賭徒幾乎從來不會贏，而投注運動比賽已成為他們文化的一部分，就像足球一樣。合法化的博彩業能促進就業，並創造其他形式的稅收。他們知道一般業餘賭徒長久看來不可能贏，然而他們鼓勵博彩，因為這樣可以提供數千人的就業機會、產生稅收，並且為市民提供了不涉及犯罪的娛樂活動。他們規範博彩，以確保其公正。

隨著運動博彩愈來愈成為主流，我真心希望看到更多改善賭博稅法的努力，至少要公平一點。目前這個問題尚未得到相應對待，因為業界領導者尚未採取任何行動。國家和聯邦政府可以透過擴大顧客參與、創造就業機會及徵收該行業的稅金來賺錢。

不幸的是，我認為美國的賭博大眾並不了解這一點，我擔心會有成千上萬的賭徒會收到意外的稅單。運動博彩業需要更積極地保護其客戶。

在結束這一章時，我要清楚表明一件事：任何系統都不是絕對無懈可擊的，沒有一個魔法公式可以保證勝利。即使你遵循我所有建議，仍有可能會輸。

最重要的是，了解自己的極限。作為一個前賭徒，我必須一再強調這一點。追求價值時，在賭博中保持自律。我向你保證：只要你還有錢，就有可以下注的對象。

第二十二章 高級大師班

在上一章中，我分享了運動投注的基礎知識。這一章，我將更深入介紹我怎麼分析運動賽事，在過程中，我也將揭示我成功的祕訣，例如某些數字的價值以及與實力評分有關的一切（我們會再以NFL為例）。這一章不適合心臟脆弱的讀者，其中涉及大量數學和統計，你將看到我們付出多少努力來保持領先地位。

首先，我之所以成功，是因為我曾跟業界中最聰明的人一起工作，他們在電腦模擬和概率理論方面是真正的天才。多年來，頂尖的運彩分析師、量化分析師和統計學家建構了我的專屬投注模型。

多年來，我的智囊團超過二十五人，其中包括一位加州理工學院的第一名畢業生、一位美國大學經濟系主任、數學奇才、電腦高手、博士及不斷鑽研演算法和理論的量化分析師和資料庫運彩分析專家。

我們的團隊成員像對沖基金分析師一樣，為每個可能影響運動賽事的因素或變量分配數值，精確度能到小數點第一位。

光是ＮＦＬ賽事，就有幾個專家團隊各自獨立運作，即使大多數人與我共事超過三十年，但他們從未見過彼此，他們的資訊都直接彙集到共同的分母，也就是我。

從事運動博彩超過六十年後，我清楚地了解團隊中每位成員的優缺點，因此我能衡量他們的數據和評分，然後，我才會決定是否要下注。

實力評分

現今運動資訊豐富，且獲取容易，幾乎所有人都能開發出運動賽事預測系統。二十年前，這可能非常困難。以下的流程圖概述了我系統運作的具體步驟，每個賽季開始時，先為每個球隊進行實力評分（步驟一，將「初始實力評分」列表），考量比賽特定因素（步驟二）、主場優勢（步驟三）和傷病評估（步驟四）。

得出比賽得分預測後，比較預測與公開的分差（步驟五），並採取相應的行動。然後比賽開始（步驟六）。

比賽結束後，你需要準備下一周的比賽。先為每個球隊創建新的實力評分（步驟七），然後，進入重複的循環——新的實力評分和比賽特定因素（步驟二）、主場優勢（步驟三）、傷病評估（步驟四），決定下一場比賽預測（步驟五），這組循環列為步驟八。

然後開始下一場比賽（步驟九），這些資訊又可用於後續的實力評分，周而復始重複這些步驟，直到賽季結束。

首先，無論是NFL、大學美式足球和其他運動項目中，你很容易就能找到非常好的實力評分來源，這些來源有ESPN、Sagarin、GoldSheet、Massey Ratings、Sonny Moore的電腦實力評分以及Kenny White Sports。重申

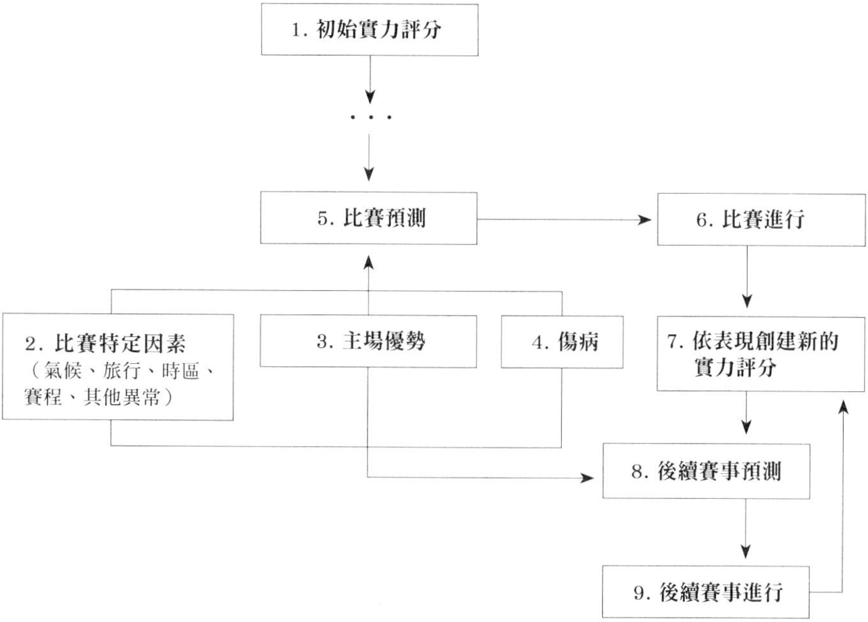

一次，這些評分必須以分差的形式呈現。大部分專業的運彩分析師，包括我和我的團隊，都是用上一季的每個隊伍的評分為基礎，開始建立新賽季的評分。然後，我們有包含每位球員、教練以及每隊選秀權的數據庫，再利用加減系統——本質上是一種簿記方法來創建季前評分。

記住：在這個系統中，一切都必須以分差的形式表示。我們會為每個教練、球員和分區對手分配一個分差值，然後用基本數學算出實力評分。評分後，便能決定我們認為各個隊伍在對戰中將有何表現。

我們的實力評分通常在正十分（例如二〇二二年的堪薩斯城酋長隊）和負十分（例如二〇二二年的休士頓）之間。隊伍的平均評分為零，優秀隊伍的評分為正，弱隊評分為負。

在此舉個具體的例子：紐約巨人隊在二〇二一年賽季結束時的評分為負七（負值表示不好，正值表示好）。二〇二一年巨人隊表現不佳，但在休賽期間，該隊選秀的結果不錯（加兩分），聘請了新的教練團隊（加一．六分），簽約了一些新球員（加一．八分），我們預期關鍵球員在二〇二二年球季的表現將有進步——四分衛丹尼爾．瓊斯（Daniel Jones）和跑衛塞科恩．巴克利（Saquon Barkley）。扣分方面，巨人隊因自由球員、交易和釋出球員，扣掉三．九分。

加分項共為七・六分，扣分項為三・九分，淨變化為正三・七分。因此，負七分的巨人隊在休賽期間加了三・七分，新賽季開始時就是負三・三分。以下也會說明，我們會在賽季中每周調整每個球隊的實力評分。

一個成功的運彩分析系統，每個因素都很重要，最小的因素都可以決定成敗。這些因素的角色有大有小，但都會有一定的影響。

- 競爭隊伍的相對實力或力量，在中立場地上會造成實力差距。這些相對的實力評分將隨著賽季進展及變化，也會在賽季間進行調整。
- 每個隊伍過去的表現。
- 主場優勢，主場和客場球隊可能有所不同。
- 球隊每個球員的個人數值・傷病會影響球隊的相對實力，請注意，傷病會減低球隊的相對實力，你不僅要根據每周缺席的球員進行調整，也要考量有傷病但仍然上場的球員。
- 比賽因素，如天氣、每支球隊之前的賽程安排（例如輪空、連續多場客場比賽等）、旅行距離／困難程度、球場特點和草地類型。
- 動機因素，如報仇、對手之間的敵對關係、教練變更等。

唯有評估並量化每個因素之後，才能得到每場比賽的預測結果——也就是兩支競爭隊伍之間競爭差異。兩張賠率表（即博彩公司和我們的）的差異大小，都是賭注多寡的初步線索。請記住，下注金額的最終決定取決於你得到的價格。

隊伍的相對實力

在建立賽事預測時，第一個要考量的變數是競爭隊伍的相對實力，也就是實力評分。你需要開發或找到以分差或比賽分數形式來表示的實力評分。舉例來說，ESPN的NFL評分稱為「足球戰力指數」（Football Power Index, FPI）。

這種系統可以得出兩個重要結論。首先，了解過去表現的相對重要性，對於預測未來表現是至關重要的。第二點，每個隊伍在一開始必須做好實力評分，而該評分必須以分數來表示。

大多數運彩分析師運用類似的邏輯，根據過去的表現來預測未來的表現，這種模型的關鍵假設是較近期的比賽比前幾周發生的比賽更重要。我們每個星期都會利用後述公式，為每個NFL球隊計算實力評分。

這些預期的實力評分是數值，而且可以直接轉為分差值。假設芝加哥熊隊的預期表現（或實力評分）為十，明尼蘇達維京人隊的預期表現為七，熊隊會有三分優勢。但你必須依比賽的特定因素調整原始實力評分，每場比賽都會有各種只適用於該場比賽的因素。

在上一章中，我概述了大部分的關鍵因素，以下將一一詳細說明。

球員排名

你需要為所有主要球員（進攻和防守）分配數值，在NFL裡，這代表你得管理近一千七百名現役球員的數據。其實沒有聽起來那麼困難，因為至少有六成的球員數值趨近於零，大概只有六百名球員的數值顯著不等於零。

有幾種系統可以用來評估球員的數值，例如，你可以用ESPN球員排名或Madden球員排名。但是請記住，排名無法產生與分差相關的數值，你需要將排名轉換為分差和實力評分的形式。

要建立這樣的分差系統，你可以先根據自己的排名，或是針對頂級球員的出版報告中，估計「明星」球員的數值。舉例來說，四分衛的平均數值比六分多一些，最佳球員的數值更高。最優秀的非四分衛球員通常排名在二．五到三分之間。

受傷和疾病可能極大地影響團隊表現，對我而言，這是在賽事預測中獲得讓分優勢的第二個重要因素。因此，正如前一章所述，了解每場比賽中誰上場、誰不上場，以及誰帶傷上場是非常重要的。如果球員受傷，但仍然上場比賽，你就要根據傷勢的嚴重程度減少他的分數。如果球員沒有上場，就要扣掉他的積分，但要加上替代球員的分數（如果有的話）。

請注意多人傷病的情況，關鍵位置上多人受傷可能會產生成倍的影響，這種影響因位置和隊伍而異。在多人傷病的情況中，四分衛外，最重要的影響位置包括接球手（外接手、槽接手和近端鋒）、防守線鋒、進攻線鋒、防守後衛、線衛和跑衛。

假設一支球隊有兩名頂尖接球手受傷了，一個數值二．五分，另一個一．五分，他們總扣分並非四分，因為他們是前兩名接球手，這個組合的數值可能增加超過五〇％，也就是六分。如果他是防守型球員，你可能只需要增加四〇％，依此類推。

關於傷病對球隊整體表現的重要性，NFL就有個很好的例子：坦帕灣海盜隊的進攻截鋒崔斯坦．威爾斯（Tristan Wirfs）通常不會被視為高影響力球員，但是海盜隊在二〇二二年季後賽對戰洛杉磯公羊隊時，威爾斯受傷了，由於這場比賽情況特殊，他的缺席產生了重大影響。

由全球頂尖的防守截鋒亞倫・唐納德（Aaron Donald）領軍的公羊隊，展現出激烈的壓制戰術，而四分衛湯姆・布雷迪的移動能力並不出色。威爾斯在常規賽中經常評為一・三分，但因為他受傷，他的數值突然變高，也能高達六分。

原因如下。隨著威爾斯離場，他的替補球員（通常數值〇・三分）也受傷了，但還在場上，不過因為受傷，他的數值變成零分。我們得出傷病的總數值，加上威爾斯的缺席，將對海盜隊的表現和比賽結果產生重大影響。再加上外接手安東尼奧・布朗（Antonio Brown）幾周前離隊，克里斯・戈德溫（Chris Godwin）也不在，因此需要近端鋒羅布・格隆考夫斯基（Rob Gronkowski）留在內線，幫助抵擋搶球壓力，我就知道海盜隊遇到麻煩了。

我根據情況下注，並贏得了賭注，主要是因為我知道受傷的進攻線鋒會改變這場比賽的情勢。如果球隊有位移動能力更好的四分衛，或更強大的跑攻，在相同情境下，我就會採取不同的行動。再說一次，這些是特殊情境，你必須理解每位球員的數值、對手的特質，以及對比賽得分的整體影響。

我們密切追蹤NFL的傷病報告，並通過媒體和其他來源獲取關於傷病程度的重要消息。我們開發了一個軟體，能自動抓取重要記者和部落客的社群媒體帳號，以便立即取得相關資訊。

例如，我們會監控NFL記者的社交媒體帳號；也會關注職業美式足球的醫學專家大衛・趙醫師（Dr. David Chao）和物理治療總監愛德恩・波拉斯（Edwin Porras），他們經常在推特上提供即時的傷病分析。我們還會密切監控誰參加了周三至周五的練習，如果他們參加周三的練習，就幾乎可以確定他周日比賽會上場，除非他們訓練時受傷了。

有些教練規定很嚴格，例如如果周五沒有練習，就不得上場比賽。除了關心球員、傷病情況外，還要關心教練，了解教練在報告傷病方面的習慣很重要——教練在透露球隊比賽陣容時，常常會有小動作。我們會對傷害分配百分比值；例如，一位腳傷的外接手比大腿拉傷的進攻線鋒更容易受影響。

若你了解傷病情況，就需要相應調整球員的評分，本章稍後會提供調整公式。這些評分可能會只調整〇・一分或一分，但累積起來，將對得分產生影響。

喬伊・波薩（Joey Bosa）是個很好的例子，他是洛杉磯閃電隊的外線衛，身高六呎五吋，體重兩百八十磅，是位能改變比賽局勢的球員。當他健康時，波薩在我們的排名中值二・五分，這可能代表重注會改為不下注，反之亦然。

那麼波薩的傷情可信度有多大呢？我們對以上所有來源進行調查，然後才開始問：他的膝蓋傷勢是否會降低一整分？半分？還是一・七五分？替補他的球員是否明顯扣分？這些都是運彩分析師必須做出的重要決定。

記住：四分衛是不同的，他們比其他位置的球員更有數值，因此，創建一個只針對四分衛的評分系統是很重要的。長期和短期的表現指標都需要分析。

每個賽季應考慮的長期變項，還有賽季前的職業生涯表現包括：

- NFL四分衛評分
- 四分衛的總傳球次數
- 每次傳球的平均碼數
- 總共被抄截次數
- 四分衛跑球得到的總碼數
- 被擒殺的總次數
- 四分衛的總掉球數

在評估四分衛時，另一些潛在的考慮因素包括支持性進攻球員的能力、賽程的強度以及每個對手的實力。

實際上是什麼樣子？

在我們的系統中，目前有九百九十一名非四分衛球員的數值等於或高於〇．一，這些非零球員平均值為〇．六三分。而在那些球員中，只有六百一十二名球員的分數超過〇．二五，這些是有意義的數值。

我們的資料庫目前有六十七位四分衛，這些四分衛的平均值為七．七四分，最低值為六分，最高值是九．五分，榜首是堪薩斯城酋長隊的四分衛派屈克．馬霍姆斯（Patrick Mahomes）。

結論是：聯盟中約有四〇%的球員具有有意義的數值，這就是為什麼了解傷病情況和球員狀態是非常重要的。

比賽因素

好了，我們來總結一下。我們試著開發一個符合科學的精確NFL美式足球比賽預測模型，到目前為止，我們已經考慮每個球隊的實力評分（包括球員和教練的數值）、主場優勢和傷病情況（根據傷病和替補的情況調整球員的數值）。

接下來，如前一章中簡要介紹的，還有其他因素可能影響比賽情況：天氣預報，每支球隊之前的賽程（例如休息日、連續多場客場比賽等）、旅行距離／困難度、球場特色和草皮類型。

針對每個因素，我們分析了自一九七四年至二〇二三年的歷史數據，並創造分差值。這些因素的每個數字都值〇．二分，因此，如果有五個因素，實力評分就要調整一分，如果是十個，就值兩分。

比賽因素非常重要，這些因素包括S因素（特殊情況）、W因素（天氣）和E因素（情緒）。所有比賽因素都是基於長期統計分析得來，以下將說明它們的定義。

重要提示：這裡的數字來自於二〇二二年至二〇二三年球季結束。不一定是我們未來使用的確切數字，因為我們會根據趨勢，每年重新評估，升級、降級，甚至消除一些因素。

大多數因素應該很容易理解，無論是主場球隊還是客場球隊會從這些特定因素中受益。在那些「變項」情況下，你需要更了解每個特定球隊的優缺點，以評估那場比賽的因素數值。舉例來說，在一個露天戶外球場中，非常強烈的風勢會對傳球進攻球隊不利，而對跑攻球隊有利，強風也可能會降低總分。

二〇二一年NFL賽季的S和W因素

S因素（0.20 / S）

草地

主場和客場草地相同：客隊+1

主場和客場草地不同：主場+1

區域

主場和客場在同一區域：客隊+1

聯盟

主隊和客隊來自不同聯盟：主隊+1

賽程

主隊周四晚賽事：主隊+2

周四晚休賽：0

主隊周日晚賽事：主隊+4

主隊周一晚賽事：主隊+2
主隊周一晚出賽且下一場在主場：0
主隊周一晚出賽且下一場在客場：對手+4
客隊周一晚出賽且下一場在主場：對手+6
客隊周一晚出賽且下一場在客場：對手+8
主隊周六晚賽事：0
四場比賽中的第三場客場比賽：主隊+2
隊伍剛剛結束主場延長賽：對手+4
隊伍剛剛結束客場延長賽：對手+2

休息

水準下球隊剛結束輪空周：主隊+4
水準下球隊輪空周後客場比賽：主隊+5
平均水準球隊剛結束輪空周：主隊+5
平均水準球隊輪空周後客場比賽：主隊+6
優秀球隊剛結束輪空周：主隊+7

優秀球隊輪空周後客場比賽：主隊+8

季後賽

季後賽自動晉級：主隊+1

超級盃隊伍

超級盃勝隊——下一季第一場比賽：主隊+4

超級盃勝隊——下一季前四場比賽：主隊+2

超級盃敗隊——下一季第一場比賽：對手+4

超級盃敗隊——下一季前四場比賽：對手+2

旅行距離

二千英哩以上：主隊+1

TB/Jac/Mia：客隊+1

Dal/Hou：客隊+1

Atl/Car：客隊+1

LAR/LAC：客隊+2

LV/LA：客隊+1
Ind/Cin：客隊+1
Phl/NYG, NYJ, WAS, NE, Bal, Buf（除此之外的對戰組合）：客隊+1
NYG/NYJ：客隊+2
Bal/Was：客隊+2
Chc/GB：客隊+1

時區

上午十點
對西區隊伍不利：對手+2
對山區隊伍不利：對手+1
夜間比賽
對東區隊伍不利：對手+6
對中央區隊伍不利：對手+3
對山區隊伍不利：對手+1
在至少相隔二個時區處進行連續兩場比賽的球隊：主隊+2

反彈

球隊前一場比賽輸了十九分以上：隊伍+2

球隊前一場比賽輸了二十九分以上：隊伍+4

對戰情況

進攻和防守對位、傷病情況：各異

W因素（0.20 / W）

溫暖地區球隊至寒冷戶外場地

若氣溫是華氏三十五度：主隊+0.25

若氣溫是華氏三十度：主隊+0.5

若氣溫是華氏二十五度：主隊+0.75

若氣溫是華氏二十度：主隊+1

若氣溫是華氏十五度：主隊+1.25

若氣溫是華氏十度以下：主隊+1.75

寒冷地區隊伍到寒冷戶外場地

華氏二十至三十度：主隊 +0.25

華氏十至二十度：主隊 +0.5

華氏五至十度：主隊 +0.75

雨：客隊 +0.25

大雨：客隊 +0.75

雪：各異

大風：各異

這些 W 因素也可能取決於四分衛的表現，聯盟中的每位四分衛在各種情況下都會受到評估，包括主場、客場、白天、晚上、不同類型的草地以及不同的天氣條件（有無降雨、風況和溫度）。

這些表現在賽季結束時會進行評估，賽季進行中也會定期調整。W 因素視需要衡量，例如水牛城的喬許．艾倫（Josh Allen）在高溫和室內比賽獲得正一，令人意外的是，寒冷天氣的比賽中卻是負一。阿倫．羅傑斯則完全相反；他在寒冷天氣中的表現比大熱天好。每個四分衛的 W 因素數值為〇．一五分。

E因素，也就是與最近表現或季後賽特別情況有關的情緒因素。舉例來說，一個球隊連續輸了兩場比賽，或者球隊有晉級季後賽的可能性，而另一個球隊則沒有。每個E因子值為〇・二分。除了以上的例子之外，可能影響E因素的相關情境包括：（一）教練變動；（二）球員變動；（三）對特定球隊而言比賽的相對重要性，可透過檢視賽程意義或由教練及球員決定；以及（四）歷史成績。

創建／更新實力評分

每周都需要上述因素更新實力評分，我們使用相對簡單的數學公式。新的實力評分是舊實力評分的九〇%加上我稱之為真實比賽表現水準的一〇%。後者是計算上一場比賽的淨得分，加減對手舊實力評分和淨傷病差異。

看起來可能很複雜，其實不然。為了幫助你，我分享一個例子，以熊隊和維京人隊為例。

熊隊和維京人隊在一個中立場地進行比賽（即沒有主場優勢）：

（一）進入比賽前，熊隊的實力評分為十，維京人隊的實力評分為四。

（二）熊隊的受傷程度為三．五，而維京人隊的受傷程度為一．七。

（三）熊隊以二十七比二十贏得比賽。

在我們計算熊隊的新實力評分前，我們必須先算出真實比賽表現水準。計算方式如下：

淨得分＝熊隊+7

加對手（維京人隊）的舊實力評分＝+4

加傷病差異（熊隊傷病人數扣維京人隊傷病人數）：（3.5 - 1.7）＝1.8

所以熊隊的真實比賽表現水準為：7＋4＋1.8＝12.8

現在，回到我們的實力評分評分公式：九〇％的舊實力評分加一〇％的真實比賽表現水準。也就是：10×90%＋12.8×10%＋1.28＝10.28。

熊隊以二十七比二十打敗維京人隊，考慮兩隊傷病情況後，熊隊的實力評分由十分升至十．二八分。

現在我們來算算維京人的新實力評分。

維京人的真實比賽表現水準算法如下：

淨得分＝-7

熊隊實力評分＝+10

淨傷病差異（維京人減熊隊傷病〔1.7 - 3.5〕）＝-1.8

真實比賽表現水準：-7 + 10 +（-1.8）＝1.2

所以維京人的實力評分公式是：4×90% + 1.2×10% + 0.12 = 3.72

維京人隊以二十比二十七敗給熊隊，所以實力評分從四下降至三．七二。

下頁表1是其他的範例。重點在於，為特定球隊算計新的實力評分時，要記得所有相關數據必須從該隊的角度出發。也就是說，球隊的真實比賽表現水準會因自己隊伍的傷病情況、對手的評分和它的淨得分而加分；因對手傷病情況而扣分。計算出真實比賽表現水準後，即可以將舊評分和真實比賽表現水準相得，得到新的實力評分。

我們來看看表格中第一個範例。記住，公式是舊隊伍評分的九〇%加真實比賽表現水準的一〇%。在這個例子中，真實比賽表現水準是14（淨得分）+ 對手舊實力評分（-4.2）和淨傷病情況（4.7 - 6.5 = -1.8）。所以真實比賽表現水準的公式為14 - 4.2 - 1.8 = 8。

表 1：更新實力評分範例

隊伍評分	隊伍傷病	對手評分	對手傷病	淨得分	真實比賽表現水準	新隊伍評分
8	4.7	-4.2	6.5	14	8.0	8.0
6.2	3.5	9.0	1.8	-10	0.70	5.65
-4.5	3.8	11	5.1	-8	1.7	-3.88
7.6	4.1	2.1	3.8	7	9.4	7.78
-2.8	1.9	6.4	2.8	-21	-15.5	-4.07
5.0	5.4	7.6	2.9	11	21.1	6.61

因此，新的實力評分為：8×90%＋8×10%＝8

多加練習，你會愈來愈熟練。

已經讀到這裡的人，我們再添加一個更複雜的因素。之前的例子（熊隊vs.維京人隊）有些不自然，因為比賽在一個中立場地上進行。

在實際情況下，NFL的比賽極少在中立場地上進行，倫敦、墨西哥市和現在的德國顯然是例外。這意味著幾乎每場比賽都存在主場優勢，那麼真實比賽表現水準就必須考慮進去。為了計算，假設主場優勢為正二，如果熊隊是主場球隊並以二十七比二十贏得比賽，那麼你需要因主場優勢而在真實比賽表現水準扣除二分。同樣地，如果維京人是客場隊伍並且以二十比二十七輸了比賽，那麼維京人隊的真實比賽表現水準也要加二分。

看起來像這樣：

主場熊隊的真實比賽表現水準＝7（得分差）＋4（對手實力評分）＋1.8（傷病差距）－2.0（主場劣勢）＝10.8

客隊維京人的真實比賽表現水準＝-7（分數差）＋10（對手的實力評級）＋（-1.8）（受傷差異）＋2.0（主場優勢）＝3.2

因此新的球隊評分為：

熊隊：10×90%＋10.8×10%＋1.08＝10.08

維京人隊：4×90%＋3.2×10%＋0.32＝3.92

更新了實力評分後，你需要開始考慮主客場和其他可能影響下周比分的比賽因素。就像計算主客場結果，在周末比賽前，你也應該將每個隊伍的實力評分減去比賽因素和傷病因素。

影響一場比賽的因素會有很大的變化，在二〇一二至二九年賽季中，一周一支球隊分配的S因素積分多達十八個，但也有一些比賽沒有分配任何因素。平均而言，每支球隊每周分配三・二個S因素，相當於特定比賽中每支球隊的平均實力評分調整了〇・六四分。

二〇二二至二三年的S因素：

最小值＝0

最大值＝18

平均值＝3.2

最後一步是增加或減去與分差等值的比賽因素，來調整實力評分（五個因素點等於一個分差）。

然後比較兩隊的實力評分，如果A隊的實力評分是正三，B隊的評分是負二，那麼A隊是贏家且領先五分。

投注策略

在完成計算並得出預測比分後，就可以考慮下注了。在NFL賽季中，每個星期我只會賭五到十支球隊，而且只賭那些預測分差和現行賠率差異夠大的比賽，兩者的差距愈大，我下注得愈多。

你還要注意其他賭注的進出狀況，如果是賭你的球隊，你可能會想增加賭注（但不超過半顆星），或是若賠率明顯對你不利時（留意關鍵博彩公司），你可能會想減少投注金額，尤其是若傷兵很多或有士氣考量時。重要的是，你要保持管理資金的紀律，隨著你的資金增長，你的單位價格也會增加。因為單位價格是以百分比表示的（例如銀行資金的一％），所以你的單位價格將根據你的輸贏自動調整，這樣就不用猜測要下多少注了。

再強調一次，保持紀律。

數字的數值

正如之前提到的，你在下注美式足球時，某些數字比其他數字更有數值。我們調查了自一九七四年以來ＮＦＬ每場比賽的數值，建立了如下頁的表2。

這些數字會隨著時間變動。例如，如果比賽規則改變——附加分現在要從三十二碼

表 2：NFL 每一分的相對價值

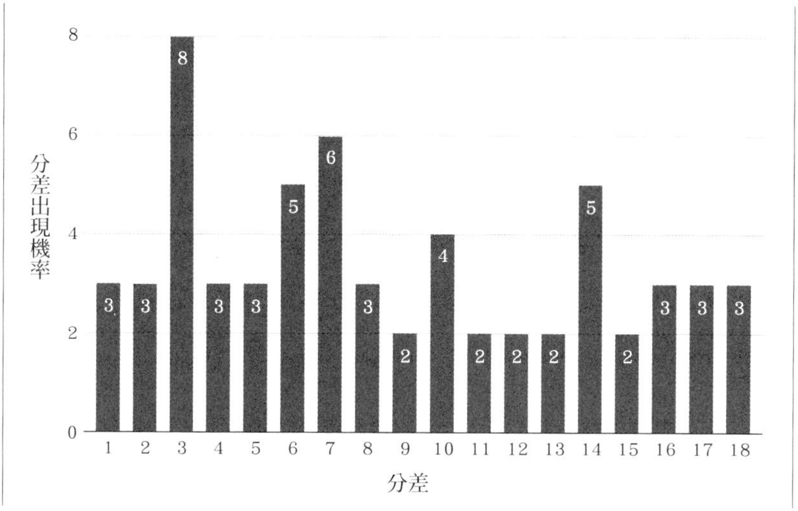

＊為了呈現效果，上表的數值已四捨五入。例如 3.5 就進位至 4，3.4 就捨去為 3。

線踢出，而且更多教練會在達陣得分後嘗試兩分球，那麼隨著時間推移，一些數字就會變得更重要，其他數字的重要性就會減低。從下方的表格中可見，三的相對價值遠超過其他數字，它的加權值為八%。

想一想，從數學角度來說，這表示有八%的時間會出現分差為三的情況，也就是說熱門隊會以三分差距贏得比賽。三比其他數字多，所以在NFL美式足球賭博中，三無疑是最有價值的數字。在表格中也可看到，十一、十二和十三加總只值六%，三比它們更有價值。

了解分數的相對價值非常重要，尤其是一周內分差的變動。

如果冷門隊有六．五的讓分，而你喜歡冷門隊，最好等待看看是否有更多錢投注在熱門隊。賠率可能會移動到七分，你就能以誘人的價格下注七分——這對你來說是個很大的百分比優勢（六分為五％，七分為六％）。如果賠率走相反方向，例如從六．五到六，這不是很大的劣勢，因為風險回報仍對你有利。如果你賭冷門隊，而數字是七．五，趕快下注——不要等賠率掉到七。如果上升到八，就沒那麼好了（相較於七的六％，八只有三％）。

相反的，如果你選擇賭熱門隊，六．五時要趕快下注，因為如果它下降到六，你會有小小的優勢，相比之下，如果升到七，就會有較大的損失。因此，有句俗話說：熱門隊早下注，冷門隊晚下注。賠率變動時，一定要隨時注意數字價值。

買分差

比賽前，你可以下注分差，以增加或減少你的球隊必須輸贏的差距。以下是我使用的策略，但前提是我知道這些分差的價格不錯。

運作方式如下：多數博彩公司每下注一美元，可以多付十美分來購買半分點，除了美式足球裡不包括三和七。有些博彩公司要收取二十五美分或更高的費用，才能將分差從二・五擴大到三。然而，額外花費二十五美分購買半分以達到三或遠離三，價格太高了。以下表格顯示了每個號碼的正確購買價格。如果你能用表中的金額購買半分，或是更低的金額，就買吧。

記住，購買分差最重要的是四處比價，看看誰提供最優惠的價格。如果價格不對——下頁表 3 清楚列出了價值，就不要買。堅持原始數字，並選擇能提供最佳價值的賭注。

決定下注的力道和金額

現在你已經知道分差和買半分差的價值，接下來需要決定要下注多少。我使用星級系統：星級愈高，下注的金額愈多。

首先，你要確定自己的分差和公布的分差，然後計算分差裡每個數字的百分比值。範例如下。你的讓分是七・五，而公布的讓分是四・五。在這個例子中，分差範圍內的每一點——五、六和七都有價值。從上述表格中，你可以看到五值三％，六值

表 3：分數價值

分差	分差出現機率（四捨五入）	購買半分以進入或離開關鍵數字之美元價值（100 美元賭注）	評估下注金額：預測分差和公布分差間每個數字之價值
1	3	6	3
2	3	6	3
3	8	20 off tie, 22 on to tie	8
4	3	6	3
5	3	6	3
6	5	10	5
7	6	13	6
8	3	6	3
9	2	3	2
10	4	9	4
11	2	5	2
12	2	4	2
13	2	5	2
14	5	11	5
15	2	5	2
16	3	6	3
17	3	6	3
18	3	6	3
21			
24			

* 為了呈現效果，上表的數值已四捨五入。例如 3.5 就進位至 4，3.4 就捨去為 3。

五%，而七值六%，所以三加五加六等於一四%。對照下表，一四%的分差幾乎是三星級賭注。

如果你預測的分差或公布分差是整數，你只要計算該數字的一半數值。舉例來說，假設你預測分差為四，而公布讓分為二·五，在這個例子中，你要納入三的完整值（八%）和四的一半數值（一·五%），因此你有九·五%的分差，等同於一·五星級賭注。

如果你的預測和公布值之間的分差值加總不到五·五%，那麼這場比賽就不值得下注。

還要記住一件事：如果你預測會出現意外，而你的預測值和公布值之間會跨越零，就必須減去一分的價值。例如，如果你預測的分差是正一·五，博彩公司是負一·，你不能算進正一值。原本差異的數值包含負一（三%）和正一（三%），合計為六%，是值得一試的差異，但因為跨越了零，你必須減去其中一分的價值（三%），所以實際值為三加三減三等於三%，就不值得下注了。

下頁是星級系統的表4。

表 4：下注力道指南星級系統

分差值	投注力道
5.5%	0.5 星
7%	1.0 星
9%	1.5 星
11%	2.0 星
13%	2.5 星
15%	3.0 星

理解賠率變更

有些博彩公司不會調整分差，而是調整比賽的投注金額。例如，他們不改變三分的分差，而是收取一．二美元只能贏得一美元。

你需要了解他們這種做法可能帶來的影響。例如：假設你認為你的球隊會贏四．五分，而公布分差是三分，以每一點一美元：一美元計算，差異的數值是七％（三的一半值為四％，四的值為三％），七％的差異值是值得一試的。

但如果博彩公司決定三分差要收一．二元呢？從下表中可以看出，負一百二十的三分差實際上等於三．二五，你在計算公告值和你的預測值差異時，不能再用三來計算，因為它其實是三．二五。在我們的系統中，三．二五的數值相當於三的四分之一，也就是二％，然後再加上四的數值為三％，這樣就有五％，但仍不值一試。

如果博彩公司收費低於一・一美元比一美元，則情況相反。在賠率一・一或一・○五比一，某些分差會有更大的差異，而且值得下重注。

一般而言，如果關鍵數字的價格高於標準（一・一比一），應該減少投注金額。如果價格低於標準，可增加投注金額。

賭注價格變化如何影響隱性分差

下頁表5顯示了博彩公司的收費不是一・一比一時的隱性賠率。即使列出了分差數字，但因為賭注價格不同，而對應了不同的數字。在計算你的投注力道時，記得使用隱性分差。

輸贏盤和分差

另一個在下注時要考量的重要因素很簡單：你要下注分差，還是玩輸贏盤？

玩輸贏盤時，你只要下注贏家，採用輸贏盤賠率，而不是分差。再以熊隊對戰維京人隊為例，熊隊的賠率為負一五八，而維京人隊的賠率為正一二○，這表示熊隊是熱門

表 5：隱性賠率

公布分差	賠率	等同於以 110/100 賠率的分差
2.5	-115	2.625
3	+105	
2.5	-120	2.75
3	100（even money）	
2.5	-125	2.875
3	-105	
3	-110	3
3	-115	3.125
3.5	+105	
3	-120	3.25
3.5	100（even money）	
3	-125	3.375
3.5	-105	
7	100（even money）	6.75
6.5	-115	
7	-105	6.875
6.5	-120	
7	-110	7
7.5	100（even money）	7.25
7	-115	
7.5	-105	7.375
7	-1202.	

隊，你需要下注一百五十八美元，才能贏得一百美元。如果你喜歡維京人隊，下注一百美元就可在維京人贏得比賽時賺到一百二十美元。得分差不重要；如果你下注熱門隊，就要更多的錢才能贏。下注冷門隊，你不用算分差，只要押注少少的錢就能贏得很多獎金。

下頁表 6 顯示輸贏盤和分差的關聯（以一．一比一計算）。

舉例來說：如果我喜歡冷門隊，而且預測有兩分差，不計分差的輸贏盤是投注一百元贏一百零八元；如果我能找到比一百零八更好的賠率，那麼投注輸贏盤，就比投注兩分差更好。

再舉一例：以我們最喜歡的美式足球號碼：三為例。如果我喜歡熱門隊伍，在一．一比一的情況下，只要比負一七〇好，就勝過三分差。至於冷門隊伍，只要比正一四〇好，就能押注輸贏盤。

過關投注和優惠投注

現在我們來看看過關投注和優惠投注。根據現行規定，「平手」被視為無效投注。

表 6：輸贏盤轉換表

分差	輸贏盤	
	熱門	冷門
1	+116	-104
1.5	123	102
2	130	108
2.5	137	113
3	170	141
3.5	197	163
4	210	174
4.5	222	184
5	237	196
5.5	252	208
6	277	229
6.5	299	247
7	335	277
7.5	368	305
8	397	328
8.5	427	353
9	441	365
9.8	456	377
10	510	422
10.5	561	464
11	595	492
11.5	631	522
12	657	543
12.5	681	564
13	730	604
13.5	781	646
14	904	748
14.5	1024	847
15	1086	898
15.5	1147	949
16	1223	1012
16.5	1300	1076
17	1418	1173
17.5	1520	1257
18	1664	1377
18.5	1803	1492
19	1985	1642
19.5	2182	1805
20	2390	1977

表 7：過關投注

	勝率%	獎金	賭注	預期損失（%）
直接下	0.5	110	100	-4.6
兩隊過關投注	0.25	260	100	-9.8
三隊過關投注	0.125	600	100	-12.4

換句話說，如果兩隊過關投注中有一場比賽是平手，則會視為單場的單隊投注。在這種情況下，若贏得一百美元，博彩公司或賭場會支付九十．九美元。在非平手的情況下，兩隊過關投注代表玩家需要兩場都贏（勝／勝），才能兌換獎金。（四種非平手的可能性為勝／勝、勝／敗、敗／勝和敗／敗。）在這種情況下，預計你有二五％的勝率，而兩隊過關投注的支付比例為十三比五，一百美元中獎卡可以換回兩百六十美元。根據目前的規則，兩隊過關投注的預期損失為九．八％，明顯高於以一．一比一直接賭注的四．六％。（見表 7）

三隊過關投注的賠率結構更糟，在那種情況下，一次平手代表三隊過關變成兩隊過關，而兩次平手代表三隊過關變成單場注，每投注一百美元只能拿回九十．九美元。根據現行規定，三隊過關投注的預期損失為一二．四％，遠比直接下注的四．六％糟糕。

優惠投注也是一種過關投注，它能讓你移動分差，因此有了「優惠」。它們有各種形式——兩隊、三隊、六分、六．五

表 8：各大賭場的兩隊優惠投注價格
（所有價格均相對於 100 元賭注）

兩隊	6 分	6.5 分	7 分
凱撒	-$120	-$130	-$140
美高梅	-$130	-$140	-$150
美高梅	-$120	-$140	-$150

分、七分。投注者必須贏得兩場比賽（即勝／勝），才能獲勝，共有四種非平局的可能性（勝／勝、勝／敗、敗／勝和敗／敗），因此投注者的勝率有二五％。

在六分（或六．五分、七分）的優惠投注中，優勢在於你可以按照優惠點數（即六分、六．五分或七分）「調整」分差。舉例來說，如果是六分的優惠投注，一場比賽的分差是九．五，你投注了熱門隊伍，若是強隊贏得的分數差距大於三．五分，你就可以贏得賭金。如果你選擇支持冷門隊，且冷門隊只要沒輸超過十五．五分，你就贏了。

以標準六分兩隊優惠投注為例，根據普遍接受的規則，平手不計入下注。換句話說，某一局比賽平手代表該投注不再有效。就像在這一行中所說，沒有流血。

可以調整分差顯然增加了贏得某場比賽的機會。每多一分，獲勝機率大約增加三％，可移動六分能將勝率從五〇％提高至六八％。這樣很棒，不過你必須贏得兩場比賽，而且第二場比賽只能按公告分差來算。與直接投注相比，你必須投注一．二三美元才能贏得一美元。

如果你買一百二十美元的六分兩隊優惠投注，預期損失為一四．八%，一直到一百二十九．六美元的預期損失都是一樣的。如果你買一百三十元的六分兩隊優惠投注，預期損失為一七．七%，這比例至一百三十四．六美元都相同。如你所見，以目前的價格來看，機會不利於你。

在表8中，我列出了近期各個投注站優惠投注的價格範例。請注意，無論有沒有分差，投注者都無法找到一．一比一的兩隊優惠投注，事實上，每個組合對投注者來說都有明顯的負預期值。

總結

我在這兩章提供了很多資訊，希望你會覺得有用。我相信，沒有人比我更努力地建立和培養一個系統，好在愈來愈複雜的人機對戰中能保有優勢。如果你熱衷於運動博彩，請全力以赴，祝好運。

第二十三章
戰爭故事

我們如何將這些資訊應用到實際情況中呢？

以二〇〇九年超級盃為例。在大賽前，我花了一個星期與專家團隊詳細分析熱門隊伍匹茲堡鋼鐵人隊（六・五分）和冷門的亞利桑那紅雀隊。

我們對亞利桑那的實力評分為正七・六分，匹茲堡為正十・五分，匹茲堡隊的傷兵多一點（負一・六分，亞利桑那則是負一・二分）。由於比賽在坦帕的中立場地進行，所以沒有真正的比賽因素影響。

我們的初步預測是，評分差異（10.5 - 7.6 = 2.9，匹茲堡較佳）+受傷差異（1.6 - 1.2 = 0.4，亞利桑那較佳），預測匹茲堡的點差為二・五分。

與賭盤賠率中匹茲堡有六・五分的優勢相比，我們認為這是一個投注冷門隊伍的好機會，比分應該會更接近一些。我們的分數線（二・五）與公布的分差（六・五）之間的差異涵蓋了數字三、四、五和六，這些數字的價值為十九個百分點，超過了三星級下注所需的十五個百分點。

我對亞利桑那下了重注。我將它分成不同的賭注，以分散風險。

通常我會避免那些花哨的「道具」賭注，例如哪一隊會贏得拋硬幣，哪個球員會接到第一個傳球，或是國歌會唱多久。超級盃是一場充滿欺詐的大雜燴，但我們找到了三個我們認為能夠取得優勢的投注。

我們的研究顯示，當紅雀隊贏得擲硬幣，他們偶爾會將球權讓給對手，但頻率不像鋼鐵人隊那麼高，鋼鐵人大多數時候選擇在開球時進行防守。考慮到我們的數據，我們相信開球的隊伍最有可能達成首攻，先行得分，並且贏得第一節。我們認為這三件事是相關的。

我押了一點在紅雀隊得到比賽中達成首攻（五萬美元，賠率一比一），更大的賭注在紅雀隊會先得分，並贏得第一節（十萬美元，賠率一比一）。

你猜，紅雀隊拋硬幣贏了，不過與我們研究的趨勢相反，他們選擇將球權讓給鋼鐵人隊。在第二次進攻中，匹茲堡隊的四分衛班・羅斯利斯伯格（Ben Roethlisberger）傳給外接手海恩斯・沃德（Hines Ward），獲得了三十八碼的進攻，同時也獲得了首攻。就這樣，我輸了五萬美元，鋼鐵人隊以一次近距離射門結束了開場進攻（十萬美元進了下水道），以三比〇領先，且一直領先到第一節結束（又一個十萬美元飛了）。

對於在家看比賽的人來說，我在第一次上廁所之前，就已經輸了三注，二十五萬美元。

在上半場剩下十八秒時，我能感覺到汗如雨下，此時紅雀隊以十比七落後，球在鋼鐵人隊的一碼線上。我以十一比十的賠率，下注八十五萬美元賭冷門紅雀隊（加四分）會贏得上半場，如果紅雀隊什麼都沒做，我將獲得六十萬美元（八十五萬美元扣除二十五萬美元的損失）。如果他們達陣或者進球了，我還是能賺六十萬美元。

就在我即將鹹魚翻身，超級盃歷史上最令人難忘的一幕讓我的大腦變成一團漿糊。你可能會記得，詹姆斯．哈里森（James Harrison），一個強壯的外線衛，他在球門線上攔截了柯特．華納（Kurt Warner）的傳球，然後開始沿著右側邊線狂奔，一路加速，而播報員阿爾．麥可斯（Al Michaels）的聲音隨著他一碼一碼的推進而不斷提高。

哈里森越過中場！哈里森還在跑！哈里森要跑過全場了！

我們在拉斯維加斯家中，看著電視裡那個創紀錄的百碼攔截回傳達陣的畫面時，蘇珊和我都無法相信一位兩百四十三磅的線衛，竟然抱著我美麗的賭注穿越整個足球場。中場比分：鋼鐵人十七分，紅雀七分。現在我輸了一百一十八萬五千美元。

幸運的是，我在最終結果下注一百五十萬美元，所以還有機會翻盤。正如預料的那樣，鋼鐵人隊以二十七比二十三，四分之差贏得勝利。我贏了一百五十萬美元，當天的盈利是三十一萬五千美元。

（在哈里森攔截達陣的隔年，我贏得有史以來最大的超級盃賭注——三百五十萬美元，紐奧良聖徒隊以三十一比十七擊敗印第安納波利斯小馬隊（負四．五分）。我還贏得了另外兩百萬美元——在賽季開始前，我預下了兩個賭注，即紐奧良聖徒隊將贏得該年的NFC和超級盃。當聖徒隊奏起進行曲時，我發現自己多了五百五十萬美元。）

隨著幸運女神的安排，在另一場超級盃中，我可能面對七位數的損失……但在最後一刻成功活了下來。

只要比賽還在繼續，那場二〇一五年的超級盃就不會被忘記。比賽開始時，西雅圖海鷹隊以負二．五分的優勢對戰由湯姆．布雷迪帶領的新英格蘭愛國者隊。

我們對新英格蘭的實力評分是正九．三分，而西雅圖是正七．六分，新英格蘭有一．七分的差距優勢。但西雅圖傷病扣二．三分，新英格蘭扣一分，新英格蘭又得到一．三分的優勢。

在沒有主場優勢，且比賽因素均勢的情況下，我們認為新英格蘭有三分的優勢（一．七加一．三）。

我在新英格蘭隊下注兩百萬美元，選擇了讓分。比賽開始時，賠率已經調整到平手盤，這無疑部分得益於我大手筆的投注。

新英格蘭在進入第四節時落後十分，但布雷迪發揮了最佳球員的水準，在比賽只剩兩分鐘時，將球傳給外接手朱利安·埃德曼（Julian Edelman），達陣得分，讓新英格蘭隊取得領先，比數為二十八比二十四。那時我並沒有計算自己可以贏多少錢，但我非常開心。

然而，時間逐漸流逝，西雅圖海鷹隊的四分衛羅素·威爾森（Russell Wilson）投出一記長傳球給傑曼·基爾斯（Jermaine Kearse），他完成奇蹟般的邊線接球，倒在新英格蘭的五碼線上。時鐘顯示比賽剩下一分零五秒。

我心想，麻煩大了。距離慘敗只有十五英呎遠。

果然，在下一次進攻中，威爾森將球傳給被稱為「野獸模式」的馬肖恩·林奇（Marshawn Lynch），他一路衝到一碼線上。現在我完蛋了。然而，就在倒數三十秒時，腦海中有個聲音提醒我，愛國者隊有個以防守截鋒文斯·威爾福克（Vince Wilfork）為核心的堅固防線，我知道西雅圖的總教練皮特·卡羅爾（Pete Carroll）也清楚：他們想靠跑球進攻得分並不容易。西雅圖的時間不多了。

卡羅爾教練做出了命運般的決定，一個永遠被熱心觀眾拿出來一再討論的決策，他選擇從空中將球斜傳給外接手里卡多・洛凱特（Ricardo Lockette）。威爾森將球快速傳給洛凱特的瞬間，愛國者隊的角衛馬爾科姆・巴特勒（Malcolm Butler）迅速插入攔截。這絕對是經典的一球。

時間耗盡，布雷迪跪地歡呼，愛國者隊贏得第四個超級盃冠軍。

還好，我倖免於烈焰焚身，我從可能損失兩百二十萬美元，變成贏得兩百萬美元，單一比賽中出現四百二十萬美元的大逆轉。

這種賺錢的方式真棒。

現在，再說最後一個超級盃的故事。

雖然在二〇二三年第五十七屆超級盃，費城老鷹隊（負一・五分）對堪薩斯城酋長隊的比賽中，我早期經常投注費城老鷹隊，但我偏好酋長隊，因為比賽很大程度上取決於酋長隊的接球陣容，尤其是外接手朱朱・史密斯-舒斯特（JuJu Smith-Schuster）的膝蓋傷情，和近端鋒特拉維斯・凱爾西（Travis Kelce）的背部傷情。派屈克・馬霍姆斯和杰倫・赫茨（Jalen Hurts）兩個四分衛都有傷，但我知道經驗更豐富的馬霍姆斯需要健康的接球手。隨著比賽的臨近，我對聽見和讀到的資訊感到樂觀——無論是史密斯-舒斯特還是凱爾西都沒有出現在傷病報告上，這增強了我對酋長隊對抗老鷹隊時得分能力的信心。

比賽開始時，我們對酋長隊的實力評分是正十．六分，老鷹隊只有正六．四分，酋長隊有四．二分的優勢。然而，酋長隊的傷病較多（二．三比一．一），所以優勢扣掉一．二分。在我們的公式計算下，酋長隊有三分優勢。

大部分博彩公司預測老鷹隊有一．五分優勢，因此創造了很好的投注機會。我們涵蓋了數字負一、〇、一、二和半個三，加起來共十個百分點，等於二星級的投注。

凱爾西共接到六次傳球，得到了八十一碼和一次觸地得分，史密斯－舒斯特總共接了七次傳球，得到五十三碼，最終超級盃的最佳球員馬霍姆斯在上半場落後十分的情況下，帶領他的球隊反擊，在比賽結束前推動進攻，並得益於完全合理的防守持球犯規。馬霍姆斯安排哈里森．巴克（Harrison Butker）在最後八秒從二十七碼射門成功，酋長隊贏得比賽，分數正如我預測的超前三分。我的手機收到了訊息，我贏了八十八萬美元。

第二十四章
市場遊戲

我直到遇上宇宙主宰者，才開始了解股市投資。

《時代雜誌》於二〇一三年賦予卡爾．伊坎這個稱號，他在一九八〇年代身價暴增，賺取數十億財富，依觀點不同，有人說他是企業掠奪者，有人說他是資本禿鷹或激進的投資者。

卡爾讓人又愛又恨，因為他會先大量收購他認為被低估的上市公司股票，然後高調地展開大多帶有敵意的收購行為。這些目標包括塔潘（Tappan）、環球航空（TWA）、德士古石油公司（Texaco）、美國線上時代華納公司（AOL Time Warner）、RJR納貝斯克公司（RJR Nabisco），這還只是其中幾家。

他對收購目標的高階管理層公開表現出蔑視，所以被描繪成掠食者的形象。高級金融界保守古板，卡爾在其中的表現卻如此戲劇化，因而成為麥可．道格拉斯（Michael Douglas）熱門電影《華爾街》（*Wall Street*）角色葛登．蓋柯（Gordon Gekko）的靈感來源。在這部電影中，導演奧利佛．史東（Oliver Stone）引用了卡爾的一句經典語錄：「如果你需要朋友，就養一隻狗。」

二〇二二年，HBO紀錄片《伊坎：無情的億萬富翁》（*Icahn: The Restless Billionaire*）將卡爾描繪為「資本主義海洋中的大白鯊」，因為他在高風險的代理權戰爭中喜歡破壞談判，換句話說，他可不是你想招惹的人。

卡爾在一九九七年空降到拉斯維加斯，購買了亞利桑那查理的抵押債務，那是一家以價值為導向的連鎖賭場酒店。按照卡爾慣用的風格，不到一年時間，他將酒店賣給站點賭場，賺取了巨額利潤。然後他收購了破產的雲霄酒店，該賭場酒店以一千一百四十九英呎高塔為標誌。

在那段時間，我透過共同的朋友，在希爾頓飯店安排了一次早餐會面。卡爾穿著一條舊卡其褲和一件成衣襯衫，獨自坐在餐廳後方，一點也不像身價超過一百一十億美元的富豪。

我們很快就建立起深厚的聯繫，因為，雖然聽起來很奇怪，但我們有很多共同點，除了我們的教育背景不同，我勉強完成高中學業，而卡爾拿到普林斯頓大學的哲學學位，他畢業論文的標題我連念都念不出來，更不用說理解了：「關於制定充分闡述經驗主義意義準備的問題」。

儘管如此，我們在背景上有許多共同點。卡爾是來自紐約皇后區法洛克衛鎮的猶太人，我的家鄉是肯塔基州的貧困鄉村，我們兩人和父母的關係都不太親近，但我們都有視為榜樣的舅舅，我有一個哈利舅舅，卡爾有艾略特舅舅，他是個真正的社交名流，借給年輕侄子四十萬美元，幫助他購買紐約證券交易所的席位。

最重要的是，卡爾和我有共同的信念，我們都認為要贏得巨大的成功，就要承擔巨大的風險。那天我們聊起彼此脆弱的過往、叛逆的信念，還知道了一個鮮為人知的事實：在合適的場合下，卡爾是個非常有趣的人（可看看二〇〇三年卡爾在卡若琳喜劇俱樂部的 YouTube 影片）。

卡爾是個狂熱的運動迷，對職業足球情有獨鍾。他向我連珠炮般地問了有關策略、球隊和球員的種種問題。起初，我們都非常謹慎，就像外交官保護國家安全利益一樣，我不打算洩露我的賭博祕訣，所以我只是說了些大概，卡爾在回答我的投資哲學問題時，也做了相同的事情。

晚餐期間，卡爾告訴我，他對雲霄酒店有宏大的計畫，但那裡地理位置不佳，犯罪猖獗。他想要整頓並開發整個社區，但是他在分區規畫部門遇到困難。我提出在那方面可以幫上忙，最終也代表他去說服市議會成員。

晚餐後，卡爾在走回酒店的路上停下來問我：「你到底是怎麼在運動賽事裡做到那些事的？」

我回答：「我告訴你吧，我想和你做個交易，如果你說出你怎麼做生意，我就說出我怎麼做運動賽事。」

他笑了，從那晚開始，結下了一段長久的友誼。多年來，我們會去漢普頓和邁阿密海灘附近的佛州印度河村，到卡爾家拜訪他和他的妻子蓋兒。

第一次晚餐後，我在開車回家的途中靈光一現：這就是華爾街的麥可・肯特（Mike Kent）。我需要知道他的思考方式。

第二天，我打電話給亞倫・鄧肯（Alan Duncan），他是拉斯維加斯迪恩・威特辦公室的經理，也是當時華特斯集團執行長里克・楚里克（Rick Chulick）的前同事。我告訴亞倫，我想深入研究卡爾的整個投資組合，他有神奇的醬料，而我想品嚐一下。我很快沉迷於卡爾的每個財務動作——仔細研究SEC的公開披露文件、年度報告、分析師報告、剪報和財報電話會議。我尋找任何關於卡爾為何鎖定這些公司、何時進入市場，以及他的股票表現如何的線索。

卡爾迅速成為我的投資榜樣，畢竟，追蹤他的投資並不像尋找大腳怪那樣困難。卡爾主要交易的是上市公司，他也沒有拿別人的錢賭博，他是用自己的錢下注。他的個人哲學可以總結為：「在生活和事業中，有兩宗重大罪過。第一是未經思考、倉促行動；

第二是毫不行動。」

在成為卡爾投資策略的真正信徒之前，我已經交易了幾年的股票。諷刺的是，我與亞倫的第一筆大訂單是五萬股永利度假村的股票，我天真地認為此舉是路易斯維爾市瘋狂比爾踏上全新致富途徑的第一步。

我必須說，起初，瘋狂比爾發現在基本上沒有限制的市場中玩耍是一種解放。我用下注運動賽事時的激進態度購買股票，我會打給亞倫，叫他這個買五萬股，那個買五十萬股，把數百萬美元押在「保證金」這個令人興奮的小東西上，而這種投資方式保證會耗盡我的資金。一分鐘前，我還擁有赫茲公司兩千萬美元的多頭（正向）倉位，這是我在機場赫茲櫃檯前大排長龍後得到靈感而購買的股票。下一分鐘，我買下建築供應集團美國石膏公司（USG）兩千五百萬美元的空頭（負向）倉位，因為該公司面臨一連串可能使公司破產的石棉訴訟。

總之：我的籌碼過高，超出了我隨手能運用的資金量。我不只一次必須打電話給亞倫，或是公司總裁麥克．盧斯，籌集足夠的現金來應對數千萬美元的保證金需求，我從來沒有遲繳過。

到了九〇年代中期，我從這些自作自受的傷痛中吸取到足夠的教訓，得出了結論，我需要停止不負責任的投資。相反地，我發誓要運用我在生意和賭博中依賴的資金管理策略，換言之，我需要像玩無限額撲克一樣管理我的資金——耐心玩牌，下注要避險，知道何時放棄，評估每筆股票交易的風險和回報。如果我喜歡一支股票，我不會一開始就全部買下，而是買下總金額的五〇%到七〇%，保留一些現金備用，以防股票下跌，我就能用較低的價格買入剩餘部分，平均成本。這是我從觀察卡爾那裡學到的一課。

新的模式確立了：我不斷轟炸亞倫和他兒子史考特，每天打電話問他們信貸市場、利率、商品價格、貨幣、業績圖表、分析報告、當前盈利、公司債務和現金流等資訊——三十多年來，我對於這些公開資訊的渴望一直難以抑制。

最後，我限制投資的股票數，每次大約六到八支，並且要在進行五百萬到一億美元投資前，先完全理解這些投資。

考慮到我的交易量和頻率，我可以談判機構利率，也就是最初保證金為五〇%，但在保證金比例降到三〇%前，不會要求追加保證金。早期因過度槓桿而付出代價之後，我學會了如何運用保證金為自己帶來優勢。

我生性叛逆，在股價下跌時大量購買股票，而且經常加倍投入，耗資數千萬美元。聽起來熟悉嗎？我一路追擊赫茲公司的股票，最終損失了兩千五百萬美元。後來，在九一一事件後，我又賣空了美高梅的股票，表現得還不錯，在金融衰退期間，一年內只損失了四千八百萬美元。

我還是那個不是大勝就是大敗的極端人士，只是風險比我在肯塔基州打撞球和撲克時更高。的確，股票交易的風險回報超過我在運動博彩上的任何投注。

我享受這一切的每分每秒。

儘管有些損失，但我在市場上也有些成功交易，讓我能夠度過最嚴重的金融衰退。我是少數手頭上有足夠現金的人——我從運彩和高爾夫球事業中賺到的錢，讓我能在經濟困難時期抓住機會。在一九八〇年代，我學到很多購買不良資產的知識；我也喜歡投資我熟悉的事物，因此我投身到零售汽車業。

二〇〇四年，我在肯塔基州列星頓郊區的尼古拉斯維爾市購買了一家福特汽車經銷店的被動股份，但直到五年後，二〇〇七到二〇〇八年金融危機，為我打開購買全國經銷店的機會，我才全力投入。如果有個行業能夠體現收穫與耕耘真能成正比，那就是汽車業了。我的合作夥伴是羅伯特・拜耳（Robert Bayer），他曾在賴瑞米勒汽車集團（Larry Miller Auto Group）工作。我們將公司命名為華特斯拜耳汽車集團（Walters Bayer Auto Group），最初在加州、喬治亞州和肯塔基州都有經銷商。後來我買下了拜爾在喬治亞和肯塔基州的店鋪股份，但加州的七家經銷商仍維持合夥關係。後來，我在東南地區與傑瑞德・蓋尼（Jared Gaiennie）合作。

在鼎盛時期，我們在加州、喬治亞州、佛羅里達州和肯塔基州的經銷店包括了：現代、克萊斯勒、吉普、GMC、福特、別克、英菲尼迪（Infiniti）、日產、飛雅特、豐田、道奇、起亞和林肯。

我買下這些汽車經銷店作為獨立的業務，同時我也在尋找機會收購不動產。我對汽車業瞭如指掌，簡單來說，我們的策略是投資這些經銷店，改善營運，並以客戶服務為重點，正確地管理它們，因為汽車的銷售和服務是一門與人打交道的業務。在業務最繁忙時，我們每年銷售二萬八千輛以上的新車或二手車。

在汽車業中，有個回憶令我難以忘懷。我在二〇〇九年意外造訪底特律，有幸認識了福特汽車公司的執行長艾倫・穆拉利（Alan Mulally）。

當時，汽車業處於崩潰邊緣，通用汽車和克萊斯勒已經申請破產，必須接受美國政府紓困。穆拉利在波音公司經歷了三十七年輝煌的職業生涯，在二〇〇六年加入福特，並領導了一項重大改革，為福特長期成功奠定了基礎。

羅傑・克利夫蘭（Roger Cleveland）和盧克・威廉斯（Luke Williams）是卡拉威高爾夫球公司（Callaway Golf）的高階主管，也是我的朋友，羅傑成立了克利夫球高爾夫球公司，因為生產楔形球棒而聲名大噪，後來又將公司賣掉。

羅傑和盧克打算前往底特律參訪福特汽車，這次參訪也涉及卡拉威要和福特合作有關汽車和高爾夫球桿的金屬表面處理。我有兩間福特汽車經銷店，所以我告訴他們我很想一起去。羅傑馬上邀請了我，我參觀了福特工廠，拜訪了行政辦公室，也有機會和羅傑、盧克還有——沒錯，艾倫．穆拉利來場四人賽。

我從未遇過艾倫這種背景的人，他是一位成就卓越的工程師，擁有出色的人際交往能力。儘管經濟衰退嚴重，福特公司的士氣似乎仍舊高昂。高爾夫球賽結束後，穆拉利邀請我回到福特的辦公室，我們還一起合照。我很快就理解為什麼福特的董事會、員工、經銷商和客戶都支持他，我相信，如果像艾倫這樣的人擔任美國總統，我們的國家會更好。

在那之後，為了簡化生活，我出售大部分經銷店，只留下兩家。但在內心深處，我仍是個喜愛汽車的人，而且永遠都會是。

二〇〇九年，我的長期投資顧問亞倫．鄧肯退休了。我繼續透過他的兒子史考特和其他顧問投資股市，直到和羅伯．米勒（Rob Miller）合作，他曾是高盛集團私人財富小組的成員，後來轉到倫敦的巴克萊銀行，現任職於總部位於聖路易斯市的跨國投資銀行Stifel Financial。

和羅伯合作後，我提高了強度，我們一天可能會通話六到十次，我不斷吸收大量資料，持續尋找我認為被低估的公司。其中一個是迪安食品，我和亞倫從二〇〇四年就開始投資這家公司，當時它是美國最大的牛奶經銷商。我對商品價格特別感興趣，尤其是生牛奶、柴油和石油，也喜歡了解一種商品如何影響另一種商品，例如穀物漲價會拉高乳牛飼料價格，進而導致牛奶價格飆升。

在投資時，如果看到喜歡的股票有價值，我會毫不猶豫一次買下數百萬股。

我的賭博和其他經驗派上了用場。我總是在尋找「線索」，也就是與市場相比不尋常的價格波動跡象，這種波動可能是由於期權市場的操作、利率、匯率或精明投資者大量買賣股票所導致。

例如每當卡爾．伊坎大量購買某家公司股票並宣之於眾，價格就會上升，因為卡爾是個激進的投資者。大多數情況下，股票會隨時間回跌，而我的策略是在卡爾的購買價或更低的價格買進股票。我對這個策略充滿信心，只要卡爾持有一家公司大量股份，股價最終還是會上升。

在不同時候，我投資組合中高達八〇％來自卡爾支持的想法或公司，但前提是他的投資至少達到十億美元。就像運彩一樣，我尋找的是四星級的投資機會，而不是一星級的。

我也大量投資伊坎企業（Icahn Enterprises），購買了由卡爾及其子布雷特控股的集團公司數十萬股份，他們的投資範圍涵蓋能源、汽車、食品包裝和房地產等多個領域。回報十分豐盛：從二〇〇〇年到二〇二二年，伊坎企業的價值飆升超過一九〇〇%，是標普全球評級的三倍。

我聽卡爾說過無數次：他最喜歡的事情就是買股票，唯一勝過這件事的，就是買了股票後看它下跌，這樣他就能用更少的錢買更多股票。

今天，這一理念依然流行，而我在市場遊戲中也沒有放慢腳步。

第二十五章
六十分鐘到五年

洛威爾．柏格曼（Lowell Bergman）是經典新聞雜誌節目《六十分鐘》的製作人，艾爾．帕西諾曾在電影《驚爆內幕》（*The Insider*）中扮演過他。在九〇年代初期，洛威爾找到我，說《六十分鐘》希望做一個關於我和電腦集團的報導。

我向他保證：「我完全不想在《六十分鐘》接受麥克．華萊士（Mike Wallace）採訪。」

還好，此後近二十年，都沒再聽到《六十分鐘》的消息，直到我的好朋友大衛．費赫提（David Feherty）請我重新考慮，他剛與CBS體育網簽定新合約，擔任高爾夫播報員。

我告訴他：「我絕不會上《六十分鐘》。」他問我是否至少可以打電話給節目的執行製作人傑夫．法格爾（Jeff Fager）。

我給了法格爾同樣的回答。他聲稱他的節目最看重的是公平，但在我聽來更像是新聞界的胡說八道。法格爾又問我是否至少能見見兩位資深製作人，湯姆・安德森（Tom Anderson）和柯曼・柯文（Coleman Cowan），後來我們在拉斯維加斯見了面。

他們的提案如下：

在一場因大規模企業詐欺引發的金融危機中，數百萬美國人的淨資產暴跌。何不對包括運彩在內的風險投資做一個比較分析，而您作為少數在兩個領域都擁有豐富經驗的人，來介紹這些風險行為呢？

現在他們引起我的注意了。我早已厭倦見到拉斯維加斯被描繪成國家的妓院，且認為運動賭博是墮落的行為。我認為這可能是一個機會，展現在最高層次上，合法化的運動博彩與買房地產、股票或債券沒有什麼不同，全都是風險與回報。

這段節目名為「賭徒」（The Gambler），於二〇一一年一月十六日播放，正好在NFL紐約噴射機隊和新英格蘭愛國者隊的季後賽後播出。

總之，就像法格爾承諾的，我受到了公平對待。記者名叫拉拉・羅根（Lara Logan），大部分家人和朋友都覺得這是一集非常有趣且令人愉快的報導。

直到最後一分鐘，也就是我在一千七百萬觀眾面前發表了一些本不應說的評論，無論內容真實與否。

羅根：華特斯說他在華爾街被騙了。

華特斯：我在股市裡被騙了不少錢，我曾買過安隆的股票，然後被騙了。我買了很多世界通訊（WorldCom）股票，也上當了。我買了相當多的泰科（Tyco）的股票，結果還是一樣。

羅根：對華爾街的不滿是比利．華特斯決定與我們對話的原因之一，他說，這是一個機會，可以說明賭博世界並不像大多數人想的那樣暗黑。

華特斯：我碰過許多壞人，很多小偷，他們連聖餐都敢偷，但我可以告訴你們，按比例來算，我碰到的衣冠禽獸比賭徒要多得多。

羅根：你是說來自賭城的騙子被華爾街騙了？

華特斯：毫無疑問。

滴答……滴答……滴答。

我可以告訴你，負責監管金融市場的政府好人並不喜歡「詐騙」和「小偷」這些詞。

在我不知情的情況下，二〇一一年七月，也就是《六十分鐘》節目播出七個月後，聯邦調查局和美國紐約南區檢察官辦公室開始調查我、卡爾和其他人，因為他們認為華爾街出現「可疑交易」。

同月，卡爾出價一百零二億美元購買高樂氏（Clorox），導致了這家清潔產品公司股價飆升。卡爾先是宣布他取得該公司九．四％的股份，八個月後再提出收購，在他宣布這一消息時，我開始密切注意自己彭博終端（Bloomberg Terminal）上的高樂氏股價。

在卡爾宣布收購協議的前幾天，大量交易（主要是選擇權）引起了監管機構的關注，尤其是選擇權交易，短短四天就能獲得六〇〇％的回報，成為了新聞頭條，猜測四起。

我沒有買選擇權，但在卡爾公開報價前三天，我買入了高樂氏的股票，那時我看到在道瓊工業平均指數下跌兩百多點時，高樂氏股價還上漲近四美元，因此做出這個決定。在追蹤卡爾的投資，知道他持有該公司九．四％的股份後，所有投資條件完全符合：高樂氏是卡爾最大的投資；它的股價走勢和整體市場不同；相較於卡爾購入的價格，當時的價格很有吸引力。在我心裡，這是一個四星級的投資，所以我買了。

我當時並不知道，但很快在近三十年的時間裡，我將會面對聯邦政府四個強大機構的追捕。除了證管會（SEC）、司法部以及聯邦調查局外，國稅局也開始對我個人和公司的稅務申請進行詳細的稽查。

正如你所知，陪審團最終在二〇一七年將我定罪，指控我從內線交易中獲利，不是高樂氏的股票，而是另一家完全不同的公司。雖然那件事令人心酸，但我接受了判決，並不想抱怨，我不太喜歡那些愛抱怨的人。但我想要分享一些關於調查和後續審判的事實，其中包括菲爾・米克森等人。

我們最終得知，在二〇一四年初，證管會已經結束對高樂氏公司為期三年的調查，一無所獲，聯邦政府對我、卡爾或其他人都仍未提出指控，但我們後來發現，普里特・巴拉拉（Preet Bharara）作為一位受媒體追逐的紐約南區檢察官，帶著他司法部的忠誠團隊，拒絕放棄聯邦調查局已稱為「休眠」的調查。為此，在二〇一四年四月二十二日，聯邦調查局得到法院授權，對我的電話進行為期三十天的竊聽。一個月後，即五月二十三日，調查局探員得到第二次授權，再竊聽三十天。他們從二〇一一年十一月開始在我的電話中安裝了電話記錄器，記錄所有撥出或接收的號碼，持續超過六百五十天，現在他們還能聽到我所有通話內容。

二〇一四年五月三十日，《華爾街日報》刊出一則報導，標題是：「聯邦調查局、證管會調查卡爾・伊坎、比利・華特斯、菲爾・米克森；始於二〇一一年高樂氏異常交易的內線交易調查。」這篇由蘇珊・普萊姆（Susan Pulliam）和麥可・羅斯菲爾德

（Michael Rothfeld）所寫的報導就像政府發布的官方稿一樣，部分內容如下：「聯邦調查局和證管會正對金融、賭博和體育領域進行一項重大內幕交易調查，調查對象包括投資者卡爾・伊坎、高爾夫球員菲爾・米克森和拉斯維加斯賭徒「比利」威廉・華特斯。據知情人士透露，聯邦調查局和證管會正在調查米克森和華特斯是否非法利用伊坎投資上市公司的公開資訊進行非法交易。」

當天稍晚，《紐約時報》也發表了一篇類似的文章。然而，《紐約時報》和《華爾街日報》對米克森和高樂氏交易的報導都是錯誤的；他從未交易過高樂氏的股票。《紐約時報》在後續報導中承認它們「過度誇大了菲爾・米克森的調查範圍。」事實上，這並不完全是他們的錯；負責我案件的特別探員大衛・查維斯（David Chaves）提供這些記者錯誤的資訊，當《紐約時報》記者班・波提斯（Ben Protess）向查維斯抱怨需要更正他的報導時，查維斯以威脅的語氣回應波提斯和《紐約時報》，說他已經「盯」上他們了。

波提斯因此致電美國副檢察官理查・扎貝爾（Richard Zabel），投訴自己受到聯邦調查局探員的威脅。扎貝爾在回覆給巴拉拉和美國檢察官辦公室其他五位高級成員的電子郵件中，稱那次對話「驚人」，並說他的辦公室需要和聯邦調查局談一談。值得一提的是，扎貝爾寫道：「我認為現在不該廣泛討論這件事，原因有很多……」翻譯：我們還不想阻止資訊外流，但我們當然也絕不希望它被公之於眾。

所以聯邦調查局洩露了祕密大陪審團的訊息，而這是違法的。探員們也監聽了我六十天的通話。他們得到了什麼？什麼都沒有。

但這並未阻止他們。

二〇一六年五月十八日，拉斯維加斯正午時分的氣溫已經攀升至華氏九十度。我和機會村的琳達剛在峇里海吃完午餐，她注意到有對情侶坐在附近，看來好像不知道沙漠中的穿衣守則，我立刻就知道他們是聯邦調查局探員。

我的時間快到了，我的律師們懷疑我會被起訴已經好幾周了，我曾多次試圖透過我的律師自首投案，但似乎有人想製造大場面。

聯邦調查局探員離開峇里海後，我們的保安人員跟蹤他們到附近一間消防站的停車場，那裡停了一堆黑色休旅車，還有很多穿廉價西裝、戴著黑眼鏡的人。不久後，六名聯邦探員衝進我的辦公室，把我銬起來，然後在我的員工面前將我押走。那些探員把我塞進休旅車後座，我以爲他們要帶我去亨德森拘留中心進行指紋採集和登記，這是標準做法，然而，我們卻朝反方向開去。

一切似乎很不正常，然後變得更怪異了。休旅車開進拉斯維加斯 JW 萬豪度假飯店的停車場，探員帶著我迅速走過櫃檯，進入樓上的一間套房。

五名聯邦調查局探員在房內看守著我，過了幾分鐘，終於有人開口說話。

「我猜你很想知道為什麼你會在這裡。」他說道。「你說得對。」

探員解釋，美國檢察官普里特．巴拉拉已經安排了一場記者會，預計明天在紐約宣布逮捕了我，而他不想被拉斯維加斯的媒體搶先報導，所以他不得不把我藏在萬豪酒店，直到記者會開始。

隔天早上，巴拉拉在一堆攝影機前故做姿態，大談這起引人注目的內線交易逮捕案。「對華特斯來說都是好消息，因為他比其他人更早得到資訊，」巴拉拉輕佻地談論我的生活，「他今天就知道明天的頭條新聞了。」

巴拉拉對我的指控是基於兩名騙子的行為，一是聯邦調查局探員大衛．查維斯，還有我曾經的朋友湯瑪斯．戴維斯（Thomas C. Davis）。我先分享我對戴維斯的想法。

二〇一三年四月，高樂氏新聞後兩年，金融業監管局（FINRA）向證管會舉報我擁有迪安食品的股票。聯邦調查局和美國檢察官對他們調查高樂氏交易所浪費的時間仍然耿耿於懷，他們一聽到迪安食品的事，就更加堅定要將我定罪的決心。

近十年來，我一直在買賣迪安食品和其他幾十家上市公司的股票。就像我做運動博彩，我也會花數百小時研究股票，和分析師交流，回顧過去的表現，並制定投資策略。

我在二〇〇〇年努力為收購美國高爾夫公司和全國高爾夫不動產籌集資金時，認識了戴維斯，在那之前我從未聽說過迪安食品。戴維斯畢業於哈佛商學院，海軍退役軍人，也曾是投資銀行帝傑（Donaldson, Lufkin & Jenrette）的銀行業務管理合夥人。

戴維斯是德州著名投資人湯姆・希克斯（Tom Hicks）的好朋友，最終也入股了希克斯所有的德克薩斯遊騎兵棒球隊和達拉斯星冰球隊。

我認為戴維斯無疑是達拉斯商界和社交界的精英成員。我們第一次會面是在國內最尊貴的高爾夫俱樂部普雷斯頓小徑，戴維斯曾擔任該俱樂部的總裁，我們一見如故。戴維斯有趣且外向，他喜歡住在聖地牙哥的家，他在那裡加入了拉霍亞鄉村俱樂部的會員。

戴維斯每周都會打電話和我聊聊運動，不管是棒球、籃球、網球或高爾夫。他給我的印象是業餘下注者，雖然我們從未有過任何形式的賭博關係。

認識戴維斯後不久，帝傑被瑞士信貸以約一百二十五億美元的價格收購，戴維斯從這筆交易至少帶走了一千萬美元。

根據戴維斯後來在法庭上的證詞，他作為迪安食品董事會成員之一，負責宣傳該公司的股票，包括與像我一樣的主要投資者進行交談。我偶爾會問他一些問題，比如我可能不知道的公開訊息、過去或即將舉行的投資者會議，或是任何主要投資者大量買賣股票的情況。例如，在二〇一一年，我注意到我非常尊敬的全球對沖基金公司阿帕盧薩資產管理公司（Appaloosa Management）創辦人大衛・泰珀（David Tepper）大量持有迪安食品的股份。那不是內線消息（這是公開資訊。）

我一直以為湯姆・戴維斯是個富有的人，所以當他在二〇一〇年四月向我借款六十二萬五千美元時，我很震驚。我問他原因，戴維斯說他資產豐厚，但缺乏現金。這不讓人意外，幾年前經濟大衰退來襲，且股市下跌時，許多人發現自己槓桿過高且現金不足。

我問戴維斯既然是個知名人士，為何不去銀行貸款呢？他告訴我他不希望達拉斯的人知道他需要借錢。我本來想要幫忙，但我早已知道借錢給朋友可能會引起問題。不幸的是，我沒有因此停止，每次遇到幫助親朋好友的問題時，我總是容易上當。所以我把戴維斯介紹給肯塔基的盧瑟・詹姆斯，他是我十幾歲時就認識的朋友。盧瑟住在一個占地五十二英畝的純種馬牧場上，在銀行裡存了一大筆錢，但利息極少。

盧瑟同意以個人擔保票據的形式借給戴維斯六十二萬五千美元，分期償還。票據到期時，戴維斯支付了利息，然後續借。票據再次到期時，他又只支付了利息。那時盧瑟的心臟出了問題，他已經安排好手術，並將所有錢放進信託中，他不想再延期貸款，他希望戴維斯還款。

二〇一二年一月，戴維斯問我能否承擔這張已經增值到六十四萬七千美元的票據，他承諾會在年底前還清，我勉強同意了。我們將借款記錄在我們的企業帳本上，接受擔保品，並安排了本金和利息的支付時間。這些年來，我曾和二十幾個人進行過類似的安排，有時候能拿回錢，有時候沒有。那是我的弱點，我喜歡幫助人們。

二〇一五年五月十八日，戴維斯和證管會見面，堅稱我們都是無辜的。根據法庭紀錄，他告訴他們：「我們討論的內容通常都是分析師可以取得的，（比爾・華特斯）從來沒有詢問我任何有關迪安食品公司的導向性問題，所以我覺得他尊重我在董事會的身分，並且不希望讓我處於那種境地，所以他從未這樣做過。」

不知道的是，聯邦政府曝光了戴維斯的黑暗面。他過著傳奇般的雙重生活——白天是受社區景仰的傑出企業高階主管，晚上卻是一個喝酒、賭博和性上癮的人，他甚至在一局二十一點中就會輸掉二十萬美元，為了彌補賭博損失，戴維斯不得已從達拉斯一家慈善機構盜取資金。非營利組織庇護高爾夫（Shelter Golf）每年都會舉辦慈善高爾夫球賽，為一間服務家暴受害者的婦女庇護所募集款項，庇護高爾夫的董事會成員選自達拉斯商界和社交名流，而戴維斯剛好是它的共同主席和受託人。

戴維斯從慈善機構中挪用了數萬美元用於個人開銷，包括為妻子舉辦豪華的生日派對，還從帳戶裡侵占了十萬美元。在慈善組織的會計師拒絕簽署虛假的稅務申報表時，戴維斯找了一位願意簽字的新會計師取而代之。

戴維斯最終還清了庇護高爾夫的錢，基本上用的就是從我這裡偷的錢。他請求我再借他四十萬，好向聯邦存款保險公司（Federal Deposit Insurance Corporation）購買一家破產的達拉斯銀行，我同意了，他卻用這筆錢還清他挪用的慈善款項，然後把剩下的錢賭掉了。他從未跟進過那筆銀行交易。

但那只是戴維斯問題的開始。根據法庭紀錄，他在一次出差期間，打電話給二十二個伴遊服務，同時還不斷尋找性服務。當調查人員深入挖掘他的齷齪行為，揭露一大堆謊言後，戴維斯面臨涉嫌侵占公款、稅務詐欺、妨礙司法和內線交易等嚴重罪行，可能會被判長期監禁。

結果發現，戴維斯將關於迪安食品公司的非公開資訊傳給了兩家知名的達拉斯珠寶商。當戴維斯知道聯邦探員懷疑珠寶商的交易可疑，而且其中一位立即與他切斷聯繫時，他擔心那兩個珠寶商可能已經告密。他嚇壞了，決定去談個交易。

他在達拉斯的律師是湯瑪斯．梅爾希默（Thomas Melsheimer），他曾在一起內部交易案中代表億萬富翁馬克．庫班（Mark Cuban）。梅爾希默知道要與美國曼哈頓地區檢察官辦公室打交道，最好的方式是雇用在那裡工作過的律師，為了處理馬克．庫班的案件，梅爾希默就曾聘請曾是南區聯邦檢察官的紐約律師克里斯托福・克拉克（Christopher Clark）。庫班贏了達拉斯的內線交易案。

克拉克建議梅爾希默聘請他的新同事班傑明・納夫塔利斯（Benjamin Naftalis）來協助戴維斯。納夫塔利斯在紐約曼哈頓美國檢察官辦公室工作了八年，專門負責白領犯罪案件，且曾與那些追捕我的人共事，他才離職不久。梅爾希默知道，有了剛從巴拉拉辦公室離職的人當代表律師，戴維斯將大大受益。（二〇二一年，巴拉拉也走進這扇旋轉門，加入前聯邦檢察官聚集、服務上流社會的威爾默海爾律師事務所。我的案件中其他三名檢察官則進入了知名的白領法律事務所。第四人則當選為紐約州的美國國會議員。他們每個人的自傳都會強調曾起訴過我這件事。）

從他的角度來看，納夫塔利斯意識到聯邦政府將戴維斯當作棋子，這位前檢察官熟悉這種遊戲，他在那間辦公室已經玩過多年，而我就是獎品。

後來我們透過一位私家偵探得知，戴維斯曾在二〇一五年八月開車載著他的前妻露易絲，到達拉斯一處安靜的墓地。確認她沒有佩戴竊聽器後，他告訴她：「我覺得他們不想要我，他們只是要我揭發比利・華特斯。」

所以，在二〇一六年五月十六日，戴維斯達成認罪協議，承認挪用款項、稅務詐欺和偽證等十二項罪名。

隔天，我被曼哈頓的聯邦大陪審團以十項罪名起訴，包括共謀、電信詐騙和證券詐騙等，主張我在二〇〇八年至二〇一四年間，透過所謂的內幕交易「密謀」，涉嫌賺取三千兩百萬美元實現和未實現的利潤，並避免了大約一千一百萬美元的虧損。

二十四小時後，我被逮捕，並在萬豪酒店過夜。

對戴維斯而言，他被控多少條重罪並不重要，即使上百條他也會認罪，因為他以為自己不會被判刑，也不必支付罰款。為什麼？政府為了讓他指證我，已經鋪開了紅地毯。事實上，戴維斯在審判中承認，在他與政府達成協議的那天，他安排了拉斯維加斯的賭博之旅，與當時的妻子和另外一對夫婦一同慶祝，過程中揮霍了五萬美元。

另一個幫助定我罪的壞人是聯邦調查局探員大衛・查維斯，他負責監督紐約辦公室中最顯眼的證券調查。後來我們得知，多年來他一直將關於我案件的祕密大陪審團資訊洩露給媒體，而且原來洩漏這樣的資訊，即使是真實的（且他洩露的資訊有些是假的），是明顯違法的。

二〇一六年九月二十三日，我的律師要求舉行聽證會，以調查非法洩密的情況。預料之中的是，檢察官駁回我們的動議，還為此撒謊了。巴拉拉和司法部在回應中貶低我們的請求，稱其只是一次充滿「虛假和無根據指控」的「釣魚行動」。他們當然知道，法庭通常會駁回這種動議。

我們沒有抱太大的希望。我們的案件在下曼哈頓，在司法上就像在洋基體育場對陣紐約洋基隊一樣，主場法官是美國地區法院的法官凱文．卡司特（P. Kevin Castel）。

出乎意料的是，卡斯特法官批准了我們的請求（這也是唯一有利於我們的重大裁決），將聽證會訂於二〇一六年十二月十二日。聽證會前幾天，檢方表示出現了一個問題（他們不跟我們分享），將聽證會延期至十二月二十一日。

事實證明，早在五天前，巴拉拉悄悄地向卡斯特法官寄出了一封長達十二頁的懺悔信。面對在法庭上被當場抓到撒謊的可能性，南區辦公室和司法部終於決定為他們的腐敗和非法行為止損。

在那封檢察官要求永久封存的單方面信函中，巴拉拉承認了他所謂「無可辯駁的事實」，即一位資深執法監督官員（他沒有點名查維斯）曾多次向《華爾街日報》和《紐約時報》這兩家全國最重要的報紙中，至少四名記者提供祕密大陪審團的訊息，以重啟一個陷入停滯的調查。如同我的律師在法律文件中所說，司法部「還承認曼哈頓美國檢察官辦公室的資深官員當時即知悉這些洩密行為，兩年半來都故意選擇不去調查這些違法活動，這違反了他們的法定職責。」更糟糕的是，有關這項非法計畫，他們向一位聯邦法官撒了謊。

查維斯的律師要求將他的姓名保密，因為他有「心理問題」。他們說他「脆弱」——真是好笑，他可是威脅過《紐約時報》，並將無數人送進監獄的探員。卡斯特法官告訴他們，他要看到醫生證明。等了幾天沒有看到證明後，卡斯特安排了一個電話會議，在與會的律師們討論披露查維斯的名字會有什麼影響時，卡斯特法官告訴查維斯的律師，他的客戶「最好振作一點」。

不久之後，查維斯這位負責聯邦調查局紐約地區辦公室所有白領犯罪調查的探員，被公開揭露非法洩漏了大陪審團資訊。

根據巴拉拉辦公室的說法，查維斯已向他的上司坦白，他是這場有計畫且持續的洩漏行動的唯一策畫者，這一切都是為了重啟對我案件「已休眠」的調查。巴拉拉辦公室承認，在調查洩漏的過程中，查維斯陳述有時會「含糊或矛盾」，而司法部「無法為他的可信度背書」。

讓這些話稍微沉澱一下。

司法部承認，負責主要白領犯罪調查三年，並針對我涉及高樂氏和迪安食品交易的人，是不可信任也不可靠的。

而負責包括世界經濟金融中心華爾街地區的美國律師普里特・巴拉拉，向聯邦法官承認，在試圖將我定罪的過程中，聯邦調查局打破了保護大陪審團祕密的金科玉律。最讓人不滿的是，檢察官們撒了謊，被抓到後還希望整件事保密。

司法部回應我法律團隊的請求時，上千封和洩密案有關的電子郵件和短訊，他們只交出了其中六封。巴拉拉向法官保證（剛抓到他說謊的那個法官），那些電子郵件沒有任何問題，他甚至編造了一個藉口：政府大陪審團的非法洩漏行動不能完全公開，因為這將違反陪審團的保密要求！

我相信美國檢察官辦公室之所以坦白，是因為檢察官和聯邦調查局中發現，涉及洩漏和掩蓋行動的人太多，無法阻止消息流出。但即使這封認錯信也是為了洗白，信上說，查維斯要為這個洩漏事件負唯一責任。

對啦，好啦。

起初，卡斯特法官對政府的行為感到憤怒，理當如此，他在法庭上說：

> 我不太懷疑自己將會得知聯邦調查局探員故意洩漏的消息，以及局裡及檢察官辦公室知道洩漏情況後，局裡的監管人員會發出措辭強烈的警告。人性如此，我能夠理解如果探員在與新聞媒體的成員溝通時，對話可能不知不覺失控並超出了應有的範圍，探員也可能在沒有事先考慮的情況下說錯話。但這裡的情況並非如此，這次事件包含晚餐會議等，今日我因為見識到這些而變得更加明智。準確來說，我很震驚……我覺得這很諷刺，華特斯先生被控告向他人提供未公開的重要資訊等罪

刑，為了讓這個案件成立，那名探員顯然不當地向他人透露了非公開資訊。這就是我們所面對的情況。

隨後，卡斯特表示，查維斯或許應因藐視法庭和妨礙司法而被起訴，並邀請我的律師提出撤銷整個案件的動議。隔年，我的律師提交了那份動議，主張這些洩漏涉及「系統性和普遍性」的政府不當行為，並且對侵犯到我的公民權感到「極端憤怒」。

看到卡斯特對查維斯的譴責後，我們認為他會強烈反駁政府行為，讓我重獲自由。至少，我們認為他會安排證據聽證會，好讓我們能查看政府的電子件，並在宣誓後質問查維斯和其他五名與記者見面的聯邦調查局探員。

然而，三月時，卡斯特法官似乎想起他效忠的隊伍，他否認了我們的請求，並命令控方繼續下去。

在我被起訴一個月後，一名聯邦檢察官主動聯繫我的律師，提出一項交易。控方在未提到卡爾·伊坎的情況下，明確表示若我能提供任何卡爾的非法行為證據（實際上未犯任何罪行），我的問題基本上就能解決。

我叫他們滾蛋。

根據我案件的事實，以及過去和執法機關交手的經驗，我一點也不擔心會被定罪。

我認為，我在審判中獲勝的機會超過十比一。在查看了所有證據後，我可以賭上所有身家，陪審團會判所有指控無罪。

我曾在內華達州、加州和肯塔基州出庭過，所以我以為自己了解司法程序。回想起來，我對紐約南區的了解太過天真；難怪他們稱之為「主權區」。

我和蘇珊在二〇一七年三月飛往紐約出席審判時，很難不去思考菲爾．米克森在我案件中所扮演的角色。

二〇一二年七月，在聖塔菲牧場高爾夫俱樂部打完一輪球後，菲爾在午餐時間問我有沒有什麼股票好，我說了兩家，一家是阿莫林製藥（Amylin Pharmaceuticals），它是位於聖地牙哥的生技公司，研發出每周使用一次的糖尿病藥物，正進入FDA最後階段的批准；另一家是迪安食品公司。我告訴菲爾，我從二〇〇四年開始就擁有這家乳製品公司的股票，而且我認為這家公司的股價被低估了。

正如我的團隊在審判中所說，迪安食品公司的股價下跌是因為乾旱造成的，這導致玉米價格上升，進而使飼養奶牛的成本增加。該公司還擁有一個蓬勃發展的有機食品業務，名為白波公司（WhiteWave），許多專家表示這個業務被低估了。二〇一〇年，迪安食品公開考慮分拆白波，但最終決定放棄。

二〇一二年五月初，瑞士信貸和德意志銀行的分析師發表報告，提出白波將會是出色的衍生企業，它可以幫助迪安食品減少債務，並使公司更加穩固。然後，在五月盈利報告後的一次電話會議中，德意志銀行總經理艾利克・卡茨曼（Eric Katzman）詢問迪安食品執行長葛雷格・英格爾斯（Gregg Engles）是否會將白波公司分拆或出售。英格爾斯說：「我們知道分拆是個讓股東們認識到價值的機會。」但公司尚未做出任何決定。當時來自瑞士信貸、德意志銀行、瑞銀集團及桑福德伯恩斯坦（Sanford Bernstein）的分析師們都認為很快就會分拆，即使是美國消費者新聞與商業頻道（CNBC）的吉姆・克雷默（Jim Cramer）在五月二十一日也推崇迪安食品公司，表示分拆可能可以釋放價值。我認為周期性的乾旱和白波公司帶來的機會，使得該股票在當前價格下是個很好的投資。

很簡單；如果白波拆分出去，股價應該會上漲四〇%到五〇%；如果沒有，股票也會在乾旱結束後立即上漲。無論如何，我都視其為極好的投資。

在那頓午餐後，菲爾買了價值二百四十萬美元的迪安食品公司股票。一個月後，即八月七日，正如該公司執行長在二〇一〇年公開討論，及近期五月盈利電話會議中所提，迪安食品宣布他們將分拆白波公司，股價因此上漲了四〇%。賓果。

大約在同一時間，在公眾視線外，菲爾捲入一起洗錢調查案。在我與菲爾合作之前的十多年，他曾透過格雷戈里・西爾維拉（Gregory Silveira）進行大額投注，他過去曾是聖地牙哥股票經紀人，也是高爾夫球友，結識許多知名演員和名人。根據兩個知情者的直接消息，西爾維拉在一九九六到二〇一三年間擔任中間人，代表菲爾下注數千筆，一天可能超過十幾次。

二〇一〇年春天，菲爾問西爾維拉能不能幫他一個忙，他想要轉數百萬美元給西爾維拉，然後再由後者的個人帳戶匯出款項給海外的博彩公司，以償還菲爾的賭債。不幸的是，西爾維拉答應了。這筆匯款很快引起國稅局犯罪課的關注。

根據法院文件，此案的關鍵在於二〇一〇年三月二十六日，一位「不願透露身分，但西爾維拉熟識的賭徒」將二百七十五萬美元轉入西爾維拉的富國銀行（Wells Fargo）帳戶。根據法院文件顯示，那位賭徒的縮寫為P.M.，即菲爾・米克森。

三月二十九日，西爾維拉將二百四十七萬五千美元轉入他在大通銀行（Chase Bank）的帳戶，好方便支付菲爾的境外債務。在這之前，西爾維拉已將二十七萬五千美元轉入他在富國銀行的第二個帳戶，作為他代償菲爾賭債的佣金。

考慮到這筆交易的規模和速度，毫不意外地，富國銀行將一份「可疑活動報告」提交給國稅局，後者即對這項交易展開了刑事調查。不久後，新聞曝光菲爾涉及高樂氏和迪安食品的股票交易案。

聯邦政府對菲爾緊追不捨，他告訴我，一個在安侯建業（他當時主要的企業贊助商）工作的朋友，介紹他一位華盛頓特區的律師，名叫葛雷戈里・克雷格（Gregory Craig）。克雷格不僅僅是一位律師，還曾擔任歐巴馬總統的白宮首席法律顧問。克雷格的外表稚氣，一頭極具特色的雜亂白髮，擁有常春藤聯盟的背景，哈佛大學畢業後，到耶魯法學院深造。克雷格也與前美國司法部長洛麗泰・林奇（Loretta Lynch）及巴拉拉關係密切，那才是厲害的政治武器。

在菲爾捲入洗錢調查，並成為內線交易的調查目標之際，超級律師克雷格如何讓檢察官放過菲爾？他變了一個法律戲法，就像是胡迪尼（Harry Houdini）在水下鎖鏈中變出一隻兔子一樣驚人。

二〇一六年五月十九日，證管會發布了一份新聞稿，標題為「職業高爾夫球手同意退還交易利潤」，該聲明僅涉及迪安食品案，將菲爾列為「救濟被告」，這是政府用語，指稱那些未被指控有任何不當行為，但因「從他人策畫的計畫中獲得非法利益，而被提起訴訟以便追回款項之人」。

聲明中還提到：「米克森未承認也未否認證管會的指控，同意支付其交易利潤總額九十三萬一千七百三十八點一二美元，外加利息十萬五千二百九十一點六九美元。」文中還提到，我曾「敦促」米克森交易迪安食品的股票，賣出後獲得一百萬美元利潤，償還了他欠我的部分賭債。

「米克森將退還在迪安食品交易中賺到的錢，因為他不應該從華特斯的非法行為中獲利。」新聞稿中寫道。

新聞稿中未提及任何洗錢調查。克雷格順勢發表了自己的聲明，宣稱菲爾是他人疑似不法行為的「無辜旁觀者」。

菲爾和巴拉拉都獲得了他們想要的東西。菲爾的律師發表聲明，讓人認為菲爾在我那件內線交易案中是個無辜受害者，在這個過程中，菲爾也擺脫了洗錢案，最後看起來有罪的人只有我。

之後一個月，西爾維拉因為幫助菲爾進行非法轉帳，洗錢二百七十五萬美元，而被判處入獄十二個月又一天。

菲爾是所有非法行為指控的中心人物，卻毫髮無傷地脫身了。

我還是希望菲爾至少能同意在我的內線交易審判中出庭作證。蘇珊和我抵達曼哈頓時，我從律師那裡得知，如果我們傳喚他出庭，菲爾打算援引第五修正案權利，以拒絕自證其罪。我聯繫了一位共同的朋友，請他幫個忙。

「聽著，我不想把你扯進來，」我說，「但我需要菲爾公開宣布他對聯邦調查局所說的話——也就是我從未給過他內線消息。我需要你請他這麼做，告訴他，我只希望他說實話。」

他打了電話，安排了見面。

根據我們的共同朋友所說，他傳達給菲爾的消息如下：「這關乎到比爾的人生，他的自由，他可能因此被判長期監禁。他只希望你說實話，比爾從未給你內線消息。」

「好，我會做的。」菲爾告訴他。

「你確定嗎？」朋友問道。「因為你離開後，我會打電話給比爾。」

菲爾重申他將發表一份聲明，但他從未這麼做。

直到今天，經過無數小時的反思，我仍然想知道如果菲爾作證，或為我發聲，我是否能自由地走出法庭。我們知道檢方不會傳喚菲爾出庭作證，因為他在兩次獨立的訪談中已經告訴探員，我從未向他提供關於迪安食品或其他股票的內線消息。鑑於他的名人影響力和個性，檢方最不願見到他走進法庭，在宣誓後於證人席上作證，就他所知，在他們對我的指控中，我都是無罪的。

但菲爾沒有那麼做。

現在回想，我意識到菲爾在許多長期關係中有個共同特點——無論是在ＰＧＡ打了三十年的球，和球童「骨頭」吉姆・麥凱（Jim “Bones” Mackay）合作二十五年，與西爾維拉賭博十七年，還是與我一起賭博五年。

當形勢逼人時，菲爾只關心自己，一次又一次，他從來沒有為朋友挺身而出。當事情關係到牢獄之災或無罪釋放時，他拒絕簡單地說出真相。

在我受審時，資深助理檢察官麥可・費拉拉（Michael Ferrara）在開庭詞中說了一個詞——貪婪。

他對陪審團說，「這正是這起案件的一切。這起案件關於一個名叫威廉・華特斯的男人，非法且不公平地利用祕密商業資訊賺取數百萬的利潤，同時避免數百萬的損失。」費拉拉坦承，政府的案件將取決於我以前的朋友，如今是控方主要證人的湯姆・戴維斯的可信度。

我內心深信，陪審團絕不會信任戴維斯，但我沒有考慮到的是，我的首席律師會輸。我當時聘請了巴里・伯克（Barry Berke），他是位身高六呎四的紐約律師，畢業於杜克大學，且進入了菲陶菲榮譽學會（Phi Beta Kappa），後來在哈佛法學院又以優異成績畢業。我們第一次開會時，伯克是個非常有吸引力的人，他被譽為白領抗辯界的麥可・喬丹，這一點打動了我們，但我沒料到在我的審判中，他居然投了一個大麵包球。

一切始於伯克在開庭詞說的第一句話：他引用了一個看似出自《周六夜現場》（*Saturday Night Live*）的希臘典故。

伯克告訴陪審團：「很久以前，一個人離開了希臘小鎮，前往首都雅典，計畫竊取他人的財富。等他抵達雅典城市時，守衛問他來意，他謊稱要拜訪老朋友，因為他曾住過雅典。守衛又問，『你要去拜訪比雷埃夫斯嗎？』男人虛假但自信地回答：『當然了，他和我很熟，就像表兄弟一樣。』守衛看著那個男人，說：『逮捕他。』後來他告訴這個驚訝的騙子，比雷埃夫斯是雅典最古老的港口，如果他說的是實話，他應該知道這一點。」

那個支離破碎的童話故事揭開了柏克冗長、迂迴且令人昏昏欲睡的開場白。我保證陪審團不知道伯克是在談論比爾．華特斯、湯姆．戴維斯，還是那個古希臘的愚蠢罪犯。

直到開場白的最後，伯克終於提到案件的關鍵點。「我向諸位提出，您將相信兩件事：湯姆．戴維斯在撒謊，比爾．華特斯從未認為自己做錯了什麼。」

從二〇〇二年開始，戴維斯和我有過數百次交談，涉及各種事宜。我們都是透過手機聯絡，而檢方聲稱他們能將我們的通話與我進行的特定交易聯繫起來，即使我幾乎所有交易都是在財報公告後進行的。在他們的指控中，聲稱在我所做的十起關鍵交易裡，有九起都有相關的通話紀錄。

但他們沒有我最大一筆交易相關的通話紀錄。

沒問題。戴維斯編造了一個故事。

戴維斯詳細地告訴政府，我在達拉斯愛田機場私人航廈的停車場給了他一部黑色預付卡手機，他們稱之為「蝙蝠手機」，聲稱我在二〇一二年七月進行重大交易前，也就是宣布白波公司分拆的一個月前，曾用這支手機與戴維斯交談。

戴維斯不記得據說我給他手機的確切日期，但他證實是「二〇一一年的某個時候……我記得天氣很好，但我不記得確切日期，我想應該是二〇一一年夏天。」

不是真的。我們有證據。

飛行紀錄和電話紀錄顯示，我和戴維斯是在二〇一二年十二月十八日一起出現在愛田機場，是在所謂涉案「蝙蝠手機」通話和股票購買的幾個月後。

電話在哪裡？紀錄在哪裡？政府解決了這個棘手的小問題，方法是讓戴維斯作證，他已將這支「蝙蝠手機」扔進了達拉斯北部高檔區域裡流水蜿蜒的龜溪。這個故事促使聯邦調查局的潛水員團隊搜索了兩天，但一無所獲。

根據戴維斯的第二任妻子泰芮的證詞，他們看到當地電視台播放聯邦調查局搜索行動時，戴維斯冷笑了一聲，搖頭說道：「他們永遠找不到那支手機。」

那是因為根本沒有「蝙蝠電話」。政府希望陪審團相信我們用手機通話了數百次，但卻在二〇一二年七月決定開始用一次性手機通話。根據他們的說法，我們後來又在二〇一二年的九月和十月用回自己的手機，以便獲得指控中其他交易的「內線消息」。

完全說不通。

根據戴維斯的虛假證詞，我們提出了要求重新審判的動議，檢察官隨後聲稱戴維斯「記錯」或「杜撰」了他收到手機的方式和時間。

卡斯特法官再一次表明了他的忠誠，否決了我們重新審判的請求。當時他說：「更有可能的是戴維斯準確地證明他在二〇一一年收到了這支手機，但他記錯收到蝙蝠手機的準確情況，或是誤將收到手機和後來在愛田機場與華特斯見面的事件混淆了。」

當然，沒有我和戴維斯在二〇一一年見面的證據，此外，我的手機紀錄顯示，我在那年根本沒有踏足過德州。

但是，在這種情況下，對這位法官來說，事實似乎無關緊要。

我的律師在準備真正的審判時，進行了一場模擬審判。他們問我關於七、八年前特定交易相關的通話內容，我說我不記得了，我的律師們說我聽起來不太確定。當然聽起來不肯定，因為我真的記不得了。

如果有人誠實地告訴你，他們能記得七、八年前一通十五到三十秒的通話內容（尤其是那個人每個月打數千通電話），我建議你聘請他們來經營你的公司。然而，在法庭上，戴維斯聽起來像是個高智商的門薩（Mensa）成員，清楚地說出我們談話的準確時間、日期和內容，每個錯誤的回憶都像在我背上捅了一刀。這個人曾經與聯邦調查局見面二十九次，以確保他的陳述一致。沒錯，在二十九次會議中接受班．納夫塔利斯的指導，那個曾經試圖逮捕我的檢察官共事了八年的律師。

我的確得稱讚我的律師伯克，在四天的交叉詰問中，他徹底擊敗了戴維斯，揭露他通姦、逃稅、詐騙和賭博成癮的事實。

聯邦調查局探員保羅．羅伯茨（Paul Roberts）在戴維斯作證後幾天也出庭作證，他詳細列出二〇〇八年到二〇一四年間我和戴維斯的數十通電話，羅伯茨主要利用圖表、圖形、電子郵件和簡訊來判定通話的時間，他還指出我從二〇一二年五月到二〇一三年三月間，對迪安食品股票的買賣超過五百萬股的紀錄。

但羅伯茨分享給陪審團的任何資料中，都沒有列入我的交易活動，或是我的研究量。正如保羅．施曼（Paul Schoeman，我另一位資深辯護律師）在交叉詰問中所提出的，羅伯茨無視了我與經紀人和分析師的所有電話交流，以及我當時進行的其他股票交易。

以下是從羅伯茨的交叉詰問中摘錄的內容，直接取自法庭紀錄：

問：你昨天出庭作證，我想在一開始，在那天快結束時，你選擇在圖表上呈現哪些通話和交易？是你選擇的，對吧？

答：是的，是我選的。

問：不是每一通電話，也不是每一筆交易吧？

答：沒錯。

問：昨天你作證說，為了做到這一點，你查看了起訴書，也諮詢了檢察官，你記得自己有這樣說嗎？

答：是的，先生。

問：所以這些圖表上沒有任何內容，不是你諮詢過檢察官後選擇的？

答：沒錯。

還有這個：

問：你只將你認為與華特斯先生的指控有關的交易，放到你的圖表上？

答：沒錯，先生。

問：所以如果這些通話和檢方的指控無關，你就省略它們嗎？

答：我沒有納入它們，沒錯。

羅伯茨也沒有分享這個重要的事實：我在二〇一三年二月賣掉迪安食品一百萬股，因為我準備收購加州棕櫚沙漠大角高爾夫俱樂部的不動產。兩周後，迪安食品公司發布令人失望的盈利報告，股票每股下跌了兩美元。政府聲稱我賣掉一百萬股是因為我擁有內線消息，才能避免二百萬美元損失。

他們沒有分享的是：我仍留有迪安食品公司四百三十萬股，所以當那份盈餘報告公布時，我損失了八百六十萬美元。

顯然地，這樣的證據可以讓陪審團思考：如果我作弊的話，為什麼我會自願承受八百六十萬美元的損失呢？為什麼我不乾脆賣掉所有股份呢？

另外，未與陪審團分享的是：我積極交易了另一家公司的股票，而戴維斯是該公司的董事會成員。那家公司是肯定保險控股公司（Affirmative Insurance Holdings），我在二〇〇五年就開始交易該公司的股票。就像迪安食品一樣，即使該公司面臨困境，我也從未做空其股票。它最終於二〇一六年申請破產，我最後的五十萬股以總價一分錢賣出！（戴維斯有超強記憶力，他一定忘了提醒我。）為什麼我要持有那些股票，直到它們只值一分錢呢？

隨著案件審理接近尾聲，我堅信我會重獲清白。蘇珊擅於洞察人心，但這次卻不太確定，她認為伯克在陪審團面前表現得自負又傲慢，說話太快，並且在試圖擊敗戴維斯的過程中過於激進，可能會激起陪審團對他的憐憫，那是我們最不想看到的事。

我們的律師有不同的看法，他們一致認為我們已經贏得了審判，他們還建議我們不要再追加論證，以免讓陪審團的注意力更加散漫。連假就要到來，陪審員對案子已失去興趣（法官不得不幾次中斷審判，好叫醒一些陪審員），而且他們似乎都渴望回家，甚至有人告訴法官他下個星期就必須回去上班。我們不想冒著激怒他們的風險，所以沒有放出我們全部的辯護資料。

我們決定取消原定要出庭作證的二十三名辯護證人，包括我們那位聲譽卓著的專家，曾任哥倫比亞大學商學院院長、布希總統時期的經濟顧問委員會主席格倫·哈伯德（R. Glenn Hubbard），讓他向大家解釋我交易的合法性，而這是最遺憾的事。

最後，我們全心相信陪審團會看出戴維斯是一個技巧高超的騙子，也是個糟糕透頂的人，知道他只是為了自保而利用我。

我的律師建議我不要上證人席，因為他們非常有信心我們已經贏了這個案子。別搞錯，他們把決定權留給我，而我聽從了他們的建議。

簡單來說，我搞砸了。

當審判接近尾聲，伯克終於完成了兩小時的結辯，整個陪審團看起來像是需要心肺復甦。

我的辯護團隊當時在法院的一個房間裡，突然收到消息說陪審團只經過幾個小時的審議，就達成了裁決。儘管一路有那麼多錯誤和陷阱，看到檢察官布魯克・庫西內拉（Brooke Cucinella）情緒激動時，我也心跳加速了。律師們認為，快速裁決通常有利於被告。

但是當陪審團走進法庭時，沒有一個人看向我。這不是個好兆頭。

當陪審團主席起身發言，我感覺到一股熱流穿過我的身體，他說出的話卻讓我震驚：有罪……有罪……有罪……有罪。

十項有罪。

每一條都有罪。

法院休庭。我還恍惚地站在法庭外的走廊時，一位新聞記者走過來，詢問我的反應。

我說：「我剛剛輸了我一生中最大的賭注。坦白說，我嚇壞了。」

回想起來，我在監獄中度過三十一個月，反覆重演我的審判，我相信沒有站上證人席是一個重大誤判、且改變人生的錯誤。當你的生命受到威脅時，陪審員希望了解你是誰、你來自哪裡、你如何成長，他們想要認識你，並聽到你解釋自己的行為。

在我的案件中，有些事情是陪審團不被允許聽到的，我真心相信，這些事情會使局勢對我有利。

- 他們從未聽說政府竊聽我的電話六十天，卻一無所獲。
- 他們從未聽說菲爾．米克森，而他在兩次單獨接受聯邦調查局訪談時，表示我沒有給過他內線消息。
- 他們從未聽說過政府非法洩漏和假新聞的行動，也不知道政府公然掩蓋查維斯不法行為的事實，而查維斯是從一開始就建立並管理我這個案件的探員。
- 他們從未聽說查維斯被停職，已經聘請了一名刑事律師，並且引用了第五修正案。巴拉拉本人也說查維斯是一個不值得信任的人。
- 他們從未聽說過，陪審團日日敬重的卡斯特法官曾建議調查查維斯涉嫌的兩起重罪。

我問過自己無數次，如果陪審團聽說那些事，是否還會定我的罪。問問自己：如果你知道這些事實，你會定我的罪嗎？我得出的答案始終一致。

在我判刑前，我飛回紐約，和美國緩刑官瑞貝卡．道森（Rebekah Dawson）共度了一天。她進行了詳細的訪談，告訴我完成背景調查，並向法官提出正式的判決建議，通常需要一個月到六周的時間。

與此同時，我的朋友們寫了超過一百封支持信件，交給卡斯特法官，其中十封來自現任與前任州長、國會議員和市長。在我的支持者中包括前內華達州州長吉姆．吉本斯（Jim Gibbons）和參議院多數黨領袖哈利．里德（Harry Reid）。

最終，緩刑官辦公室建議我的刑期為一年零一天。他們告訴我，法官有九五％的機率會接受緩刑官辦公室的建議，或是降低刑期，很少會增加刑期。

到了七月底，卡斯特法官判我五年監禁和一千萬美元的罰款，他後來還下令我額外支付三千四百二十萬美元的罰金和賠償金。

卡斯特法官說：「在股市方面，比利．華特斯既是騙子也是罪犯，而且不太聰明。金錢是一種衡量方式。」

好吧，我不得不說這是我和卡斯特法官的唯一共識：如果我參與內線交易計畫，又愚蠢到沒有隱藏與戴維斯的通話，並在被起訴五次後仍給菲爾提供非公開資訊，我確實應該因為極度愚蠢而入獄。

在法院外，蘇珊和我擁抱，她淚濕的臉頰貼在我的臉上。我低聲說：「不要擔心，我們會像處理其他事一樣度過這一切。」

一年之後，我與證管會達成民事案件的和解，不管是否承認有罪，都同意被沒收二千五百萬美元的資產。

如果你想知道聯邦調查局流氓大佬大衛·查維斯的命運，他至今尚未被控任何不法行為，並且在二〇一七年得以悄悄提前退休。他非法洩密的行為已被轉交給聯邦調查局內的專業責任辦公室和司法部的總監察長辦公室，繼續調查藐視法庭和妨礙司法公正的罪嫌。總而言之，至少有三個政府部門被指派調查他所承認的罪行，但六年過去了，我們仍不知道是否採取了任何行動，據說卡斯特法官負責監督這個案件。最諷刺的是，查維斯同時開啟了網路安全和證券詐欺專家的職業生涯。

巴拉拉離開檢察官辦公室後，於二〇一七年十月來到拉斯維加斯，在內華達大學拉斯維加斯分校的威廉博伊德法學院發表演說，那時我在監獄裡。在問答環節中，有人問起我的案子，他指出多年來其他檢察官一直未能將我定罪，但他提起了訴訟，雖然「沒有機會看到結局」，但他非常清楚在場的觀眾可能已經知道了我的案件結果。

當被問及聯邦調查局查維斯以及對其非法洩密行為未被起訴的情況時，巴拉拉表示這位探員「做了一件非常糟糕的事，他應承擔後果，應當如此。」他還宣稱查維斯的洩密事件「因為我們自願向法院揭露此事才曝了光。」真敢說。事實上，不到一年前，巴拉拉否認有任何洩密行為，直到我們說服法官舉行證據聽證會後才承認。如果我們沒有要求聽證會，這個違法行為就會被永遠掩埋。巴拉拉在拉斯維加斯的表現真是無恥。

另一位幫助把我送進監獄的騙子湯姆・戴維斯，在判刑庭時站在卡斯特法官面前，檢方為他們的明星證人請求寬大處分，承認他對自己的行為不夠坦誠，但向法庭保證他所述的故事都是真實的。法官並不買帳，尤其是戴維斯於法庭上承認威脅了兩位前妻。在二〇一七年十月十九日的判刑庭中，卡斯特說維戴斯「在達拉斯像孔雀一樣大行其道……而他卻是個騙子、詐欺犯」，並因內線交易判處兩年有期徒刑。戴維斯關不到十一個月就被釋放，但對我來說都不重要了，在戴維斯被判刑前九天，我已經開始在彭薩科拉聯邦監獄服刑了。

第二十六章
彭薩科拉

在前往彭薩科拉報到的十天前，我從喀斯巴德飛回拉斯維加斯的家，最後瘋狂地努力安排我的生意，我找上自己最信任的人，長期擔任華特斯集團總裁的麥克·盧斯、我的高爾夫球場負責人喬·凱利（Joe Kelly）、營運總經理喬·達爾斯特羅姆和峇里海餐飲部門負責人米切爾·艾普斯坦。我給予他們必要的自由度，以確保我不在時事物能繼續順利運行。

在十月一日傍晚六點左右離開峇里海辦公室時，我覺得一切都做了可靠的安排。四個小時後，一位朋友打電話告訴我一個可怕的消息：在拉斯維加斯大道上的傑森·奧爾迪恩（Jason Aldean）演唱會發生了一起大規模槍擊事件。

我只睡了幾個小時，不知道慘案的細節：奧爾迪恩正在為為期三天的九一號公路豐收鄉村音樂節做閉幕演出，現場二萬二千名觀眾正跟著合唱〈當她說寶貝〉（*When She Says Baby*），而可以俯瞰演唱會現場的曼德勒海灣度假村三十二樓突然爆發了一陣猛烈的槍聲。

警方後來找出槍手是一名六十四歲的高額賭客會計師，來自附近內華達州的美斯基特。他在酒店的相連套房住了幾天，帶了二十二個裝滿強力武器的行李箱，包括 AR-15 和 AR-10 突擊步槍。槍手在整場屠殺中，向人群發射了超過一千發穿甲彈，造成當晚五十八人死亡，超過八百五十人受傷。槍手被發現時，已飲彈自盡。

第二天一早，我設法穿過一連串警方路障，前往金銀島酒店去和酒店老闆菲爾．魯芬（Phil Ruffin）見面，這是我最後的努力，希望透過菲爾的朋友川普總統，獲得特赦。菲爾和我曾在幾次政治活動中和泰瑞．蘭尼一起合作，在聽完我的訴求後，他提醒我，總統上任僅十個月，手頭上還有很多事要處理。菲爾最後的話說得誠實直接，他對快速獲得赦免並不抱太大希望。

我真的沒有其他選擇了。同天稍晚，我抵達路易斯維爾市，去看望我的兩個兒子，並處理一些最後的瑣事。我回到家時，電視新聞都在報導狙擊手射擊的消息，事件發生後的鏡頭是一幕幕恐怖的場景。拉斯維加斯的居民喜歡稱他們的家鄉為「小城市大家庭」，而在那種超現實的集體悲傷時刻，這種描述再恰當不過。

我對受害者及其家人感到痛心疾首，蘇珊和我捐出五十萬美元，但有一個條件，必須匿名。

兩天後，當時的克拉克郡委員會主席史提夫．西索拉克（Steve Sisolak）致電提出一個請求。他說他們在為槍擊受害者募集資金時遇到困境，想知道是否可以公開我們的捐款，希望能鼓勵其他人站出來。我告訴他，如果他認為這可能有幫助，就去做吧。

社區最終籌集了超過兩千萬美元的善款，此外曼德勒海灣度假村的所有人，美高梅大酒店也提供了八億美元和解金，以賠償死傷者的家屬。這筆金錢當然無法彌補家人和摯愛所遭受的損失，但希望它能提供微薄的幫助。

我很快就知道，彭薩科拉聯邦監獄的人口主要由毒品犯罪者組成，混合著一些貪污醫生、律師和金融詐騙犯。

我剛入獄不久，就認識了註定要成為獄中最好朋友的「弗拉科」厄內斯托．奧爾蒂斯（Ernesto “Flaco” Ortiz），他就像《刺激一九九五》（*The Shawshank Redemption*）裡摩根．費里曼（Morgan Freeman）飾演的角色瑞德，不過是彭薩科拉版。他因從委內瑞拉走私毒品到自己的家鄉波多黎各，被判十年刑期，已經過了一半。

弗拉科在波多黎各獄友中被視為領導者。如果你需要更好的房間、特定食物或幾乎任何東西，弗拉科都能幫你搞定。在我的情況下，他給了我一雙他不再穿的二手網球鞋，我告訴他，等我的福利帳戶有錢了，就會馬上付錢給他。

弗拉科簡單答回答說：「你方便的時候再還就好。」

現金不是我唯一缺少的日常用品。最初幾周，我發現自己本能地伸手到口袋，尋找被沒收的手機，想要查看簡訊或郵件。

更痛苦的是，我們每天要點名五次，周末六次。晚點名是下午四點，接著是晚上九點、半夜兩點和凌晨四點（周末的話再加早上十點）。

夜晚偶爾會響起火警警報，多半是因為囚犯趁兩次點名之間，偷偷去附近的沃爾瑪超市或漢堡王購物，未按時回到監獄而故意觸發的。因為沒有警衛，人手不足，無法全天候監控周圍，囚犯自沒有圍牆的監獄偷跑是常有的事。

如果那些犯人在違反規定後，害怕自己趕不上點名，就會請人在內部拉響警報，這樣整棟宿舍的人都必須離開他們的床，站到室外，直到消防部出現檢查建築物。這讓返回的囚犯有充裕的時間和警衛玩貓捉老鼠，他們會丟棄漢堡、酒精或其他買來的違禁品，然後悄悄融入囚犯群裡，等待早上四點的點名。

我在彭薩科拉待不到一周，就感受到充滿病菌的空氣和不衛生的環境對我的影響。我去了保健室，那裡有另一位被稱為「死神」的醫生，他告訴我只是流感而已。

「多喝水。」他建議道。

我哀求他開些抗生素或藥物，但死神醫生拒絕了，他根本是將我轟出辦公室。

接下來兩天，我幾乎無法下床。最後，我用盡力氣回到保健室，但那裡的人因為我再次打擾他們，對我大發雷霆。我去了福利社買了一些阿斯匹靈，不過沒有什麼作用。

這次感染又讓我再躺了一周，我真的覺得自己快要死了。獄友路易·杜魯克（Louie Duluc）透過他個人的監獄供應鏈，幫我找到所需的抗生素，終於擊退了病毒，讓我得以康復。

和很多人一樣，我以為自己已經理解並欣賞個人自由的概念，但是直到失去自由，我才意識到應該如何珍惜我們的自由。我曾經視為理所當然的日常決策——吃什麼、穿什麼、何時睡覺，突然被剝奪了，唯一的生存之道就是適應「系統」內部的現實生活。

我面臨的第一個挑戰是找到滿足最基本人類需求的方法：像樣的食物、乾淨的水、保暖的衣物、乾燥的毛巾、新的牙刷、牙膏、肥皂、梳子、ＯＫ繃、棉花棒，這些我們在使用時往往不加思索的日用品。囚犯不能帶任何東西進來，因此我們必須到福利社以高昂的售價購買這些必需品。

我很早就學會，監獄很像運動賭博。數字是這場遊戲的名字，有犯人編號、洗衣編號，以及管理你日常生活的其他數字——每月最多只有三百六十美元的福利零用金；每個月打三百分鐘的電話（一秒都不能多）；周五下午五點到八點半、周六和周日上午八點至下午三點是探視時間。

每周有五天，我們在天亮前就被叫醒，準備好六點半上班，工作時薪只有三十到八十美分。我很快就發現，擁有商業背景的囚犯在需要管理庫存和預算的部門，是很珍貴的資源，最受重視的工作場所是洗衣房，我在那裡得到了精明的邁克·邁斯納（Mike Meisner）的庇護。

邁克曾在波卡拉頓從事商品交易，生意很不錯，當時已經五十多歲的他，因為承認經營了一個數百萬美元的龐氏騙局（Ponzi Scheme），被判刑十五年半，目前已經服了一半刑期。（邁克開玩笑說，如果他射殺自己的客戶，刑期還會短一點。監獄幽默，你一定會喜歡的。）

當我因監獄食物而患上嚴重胃病時，邁克成為我的救星。我需要輕瀉劑，但我的福利款還未到帳。謝天謝地，邁克博士有一種老式的監獄療法，他給了我一個裝滿溫肥皂水的噴壺，可以達到臨時的灌腸效果，好清洗我的腸道。不太好看，但是有效，而且比再去死神醫生那裡好。

邁克在二〇一三年進入彭薩科拉前，已經待過好幾個聯邦懲教系統，最終，他得到一份令人垂涎但要求苛刻的洗衣工作，工作內容包含洗衣、烘乾、分類、折疊、儲存和分發多達八百名男囚的監獄制服。每天，團隊要清洗多達三百個裝滿骯髒衣物的網袋。

我到達監獄幾周後，去交洗衣袋時，開始得到邁克的關照，他注意到我手上腕隧道症候群的護具，這是打太多高爾夫球、練習太久所造成的。

邁克知道罹患腕隧道症候群的囚犯們，很難扣上褲腰上的鈕扣，而且褲子沒有拉鍊。我下一次去洗衣房時，他給了我一條有拉鍊的褲子，這是我在監獄中得的第一個特權。

經過七年的監獄生活，邁克見多識廣。

邁克說，他最不想和他人打交道，或是處理每天的瑣事，為此，如果我願意，他可以幫我在洗衣房找到一份工作。

邁克信守承諾，讓我進「籠子」裡工作，那裡是存放衣物的地方。我在家很少碰洗衣服的事，所以邁克教了我一些基本知識，包括如何正確分類、折疊和收納衣服。不久之後，我成為了他的得力助手，協助訂購補給品、管理預算，以及處理庫存。

洗衣房的主管是德懷爾先生，他是位能幹的部門負責人，如果你做好自己的工作，他就會站在你這邊；如果沒做好，他會追究你的責任，他在彭薩科拉的地位排行第三。我們的直屬主管是詹森先生，他是一位非常好的人，對我們非常尊重。詹森先生看重我們是數字和商業方面的專家，所以放手讓我們自己處理工作。

洗衣房的人員成為我在彭薩科拉的家人。說實話，如果辦公室裡有張床和浴室，我寧願住在那裡，而不是喧鬧的宿舍。

有段時間我做兩份工作，讓自己保持忙碌。在償還了弗拉科給我的網球鞋後，他利用人脈幫我在第二十三指定區找到一份工作，那裡在營區外圍，負責各種基地需要的手工勞動。我的主管是詹姆士・赫爾姆斯（James Helms），他和德懷爾先生及詹森先生一樣，只要你把工作做好，他就是一個好人。詹姆士碰巧也來自肯塔基州，並且熱愛肯塔基大學籃球。

在第二十三區，我在一個小小的辦公拖車裡工作，撰寫維修或更換的服務訂單，包括割草機、除草機、拖拉機和其他維護設備。我的班表從早上六點半到下午三點，一天的工作結束後，大約三十五人會擠上一輛巴士，回到營區後逐一搜身，才能自由走向十個淋浴間，絕對不允許奔跑。當然，還有走路，和比利・華特斯式的走路，我可以告訴你，花時間在跑道上走路會帶來回報，尤其是攸關能否搶到淋浴間時。我從不用等洗澡。

淋浴後，我到籠子報到，開始第二份三小時的工作，他們說我是獄中唯一有兩份工作的囚犯。這樣過了五個月後，我發現自己到洗衣房時總是死氣沉沉，德懷爾先生到更好的工作高就了，取代他監督我們的是一個徹頭徹尾的混蛋。所以我辭職了。

我在彭薩科拉遇到最糟糕的人不是罪犯；而是住居型藥物濫用治療療程（RDAP）的負責人。

丹尼斯．普羅飛特（Dennis Profitt）身高六呎五吋，曾是大學籃球員，他的辦公室牆上還掛了張制服照。他擁有臨床心理學碩士學位，喜歡在彭薩科拉扮演上帝的角色，事實就是如此，他處於一個有權勢的職位，因為他掌握著為期九個月的RDAP，囚犯若是完成這個療程，就能減少一整年的刑期。

考慮到我過往酗酒的歷史，我確實符合參加RDAP計畫的資格。一般來說，在刑期的最後幾年才會提出申請，但我五年的刑期才過了七個月，普羅飛特把我叫過去，說我的申請已經批准，我覺得很奇怪。

這是最糟糕的時機點，我在美國第二巡迴上訴法院有一個申訴案件正在等待中，迪安食品公司剛對我提出四千五百萬美元的訴訟，我的兒子史考特正處於嚴重的困境，國稅局正在審查我的帳目。

我向普羅飛特解釋，我只服刑了七個月，還有一個待審的訴訟、法律諮詢和家庭問題，如果我進入RDAP，我希望能全心全意的投入。

他說，沒問題，可以等之後重新申請。

七個月後，申請證據聽證會的申請遭到駁回，我重新申請了。在此期間，我聽到了很多獄友的抱怨，他們認為普羅飛特報復心非常重，且控制欲極強。據可靠消息，由於投訴眾多，獄方已經要求聯邦監獄總部對他展開調查。

第二次RDAP面試時，我看到普羅飛特也在場，一旁還有三個同事，他們開始詢問我一些似乎與RDAP完全無關的問題：我的淨資產、律師費用、監獄出獄後的居住計畫等，這次面試感覺像是一場騙局，我也相信確實如此。

普羅飛特一度離開房間，回來時說了最後一句話。

「你以為你有特權，自以為高尚到可以拒絕第一次邀請。你的申請被拒絕了。」

我減刑一年的機會也被拒絕了。我非常憤怒，因為我已經七十二歲，一年的差別可能會決定我是否能再見到我的兒子。

儘管比利．華特斯在這座監獄裡的消息洩漏了，我還是盡力保持低調，融入群體裡對我來說是很自然的事，那是祖母教養我的方式。對於警衛和官員們，回答總是「是，先生」和「不，先生」。我在獄裡所累積的街頭威望，都是因為我只看不說，我等待著我的機會，不當出頭鳥。同時，我從未退縮。說到底，我只是一個囚犯。

「你的時間就是你的時間。」邁克曾這麼對我說，意思是我可以選擇充分利用大量的時間，不受日常生活的干擾。為了保持自己的心智健康，我必須找到方式維持頭腦和身體狀態良好，並控制我的怒氣。我建立了一個幾乎一成不變的日常規律，工作，然後運動，無論是在跑道上快走三英哩，踩橢圓機，或是做深蹲和舉重。每晚七點到八點之間，我會用監獄電話打給蘇珊，然後快速洗個澡，拿著一本書上床睡覺。

我主要閱讀自傳和歷史書籍，包括山姆・沃爾頓（Sam Walton，沃爾瑪創始人）、菲爾・奈特（Phil Knight，耐吉創辦人）、安德烈・阿格西（網球英雄）、小霍華・休斯（Howard Hughes，商業大亨）、艾森豪將軍，還有一戰的歷史。冬天我必須戴手套保暖，翻頁並不容易。

空閒時間沒有看書或運動時，就聽音樂。我在福利社買了一台MP3播放機和耳機，下載了一些歌曲。我最喜歡的歌曲是創作歌手哈利・查平（Harry Chapin）的〈周日早晨陽光〉（*Sunday Morning Suhshine*），我無法告訴你有多少次我閉上眼睛，聽著那首歌，回憶在肯塔基州長大的生活、在拉斯維加斯的生活、在獄中的生活，以及我對蘇珊的愛情，哈利的歌詞和聲音在我耳邊迴響：

我背著一個背包來到這個城市
還有滿口袋不得不說的故事。

路易也幫助我克服監獄生活導致的思想僵化。隨著時間的流逝，我們進行許多漫長的反思對話，聊著生命中不同階段的故事。路易房間的床位空出來後，我搬過去，加入路易和邁克的行列，我們的友誼也更加深厚。

路易是個極為厲害的企業家，他對那些從零開始，創造出美好生活的人特別感興趣。我們討論了那些白手起家者的共同特點，包括紀律、專注和能夠從失敗中迅速恢復的能力。

我告訴路易，任何人都能說自己是成功的，但現實中，一個人要經歷過失敗，才能真正地說自己是成功的。

不久之後，我發現自己成為數十位獄友的導師和聽眾，你從不認為自己是個年長、有智慧的人，但有些獄友是這麼看待我的，我花了很多時間聆聽他們講述自己的人生故事。

大部分獄友不是暴力犯或慣犯，他們只是不幸地出生在比我糟糕得多的環境中。我很驚訝地發現，有六〇%的獄友從沒有人探望，多數是因為家人已經放棄他們，或是缺乏之前來彭薩科拉的財力。

其中一個人是小喬。

我第一次遇到喬・拉米瑞茲（Joe Ramirez），是在他清洗浴室時聽到他抱怨胃灼熱，我給了他一些善胃得（Zantac），這種藥有助於緩解胃食道逆流。喬給了我一個那種「我不認識你，我不想欠你什麼」的眼神。但隨著我們的交談，他逐漸變得熱絡起來。

我們第一次相遇時，小喬已經四十多歲，刑期已經過了二十多年。他是一個健身狂，也是個令人敬畏的格鬥家，雖然身高只有五呎八吋，卻有二百二十磅的結實肌肉。

喬出生於佛羅里達州，由祖母在墨西哥撫養到八歲，然後回到佛羅里達州，在瓦內塔定居，那裡是墨西哥人聚居的飛地（enclave），距迪士尼樂園西南不到一個小時，但在各方面都截然不同。

喬說，他在瓦內塔涉足毒品交易，那是當地主要的商業行為。二〇〇一年，他因販毒被逮捕，判刑二十七年，入獄那天，她的女朋友懷孕六周。我們認識時，喬已經在亞特蘭大的高安全監獄度過了十四年，他來到彭薩科拉時很憤怒、沮喪，認為自己沒有活下去的理由。

喬也是美國聯邦監獄管理局所稱的西班牙裔監獄幫派的領袖，但喬稱之為兄弟會，這種聯盟讓他有了權力，但卻無法使他滿足。他坦白說自己不在乎生死。

他向我分享他最悲傷的事，就是他從未見過他十七歲的女兒喬丹·伊莉莎·拉米瑞茲（Jordan Elisa Ramirez）。

他說，她小時候每周都會打兩次電話，但隨著年齡增長，就愈來愈少通話了。喬說，他打給喬丹的電話常常沒人接聽。

我在小喬身上看到了自己，他也曾做出一些糟糕的選擇，導致與所愛之人關係破裂。

我說：「我們看看能不能聯繫到她，我會試著幫你重新聯絡喬丹，讓她來看你。」

事實證明，這是可能的。透過外部的關係，我的人發現喬丹的母親在愛荷華州工作，然後，我們安排那對母女在周五飛到彭薩科拉來探視他。

等他們抵達時，蘇珊和我正在會客室裡，房裡每個人都熱淚盈眶，小喬和他的女兒緊緊擁抱，他們的身體因為喜悅和感激而顫抖。

在那之前，小喬從未有過任何一位訪客，他後來告訴我，他甚至不知道自己的女兒長什麼樣子。她的母親也變了，她不得不揮手示意，小喬才知道她已經在桌邊等候。

喬丹穿著黃色上衣和牛仔褲走進來。監獄裡只能短暫擁抱一下，不能長時間接觸，但小喬不在乎，他和喬丹一直坐在那裡，擁抱和哭泣。其中一位警衛本來要進去阻止，但我走過去小聲地說：「讓他抱抱他的女兒吧。」

喬丹對喬說的第一句話是：「爸，我真的需要擁抱。」

二〇二〇年七月，喬在彭薩科拉聯邦監獄度過二十二年牢獄生活後，因新冠肺炎相關原因而獲釋。他現在五十四歲，在佛羅里達州的一家起亞汽車經銷店工作，還是一名模範員工。最近，喬告訴我他偶爾會見到喬丹，她的驚喜造訪是一位父親最好的禮物。

他說：「我可以含笑而終了。」

第二十七章
監獄生活

幾周累積成幾月，幾月又變成數年，我漸漸適應了監獄生活。我發現彭薩拉就像所有監獄一樣，充滿了告密者和職業騙子。

其中最早爬到我身邊的蛇，是前亞利桑那州州長的兒子，一位佯裝成藝術顧問的詐欺犯。他告訴我，在他入獄前曾和史提芬．永利共度兩周時，我覺得這真是好笑。

對啦。

我將他打發走，專心建立一個可靠的獄友圈，我的新朋友中包括「波茲」（Boz），他是來自波斯尼亞的前舉重運動員，十五年刑期已近尾聲。曾進行過奧運訓練的波茲能臥推四百磅，抓舉超過六百磅。他的肩膀極寬，肌肉非常結實，以致於他走過走廊時，你必須側身才不會撞到他。我聽說他在訓練其他囚犯，所以我請求波茲每周和我一起鍛練兩天，星期日做舉重訓練，星期四則進行核心訓練和深蹲。我開始迷上，盡可能增加深蹲的次數，每次鍛練都要多加一組。在我上一次的訓練中，我連續做了一百九十一個深蹲。

我認識波茲的方式，只有在監獄裡才可能發生。我的第二個宿舍因為出現禁用手機和一個叫做口袋貓（Pocket Pussy）的東西，被弄得一團亂，就在那時我們相遇了。對，口袋貓，世界上排名第一的男性性玩具。

通常，在高安全監獄被發現擁有手機會立即送去單獨監禁，但彭薩科拉沒有單人牢房，於是他們將囚犯送往另一個滿是重刑犯的牢房。在朋沙科拉，你也可能會因此失去探視權，或是減少福利社和電話特權。

我們宿舍的違規者是一個叫利昂（Leon）的大個子。在一次隨機檢查中，獄警在利昂的置物櫃找到兩部手機，還有先前提到的性玩具——一個可攜性、裝電池的震動自慰器。邁克稱它為「利昂的女朋友」，其他九個人都不知道利昂在房間裡藏有違禁品。

你可以想像後續的騷動有多大，利昂被送到管理更嚴格的地方，獄警也將我們幾個舍友分散。我和波茲及卡利托斯（Carlitos），卡利托斯來自波多黎各，是個文靜的孩子，完全沒有應該被關在監獄裡的原因。我一生中大部分時間是在菸草倉庫工作，在酒吧和賽馬場上賭博，因此我毫不費力就能和弗拉科、卡利托斯、洛克（Rock）、斯瓦格（Swag）及彭薩科拉的每個獄友相處，沒有幫派，沒有地盤爭奪，沒有勾心鬥角，沒有誇張表現，沒有暴力。

日子一天天過去，我試著扮演低調的調解者和理性的聲音，尤其是出現緊張場面時。我搬去邁可的囚房後，和同寢一個叫詹姆士（James）的傢伙交上了朋友，他身高六呎三吋，體重超過三百磅。詹姆士的刑期有二十三年，他很受歡迎，但情緒不穩定。

有一天，詹姆士情緒激動地分享他對基督教的信仰。如果監獄裡有絕對不要談論的事情，那就是宗教，除非你想搗亂。詹姆士可以應對身體上的問題，但當他開始充滿警告、恐嚇的佈道，談論聖經如何譴責同性戀時，我更擔心他的情緒狀況。

當時我在自己的床位上看《紐約時報》，詹姆士開始佈道，我們的室友麥克．柏隆（Mike Berlon）突然中斷了他的發言。麥克是一名律師，曾擔任喬治亞州民主黨領袖，因在前律師事務所工作時，從客戶身上竊取超過二百萬美元，而被判刑五年。他認為有必要捍衛LGBTQ（譯註：非異性戀的社群統稱）的權益，堅稱聖經從未譴責同性戀。

我試著忽略他們的爭吵，直到詹姆士對麥克做出威脅動作。我從下鋪彈了起來，試圖充當和事佬。

「詹姆士，等一下，」我說道，「你再幾個月就要離開這裡了，別做出任何危及你出獄的事，而且，老實說，我不想在這房間裡添麻煩，所以請你冷靜一點。」

房間裡有人低聲嘀咕，「我覺得那個老人瘋了。」

詹姆士比我高半英呎，體重是我的兩倍，他的眼睛閃爍著瘋狂的光芒。但因為我一直在輔導詹姆士，我們建立了信任和尊重的關係，所以我仍設法說服他。

從餐廳菜單來看，你會以為聯邦監獄正在餵養美國奧運選手，這裡的食物選擇看來非常營養。但這是廣告不實。我想整個服刑期間，我在監獄食堂裡吃的飯不超過十幾頓，我實在吃不下去。從別處轉來彭薩科拉的囚犯們說，這是系統中最糟糕的食物。

和大部分的獄友一樣，我更喜歡福利社賣的食物，但我們得為此多花很多錢。我的主食包括盒裝葡萄乾麥片、豬肉絲（四．四美元）和西班牙香腸（二．一美元），我們用海軍淘汰的二手微波爐烹飪這些食材。大廚邁克教會我許多技巧，我們會一起做飯並共享美食。

我主要的糧食來源來自訪客區的三台工業級自動販賣機。一位老婦人和她女兒每周會將從當地超市購買的健康食品放入機器中，包括新鮮水果、優格、蛋白質奶昔、雞肉起士、吉米迪恩牌香腸和雞蛋。

蘇珊每次來看我時，都要確保我能吃到這些更健康的食物。她是我的救星，她幾乎每周都從路易斯維爾飛到彭薩科拉，中途還得在亞特蘭大繁忙的機場轉機。每周五，當我從第二十三區坐巴士回來時，就會看到她在前門附近的草坪上等我，通常至少在下午五點探視時間的前兩個小時就到了。

許多個周六和周日，她會在探視時間前三個小時，也就是早上五點就在前門等待，無論是雨天、冰雹、下雪還是晴天，我總能看到蘇珊微笑的臉。我想在我服刑期間，三百七十次探視機會中，她只錯過了十五次。

無論哪一天，蘇珊總是排第一或第二個，準備衝向先到先得的自動販賣機。每次探視，她都會在那些機器上花費超過一百美元。囚犯是不能觸碰機器或金錢的，我通常會站在附近大聲指揮自己想要的食物：買雞肉！拿優格！我兒子德林第一次來探視時，我以為他會心臟病發，因為我站在三呎遠的地方，指揮他按這個鈕，按那個鈕。

周五晚上和妻子會面的四十五分鐘裡，我很少說話，拚命將東西塞進嘴裡直到下巴痛，狼吞虎嚥地吃著碗裡的新鮮水果和優格、雞肉或豬肉，還有蛋糕，幾乎沒有停下來呼吸。

根據天氣，蘇珊和我可能坐在室內，或是在戶外的野餐桌，同時還要努力避開會在我們的腳踝留下紅腫化膿咬痕的紅火蟻。我們會一邊聊天，一邊玩多米諾骨牌或是紙牌。這真的讓人很難受，尤其是前幾個月，史考特神經症狀惡化的時候。

其中最令人感動的時刻，毫無疑問是某一次德林的探視（他在列星頓經營房地產，來探視過十幾次）。我們抱得比以往更久，毫無保留地哭泣，我們談到了史考特和托妮婭，讓我想起我有多麼愛我的家人。外界所熟知的堅強德林變了，變得柔和、謙卑，有時也會深感沮喪。

我持續不斷的訪客，成為監獄中的話題。家人、朋友和商業夥伴紛紛前來，每個周末至少有一位訪客，幫助緩解我的孤獨和隔離感。

麥克・盧斯每個月來兩次，他在周五早上六點飛離賭城，在休士頓轉機，準時到達彭薩科拉，和蘇珊一起排隊等待下午五點的自動販賣機搶購。周六他會再來一次，然後才搭飛機回家。我們的對話主要圍繞著如何讓我的事業繼續運轉，保持顧客和團隊成員的滿意度，以及開除那些試圖在我缺席時占便宜的員工。

吉姆・科爾伯特探視六次。前匹茲堡大學足球隊主教練兼ESPN分析師麥克・哥德菲爾德（Mike Gottfried）和運動分析師丹尼・謝里丹（Danny Sheridan）也多次造訪。還有前紐約市警察局長伯尼・凱里克（Bernie Kerik），他是由前《六十分鐘》記者拉拉・羅根介紹給我的，拉拉也來看過我好幾次。在拉斯維加斯突襲者隊和邁阿密海豚隊對戰前，馬克・戴維斯也來探視過我。另外還有拉斯維加斯金沙集團（Las Vegas Sands）董事長兼執行長羅伯・戈德斯坦（Rob Goldstein），我的好朋友創作歌手麥克・戴維斯（Mac Davis）以及他的妻子麗絲。

官方紀錄顯示，超過二百人共計一千四百次探視。一名監獄官員告訴我，這個數字創下了美國聯邦監獄管理局的紀錄，但這絕不是你人生中想達成的里程碑。

彭薩科拉聯邦監獄殘酷地提醒，即使沒有柵欄或圍牆，囚犯仍像牲口一樣被關在裡面。孤獨可能令人壓抑，但它也讓我有時間回想我的一生，無論是獨自坐在院子裡，或是在跑道上行走。

有天，我安靜地坐在院子裡，沐浴著陽光，回憶過往，蓋比·卡普藍（Gabe Kaplan）這個名字讓我笑顏綻放。

對於某些年齡的人們來說，你可能記得這個名字。如果你不熟悉，蓋比是個喜劇演員，也是《歡迎回來，科特》（*Welcome Back, Kotter*）的共同創作者和主演。這部一九七〇年代的情景喜劇中，蓋比飾演一名詼諧風趣的高中老師，他回到母校教導一個由多元種族學生組成的補救班，這群學生被稱為「汗苦生」（Sweathogs）。節目非常有趣，尤其是年輕的約翰·屈伏塔（John Travolta）扮演汗苦生老大文尼·巴巴里諾（Vinnie Barbarino），這個角色成了他的成名作。

蓋比在職業撲克界也同樣享有良好的聲譽。他在一九八〇年第一屆超級盃撲克牌大賽打敗阿瑪里洛瘦子，並在世界撲克巡迴賽和世界撲克大賽多次獲得高名次。有一晚，蓋比、我和很多撲克職業選手，還有奇普和道爾，在比佛利山莊進行一場私人賭局，當時話題轉向高爾夫，蓋比不是高爾夫球手，但他開始誇口說如果他練習足夠，並認真對待這項運動，他可以在拉科斯塔的冠軍球場打破九十桿的紀錄。

那一桌坐了一圈的鯊魚，他就像是在水裡扔了魚餌一樣，賭注和挑戰紛飛，很快就累積到五十萬美元賭注。這讓蓋比有了足夠的動力，他在拉科斯塔租了一個地方，聘請一位教練，下定決心努力練習他的球技。

蓋比是一位出色的運動員，曾經夢想著成為職業棒球選手，所以沒有多久，大家都聽說他打得很好，並且快要實現在十八洞裡打出九十桿成績的目標。奇普和道爾迫不及待地想贏他的錢，他們知道，帶著教練一起打球，和與職業賭徒一起打球，兩者存在很大的差別。

高爾夫水準一般的職業賭徒，往往可以擊敗那些不習慣高額賭注的高爾夫球高手。但蓋比是個經驗豐富的賭徒，他很聰明，他自信自己能在任何比賽中勝出。

儘管如此，我想他可以承受賭桌上的壓力，但也許在高爾夫球場上不行。我認為這個風險價值七位數。

「在比洞賽中，我會給你一邊七、八和九桿的讓分，」我說道，並列出三種不同的賭注。「比桿賽裡每邊讓你十桿，每一注都下一萬美元的拿騷賭注。」

蓋比接受了。有些朋友以為我又開始喝酒了，他們擔心蓋比會讓我變成笑話。

我告訴奇普和其他人，是他們不懂。如果蓋比贏我一、兩天，我就不再繼續了。

我知道如果他不受壓力影響，我又讓他那麼多桿，自己根本沒有勝算。但我也知道，即使我贏了他，他也會繼續玩，因為他有那麼多優勢。

我賭的是蓋比這個新手在壓力下的表現不會太好，我以前已經看過無數次——甚至在周日的ＰＧＡ巡迴賽都看過這種情況！

果然，在拉科斯塔的第一天，我們打到了後九洞的最後五、六洞，蓋比開始崩盤。他打不到標準杆，甚至柏忌都沒有，每個洞都超過標準二到四桿，有時他只需要打七或八桿就能贏得比桿賽，但他卻打了十桿或十二桿。連續幾天我都贏了他。

我們安排了一個星期的比賽，蓋比的表現也正如我的預期，他每天都在進步，學習如何應對壓力。有場比賽他只有最後四洞沒打好，然後在接下來幾天，他都只有最後兩、三洞才失誤。

那一周快結束時，蓋比真的打得很不錯。

最後一天打球的時候，鮑比·鮑德溫從賭城飛來加入我們的比賽。我們來到第十八洞，一個距離四百九十五碼的五桿洞，上方有水阻，蓋比在這一洞上只需要打出九桿，就能贏得所有的賭注，帶回數十萬的獎金。我們站在發球臺上時，蓋比一點也不自負，我可以看出他正在腦中重溫先前的崩盤情景。

他準備好揮桿時突然後退，然後試著虛張聲勢。

他問：「你願意給我多少錢來解除這個賭注？我只要打九桿就可以贏了。」

「我什麼都不會給，打吧。」我說道。

蓋比回到發球的地方，揮動了幾次球桿，但又退後了。

「你願意給我多少錢和解？」

「一毛也不給，快打吧。」

在那一刻，鮑比看著我，說在我一開始下注時，奇普說的那一句話。

「比利，你瘋了嗎？」鮑比問道。

「就讓他打吧。」我對鮑比眨了眨眼。

如果蓋比高壓比賽的經驗更豐富一些，他應該會考慮沿著鄰近的十七號球道打，好避開水阻。但他猛力一擊，卻打偏了，球只飛了五十碼，直直落入難搞的長草區。

他的經驗不足再次表露無遺。如果我沒記錯的話，他沒有使用短鐵桿，跨過水潭打回到球道上，而是拿出三號木桿繼續比賽，但是沒打準，又接連兩次把球打入水中。等蓋比推球入洞，桿數已經累積到十二或十四。

我贏了很多錢，不是因為我的球技有多出色，而是因為我知道在高爾夫球場上，經驗不足和壓力會對一個人造成什麼影響。

但是，相信我，不是每一場與職業撲克玩家的比賽都能這麼順利。

我遇到來自艾爾帕索的傑納・費雪（Gene Fisher）時，他已經贏得一枚世界撲克大賽的手鐲，在一九八〇年WSOP主賽事中也贏得第三名。我們最初相識於傑克・比尼恩舉辦的年度職業賭徒高爾夫球邀請賽，我知道費雪是李・特維諾（Lee Trevino）的朋友，特維諾因曾於二十多歲時擊敗雷蒙德・弗洛伊德，在比賽中贏得一大筆錢，因而在這一區早早聞名。和PGI中，傑納和我安排了在他家鄉艾爾帕索的球場維斯塔丘鄉村俱樂部進行一場比賽。

當時是一九八一年，我還住在路易斯維爾市，高爾夫球技正處於人生的顛峰。前往艾爾帕索的前一天，我還在路易斯維爾的標準鄉村俱樂部打出標準桿。當費雪同意每邊讓我兩桿，拿騷賭注兩萬美元時，我感到自信滿滿。

我和朋友卡爾文・哈希、卡爾・德賽薩（Carl DeCesar）一起抵達艾爾帕索。我們到維斯塔丘時，先去了練習場。卡爾文建議我們打一場練習賽，因為他聽說果嶺很難。我拒絕了，覺得我打得非常好，沒什麼好擔心的。

第二天，第一洞的發球區擠滿了準備下注比賽的觀眾，我也接受了每一個賭注。我帶了二十萬美元，幾乎是我所有現金。我的發球正如所願，從發球到果嶺，我都打得很好。

但到了果嶺後，我發現自己就像進入一個水平的鏡子迷宮，不僅果嶺的速度極快，遠勝於我家鄉的球場，而且我根本無法判斷球速走向，尤其不知道球會滾向上坡或下坡。

我一開始幾次短推都失誤，我的信心開始動搖萎縮。

到了最後一洞，我已經沒有鬥志，我有十四個洞的果嶺三推，總共輸了二十八萬美元。我付錢給場邊下注的觀眾，把剩下的錢給了費雪，保證會把剩下的款項補齊，我也很快兌現了承諾。然後我一無所有的回家，除了腦袋上腫了一個包。

在監獄裡，你的心每分每秒、每時每刻、日復一日都在破碎。當我得知史考特因控制持續性癲閒的藥物，而處於近乎僵直的狀態時，就是這種感覺。我很慌，我知道他需要我，但我卻在這裡幫不上忙。我夢見他可能死去，而我再也見不到他了。

最後，我們安排包機，讓史考特飛到彭薩科拉，這是他第一次，可能也是最後一次來看我。

當我看到他被推進會客室，我真想大聲尖叫，他已經不是我上次見到的那個史考特了。但是，我強忍住眼淚。

除了因兒子而生的憤怒和罪惡感，我在彭薩科拉服刑期間，最困難的挑戰是處理我女兒托妮婭的困境。

也許你還記得，我的第一任妻子雪倫在我們都還是青少年時，在路易斯維爾生下了托妮婭。我根本沒有準備好當一個父親，我們早期的苦日子完全是我的錯。在我們離婚後，托妮婭、雪倫和她的新繼父搬到了德國，新繼父承擔了大部分的撫養責任。我和蘇珊結婚後，也就是托妮婭十二歲那年，我們才開始偶爾聯繫。即便如此，我們之間的溝通也僅僅圍繞著金錢。托妮婭十六歲時，我買了輛車送她，在她的青少年時期也給予她金錢上的支持。

後來，蘇珊和我搬到了拉斯維加斯，托妮婭來看過我幾次。那時蘇珊注意到我女兒有些心機。托妮婭去賭場時，會習慣性的「弄丟」她的錢包或「被竊」，然後向我的朋友借錢。

她在二十多歲結婚，生下一個兒子，名叫吉米（Jimmy）。她在路易斯維爾時財務遇到了困難，還有處方藥物濫用的問題。她的婚姻以離婚告終，雪倫請我幫助托妮婭，我便安排托妮婭和吉米搬到拉斯維加斯。

我把女兒安排進我的高爾夫球場行銷團隊，後來也參與我的運彩業務。在那些年，我們更加了解彼此。她遇見了一個叫麥克・施奈德（Mike Snyder）的傢伙，然後他們結婚了。這對新婚夫婦無力負擔房貸或頭期款，所以我為他們買了一棟房子，也打算在確定托妮婭過上安康的日子後，就把房子過戶給他們。

等吉米進入青春期後，我們擔心他所生活的環境。和托妮婭討論後，她同意我們可以將吉米送到維吉尼亞州的私立寄宿學校橡樹山高中。孫子畢業時，我感到非常驕傲，所以我買了輛新卡車給他。

他被亞利桑那大學錄取時，我告訴他：「我們會支付你的大學學費、宿舍費和卡車費，這是你的機會。如果你搞砸了，就不會再有機會了。」

他搞砸了。我們發現吉米在土桑市喝酒狂歡，從不上課，他在感恩節時突然出現在我們拉斯維加斯的家，從此不再回去上學。後來我們才知道，吉米對口服鴉片上癮了，我把他送進了拉斯維加斯的戒毒中心，不只一次，而是兩次。周一到周五他都很正常，但到周末就想要離開。他們拒絕時，吉米朝牆上砸了一拳，然後大步離開。自那時起，他一直麻煩不斷。

在拉斯維加斯生活和工作了幾年後，托妮婭——無疑遺傳了我不好的基因，沉迷於賭博和奢華的生活。她的藥物濫用變得更加嚴重。當托妮婭經常抱怨各種胃痛和頸部不適時，我們更是擔心不已。她的處方藥物問題已經升級到使用口服鴉片，就像其他成癮者一樣，她也在尋找藥物來治療不存在的疼痛。托妮婭否認，但內心深處我知道她在撒謊。

我們對托妮婭行為的懷疑和恐懼在二〇一二年加劇，因為她開著一輛賓士來上班，身穿名牌服飾和鞋子，手持LV包。她賺了不少錢，但也沒那麼多。就在這時，蘇珊注意到有些轉帳紀錄來自一個不對勁的帳戶。

我和蘇珊帶托妮婭到峇里海見了會計師和另一名員工雷・科伊（Ray Coy，外號高麗菜），雷來自肯塔基州，是一位老實的小伙子，他在路易斯維爾市的乾草市場上賣蔬果而得到這個綽號。他在我們路易斯維爾的批發汽車公司做了九年，後來跟著我們到賭城，參與我們的運彩業務。他是我最好的朋友之一。

我永遠不會忘記那天我女兒走進辦公室的模樣。我穿着高爾夫球場的休閒服，蘇珊穿著藍色牛仔褲和一件運動衫，托妮婭卻穿著名牌服飾，手拿Gucci手提袋，打扮得十分漂亮。我們一一檢查了銀行交易紀錄，詢問她缺失資金的情況。

我說：「托妮婭，這說不通。」

那時，我女兒生氣地站了起來。

她說：「我不喜歡這次對話的進行方式。」

然後她走了出去。

幾天後，蘇珊、高麗菜和我再次與托妮婭見面，這次是在一家早餐店。那時，我們已經計算出我唯一的女兒至少盜用公款二百萬美元。

「托妮婭，」我說道，「我們知道你做了這件事。」

她想把黑鍋全推給高麗菜，但沒有成功。我們已經認識他四十多年，他從未不誠實或不忠。

托妮婭就坐在那裡，低著頭。最後，她崩潰了，開始哭泣。

「對，是我做的。」她說道。

那次會議之後，托妮婭離開了華特斯集團。我們後來發現她在拍賣網站上賣她的名牌服飾和名牌包，好繼續買藥吃。

出於沮喪和關切，我試圖幫助她。我打電話給一個在聖地牙哥斯克里普斯醫院工作的好朋友，他幫我預約了幾位專科醫生。我們將托妮婭送到聖地亞哥，但她幾乎每次預約都沒出現。醫生說，我女兒沒有任何問題；她只是不斷向醫生要求更多處方藥物。她的情況愈來愈差，但她的醫生們總是又開藥給她。我束手無策，托妮婭已經成年了，我能做的事情很少。

儘管我們的關係緊張，我很少見到托妮婭，但我們經常交談，尤其是在她生活中遇到問題的時候，她常常遇到問題。

就在我入獄前，托妮婭聯絡我，說她想見我。等她出現在峇里海的辦公室時，我無法相信自己的眼睛。我多希望能告訴你們，我曾經美麗的寶貝女兒終於戒掉了毒癮，但不幸的是，口服鴉片已經換成冰毒和快克古柯鹼，毀滅了她的生活，就像毀滅了其他人的生活一樣。

我看到一位身體虛弱的女士，拄著拐杖行走，看起來比實際年齡要老很多。我想哭。

托妮婭離開後，我告訴蘇珊，我害怕會在監獄裡接到電話，告訴我女兒死於心臟病發作。

二〇一九年三月十二日，我從第二十三區下班回營區時，一名獄警在我下車時攔住我。

「華特斯，」他說道，「你得去管制室一趟。」

我永遠不會忘記接下來發生的事。當天負責管制室的肯尼迪女士告訴我，蘇珊打了一通緊急電話給監獄。我馬上回電話給她，然後得知：托妮婭舉槍自盡了，年僅五十四歲。

我崩潰了。失去孩子的痛苦是無與倫比的，尤其是你得知此噩耗時身處聯邦監獄，無力到達我想去、需要去的地方，我不能和親朋好友一起悼念我的女兒，無法安慰他人，即使自己也很悲傷。我確信如果我不是在彭薩科拉坐牢，而是在其他地方，托妮婭現在一定還活著，她會一如既往地打電話給我，她就不會死了。

第二天早上，我站在巴士倉庫等待出發去第二十三區，低著頭，心事重重，這時路易走到我身旁，給了我一個長長的擁抱。我崩潰了，也許只有十秒，但那十秒鐘感覺就像是一生的悲傷。

「很難，路易，太難了。」我告訴他。

我們向兩個州的監獄局和緩刑部門提交旅行申請，基於我的紀錄良好，小小的奇蹟發生了。我獲准有兩天的時間能返回肯塔基州，安葬我的寶貝女兒。

難以置信的是，我在沒有監督的情況下獨自飛往路易斯維爾。我下午抵達，降落後直接前往殯儀館。是的，我和托妮婭的關係很緊張，但我非常愛她。獨自站在她的靈柩前，我只能想到，如果自己沒有坐牢，女兒現在還活著。

就像《陰陽魔界》（*The Twilight Zone*）一樣，我和蘇珊在家裡吃飯，在自己的床上過夜，談論自由的煎熬。到了早上，我參加托妮婭的追悼會，然後跳上飛機回到彭薩科拉。後來有人問我，是否想過搭私人飛機離開這個國家，但我腦海中從未出現過這個念頭，回到監獄很困難，但這是我必須做的事。

一年後，即二〇二〇年三月，彭薩科拉的聯邦監獄營地因快速蔓延且日益致命的冠狀病毒，進入封鎖狀態。這裡說的封鎖，是完全封鎖，禁止探視，沒有餐廳（每日三餐便當），不能用微波爐，不上操場，沒有運動，不能曬太陽，每周兩通電話，一通十五分鐘，一通十分鐘。

浴室和廁所的衛生條件惡化了十倍。基本上，你每天二十四小時都和其他兩百名男人困在一個地方，當電視房空著的時候，我偶爾會看看CNBC。相信我，這裡沒有其他人想看CNBC。

然後又發生了另一個小奇蹟。

五月一日，距離我七十四歲生日還有兩個半月，我收到祈禱已久的禮物，監獄局獲准釋放兩萬四千多名年事已高且身體脆弱的低風險犯人，以避免新冠疫情壓垮整個系統。鑑於我的年齡和完美的監獄紀錄，我就是其中之一。

宣布當天，我永遠地離開了彭薩科拉聯邦監獄，六十個月的刑期，我已經服刑三十一個月。在離開前，我和弗拉科、小喬、路易、卡利托斯還有幾位我尊敬的獄警相擁落淚。六十二歲的邁克在三個月前就已獲得提前釋放。

在電影中，被釋放的囚犯走出監獄大門，仰望著天空，舉起雙臂，深深地吸一口氣，淨化心靈。但我不是這種囚犯，我迫不及待想要離開那裡。

來接我的是馬里烏斯・泰勒霍伊（Marius Telehoi），他是我在佛州聖奧古斯丁起亞汽車經銷商的合作夥伴。這是一個恰如其分的結局，因為送我去監獄服刑的也是他。我直接飛往喀斯巴德找蘇珊，那天晚上，我吃了好像很久沒有吃到的家常菜，不是奢華的大餐，只是一頓好吃的家常晚餐，有肉餅、肯塔基玉米麵包、地瓜、青豆、羽衣甘藍和醋。我基本上被軟禁在家中，只能去工作或上教堂，但在我的內心，自由從未如此美好。

自從二〇一七年四月我因內線交易被定罪以來，我一直與許多索價昂貴的華府律師和權力掮客合作，希望能得到川普總統的赦免。近四年過去了，在二〇二一年一月十九日，川普總統任期的最後一天，我仍被那個可憎的腳踝監視器束縛在加州的家中，無盡地等待律師的電話。

晚餐後（我幾乎沒碰一口），我的朋友伯尼（前紐約市警察局長）在晚上九點打來電話，帶來我渴望已久的白宮消息。

總統特赦的最終名單將於二十分鐘內公布。

近三個小時後，我還是沒有聽到任何消息，那時西岸快要午夜，東岸已是一月二十日的凌晨三點。蘇珊和狗狗一起依偎在樓下的床上，我坐在辦公椅上，手裡拿著手機，時而打瞌睡，時而努力保持清醒。

突然間，我的手機亮了，螢幕上出現一個來自白宮網站的通知。

真相即將揭曉：我慢慢往下滑，查看那個隨機排列的名單，最上面是陶德．布德傑

（Todd Boulanger），全面赦免。亞伯・霍爾茲（Abel Holtz），全面赦免。眾議員瑞克・倫茲（Rick Renzi），全面赦免。

我繼續往下滑，胃部跟著翻騰，直到最後，在名單的一百零七個名字，「公爵」蘭德爾・坎寧安（Randall "Duke" Cunningham）之後，我終於找到了大獎：威廉・華特斯。

我沒再看下去，而是開始尖叫。

「親愛的，親愛的！有了，有了！」

我精疲力竭地倒在床上，但心情非常愉快。我睡得很香，深信這三年半政治旅程中每個轉折最終都是值得的。經過多年來無比期望又失望，感謝我的朋友布奇・哈蒙和川普總統長久以來的家族朋友，最後一刻的請求終於成功了。

隔天一早，我就感覺到事情似乎出了什麼差錯。參議員里德打電話來祝賀，但三十分鐘後又打來了。

「比利，」他說道，「我不確定你是否獲得赦免。」

另一個線索是出現在我打電話給假釋熱線，希望能移除我的腳踝監視器時。電頭另一端的女士說道：「華特斯先生，這是緩刑監督官的電話，你需要打給他。」

緩刑監督官？什麼？

脫下踝環後，我立刻聯繫了我的律師里克。

請告訴這些人我已經被赦免了！

里克試著聯絡我的特赦律師約翰・道得（John Dowd），他曾是白宮對俄羅斯調查的首席法律顧問。沒有人接。他打電話給赦免律師辦公室，關了。他查看了他們的網站，也關了。宣布特赦的新聞稿無影無蹤。

我還能期待什麼？就職日。

我在二〇二一年一月十三日終於得到了川普總統簽署的文件副本。四段文字後，我找到了我想找的內容：

「我改判威廉・華特斯的六十個月刑期為已經服刑，我保留剩餘一年為監管釋放期及其所有條件，未支付的罰款、賠償金、沒收和特別評估的債務，和判決其他部分都保持不變並生效。」

翻譯：我沒得到全面赦免，總統只是給我減刑。

那一刻，我超火大，我認為自己最終被總統的好友史提芬・永利擺了一道。

這是個不小的諷刺，永利幫助建立了賭博和娛樂聖地，他仍是個爭議性人物。今天，他在城裡已成了不受歡迎人物，他多年來涉嫌對數十名永利員工性騷擾、脅迫、猥褻和不當行為，無數指控讓他惡名昭著，據報導，其中一項性侵指控以七百五十萬美元和解。

永利和川普總統相識超過四十年，他們曾一起用餐，一起打高爾夫球，互相控告，並且見證了司法部指控永利代表中國政府向總統遊說——永利否認此指控，他們的關係敵友難辨。例如，一九九六年永利對《華爾街日報》表示川普是一個「無能……只是虛有其表」的人。川普在一九九八年回擊，他告訴《紐約雜誌》：「你知道，我認為史提芬有很多心理問題，我認為他精神不正常。」

儘管如此，一位永利家族成員曾表示，川普總統在永利身上看到自己的影子，或許在某種程度上，甚至崇拜他。但有一件事是肯定的：作為共和黨全國委員會的前財務主席，共和黨的政治臂膀，永利對川普總統爭取連任，和為我爭取獲得赦免的努力中，具有壓倒性的影響力。

我怎麼知道永利背叛了我？因為在二〇一八年二月宣布特赦的早晨，永利在太陽谷一個私人募款聚會宣布這則消息，會中有許多重量級共和黨捐助者出席，包括幾位賭場經理。

在聚會中，有人聽到永利自誇他如何破壞我被赦免的機會，以及他對總統的籌款影響力，以及他將我玩弄於鼓掌間的極大滿足感。

減刑的新聞讓我想大叫，但在幾個小時的憤怒之後，奇怪的事情發生了，至少對一個自六歲起就執著於記算分數的人來說，這是一件奇怪的事情。隨著時間流逝，深植在我DNA中的憤怒和執著逐漸消散了。

沒有，我沒有被赦免。是的，我仍是一名罪犯。

即便如此，在川普總統收到的一萬一千六百一十一封請願書中，我是得到特赦或減刑的二百三十七人之一。我知道還有很多像我一樣被不公平定罪的人，但他們的請願書因為缺乏資源和影響力，永遠不會被批准。我讓自己沉浸在一個事實中：像追蹤動物一樣日夜追蹤我的GPS腳鐐消失了。

三周的審判、三十一個月的監禁、八個月的家庭軟禁，以及三年半的赦免遊戲所帶來的壓力和煩惱已經消失了。取而代之的，是某個晚上，蘇珊和我沿著恩西尼塔大道尋找餐廳時，一種幸福的新感覺。

自二〇一七年十月九日以來，我第一次在天黑後外出。

「我的天啊！」我大聲說道，「這太美了。」

蘇珊說：「什麼意思？」

「所有的燈光，」我說道。「看著夜晚的世界，那些亮著燈的商店。」

那時我明白了：經過四年之久，或許是過了整整七十四年，我的世界觀改變了。

不好意思，但我終於感到自由了。

第二十八章
回到原點

二〇二一年三月二十三日，星期二。

我翻騰的胃和飛機降落拉斯維加斯時遇到的風暴沒有多大關係。

我六十天的旅行禁令已經正式到期，我決心要讓接下來每一刻的人生都感到充實。

我想，這段旅程已經完整了。

在傑森．奧爾迪恩那場演唱會悲劇後，我離開拉斯維加斯入獄服刑已經過去四十二個月，我很焦慮地想知道自己的歸來會受到怎樣的歡迎，雖然我也沒天真到認為會有銅管樂隊在機場停機坪上奏樂。

我知道自己出獄且得到減刑後，激起了一些舊仇和敵對。某些人認為比利．華特斯一直以來只照自己的規則行事，生活在灰色地帶，就是個得到報應的騙子。

我很高興地說，在峇里海沒有這樣的人。幾十名現任和前任員工，包括調酒師、服務生、廚師、球僮和高爾夫球教練，在我踏進俱樂部時鼓掌相迎，歡迎我回家。我熊抱了每一個人，讓我想起建造美麗的峇里海時付出的一切。

回到賭城的前幾天仍是一團混亂，我趕快處理了一大堆落後的業務，和幾個老朋友午餐或晚餐，看了一個又一個醫生，試圖逆轉因長時間吃微波食品、新冠封鎖和完全無能的死神醫生而造成的傷害。

我有心臟問題，需要進行瓣膜置換手術，雙手也都需要手術，植牙正在進行，還有肩膀、心臟瓣膜置換及膝蓋手術。康復需要漫長的時間，但至少我已經踏上了這條路。

想像自己臨終躺在床上，人生像跑馬燈閃過眼前，你可能會想到生命中最重要的事。我很快就能想到我的，我愛我的妻子，我愛我的家人，我喜歡待在水上或水邊，我喜歡溫暖的天氣，我喜歡高爾夫球。

從彭薩科拉出獄後，我唯一渴望做的事情就是去一個溫暖的地方，穿上短褲，打高爾夫，呼吸清新的空氣，健身，和朋友在一起。對於蘇珊和我來說，那個特別的地方就是毛伊島海灘上的別墅。二〇二一年十二月，我們住在那裡的私人度假村，卻遇到熱帶風暴襲擊這片島嶼。在狂風豪雨中，蘇珊嘆了口氣，宣布我們這一天「真是糟糕」。

我說：「親愛的，今天一點也不糟糕。你知道為什麼嗎？我能選擇自己想吃的東西和想吃的時間，不必和其他六個人擠一間浴室，也不必捏著鼻子。我可以隨心所欲，想做什麼就做什麼。」

監獄改變你的人生方向，讓一切有了新的視角，提醒你過去視為理所當然的事，以及那些真正重要的事。

我不再將任何事情視為理所當然，尤其是家人。我在二〇二一年夏天回到肯塔基州，參加華特斯家族年度聚會時，深刻體會到這一點。我過得比這幾年來任何時候更開心，我們為蘇珊舉辦了一個盛大的生日派對，我還和三個最老最好的朋友，山米、盧瑟和老穆（Mo Moorman）一起享受了一頓非常開心的午餐。

從路易斯維爾開車到曼福德維可以再訪一些景點，重溫與外婆、哈利舅舅、撞球廳和派報員的回憶，可以參觀家族墓地，為父母買了新的墓碑，再次感覺自己像個小男孩一樣，蘇珊陪伴在旁，我則充當導遊。那裡是皇后乳品店，以前那裡有家加油站，史都華先生就住在那座山上。

這次家族聚會給我的影響遠超過我的想像。華特斯家和昆森伯里家的成員約有六十人（包括阿姨、叔叔、堂兄弟姐妹、姪子姪女、子女、孫子孫女和曾孫子孫女），在一個周六齊聚當地教堂，享受美味的餐點。

我和表弟提米．昆森伯里（Timmy Quesenberry）及像朱尼爾．珀爾耶爾（Junior Puryear）這樣的老朋友一起回憶過往，看到表姐蓋兒（Gayle）叫每個家族成員上台說話，向至少三對結婚六十年以上的夫妻致敬，真是件有趣的事。

那次旅行之後，蘇珊和我決定回到原點，讓肯塔基州成為我們生活的一部分。我們正在路易斯維爾建造一個新家，計畫與仍在勇敢戰鬥的史考特度過更多美好的時間。

同時，我的僕人之心找到了新的使命。蘇珊和我支持了肯塔基兩個類似機會村的機構：巴茲鎮的古斯里機會中心（Guthrie Opportunity Center）和拉格蘭奇的雪松湖小屋（Cedar Lake Lodge），兩者皆為發展障礙和智能障礙者提供服務。

最後，我最新且最大的挑戰：尋找修復殘破監獄制度的方法。

首先，我想澄清一下我在司法系統的遭遇。我知道我受到了不公平對待，但我也知道自己很幸運，我有錢，我負擔得起律師費。有很多人無法請到經驗豐富的律師，最終只能委託經驗不足的公設辯護人。

我是白人，我有很棒的朋友。我知道許多和我不同膚色的人都在所謂司法體系中受到絕對不法的對待。我不想讓自己聽來像是在抱怨，因為我不是。寫這本書給我一個機會，讓你們能一窺這個制度的內部，我希望你知道，我對這個國家對人們，尤其是少數族群所犯下的嚴重不義，有充分的認識。

服刑一年可以讓你減壽五年，這說法絕對不誇張。許多囚犯獲釋後會陷入憂鬱、憤怒，且完全無法再次成為社會的貢獻者。結果，很多人最終又回到牢籠之中。

作為一個社會整體，我們可以也必須做得更好。言語是一回事，行動又是另一回事，因此，我下定決心要成為監獄改革的行動者。

我準備提供財務支持，在特定監獄裡成立職業學校。囚犯必須證明他們會全心投入，才能獲得參加這些學校的資格和權利。這些學校將由監獄管理局以外的私立單位運營，運作方式則像是特許學校，提供汽車、電氣、建築和水電行業等課程和訓練，或是其他急需勞力的行業。

根據我的計畫，成功完成職業培訓的人，在出獄後就會有工作等著他報到，學校內外都將設職涯顧問，以確保犯人擁有工作，還有成為社會貢獻者所需的技能。

現今的監獄已成為世代犯罪的溫床，出獄後失去希望的父母也無法給予他們的孩子希望。但那些學習技藝並能維持家庭生計的人，更有可能培養出對自己生活有遠大願景的子女。

在這個努力中，我有一位重要的新盟友，他的名字是喬恩．龐德（Jon Ponder）。我透過克拉克郡前警長比爾．楊格認識了他，他也曾入獄過，二〇一〇年在拉斯維加斯創辦了非營利組織「囚犯希望」（Hope for Prisoners）。他計畫幫助更生人重新融入社會，擁有更好的生活、財務狀況和技能，這個計畫贏得執法部門的支持，包括在二〇〇四年以銀行搶劫罪將喬恩送進了監獄的聯邦調查局。

每年有四百五十人參與喬恩的計畫，近四分之三的人進入職場。喬恩和我理念相同，我們也一起努力將其實現。事實上，我對囚犯希望印象深刻，因此在二〇二二年二月，蘇珊和我在拉斯維加斯資助創立了「比利・華特斯第二次機會中心」（Billy Walters Center for Second Chances），這裡將會提供內部職業培訓、高等教育機會、藥物濫用和心理健康諮詢、假釋和緩刑官聯絡管道、家庭團聚中心，以及車輛管理局和社會保障資源。

「我在監獄裡只發生過一件好事，」那天我說道，「我在彭薩科拉的三十一個月裡，有機會和榮幸能輔導二十幾個人，我從那些人身上了解到，沒有人想回到監獄，但他們感到絕望。囚犯希望搭建了你實現目標的渴望、機會和工具之間的橋梁。但歸根結柢，即使你擁有全世界的支持，如果你沒有全心投入，別騙自己了，你不會成功的。如果你沒有全心投入這件事，就不要占據那些人的位置。」

二〇二三年四月，我們另外捐出二百萬美元，同時得到拉斯維加斯恩格爾斯塔基金會（Engelstad Foundation）捐助相同金額的款項，在內華達州印第安斯普林斯的南方沙漠懲教中心創建了一所職業學校。學校將由囚犯希望組織和內華達州監獄部經營，提供一系列職業培訓，包括商業卡車駕駛、建築業、酒店業和倉儲物流等技能培訓。

除了監獄改革的工作外，為了向前參議院多數黨領袖哈利・里德表達敬意，在將麥卡倫國際機場改名為哈利里德國際機場的努力中，我對自己所扮演的小角色感到自豪。因為哈利不懈的努力，拉斯維加斯開放國際市場，促進現代化發展，使其一年能接待四千萬名遊客，這樣的更名是理所應當的。

里德因為對抗胰腺癌，未能出席二〇二一年十二月的正式更名典禮，但他在聲明稿中稱之為「我一生最大的榮譽」。

兩周後，哈利・梅森・里德二世抗癌四年後，不敵病魔而離世，享年八十二歲。他原在內華達州的小村莊塞奇萊特長大，父親是酗酒的礦工，自殺而亡，母親靠為當地妓院洗衣來維持生計。

里德逝世的悲慟，因同一天傑烏的猝逝加深了。傑烏是我在巴拿馬投注公司的前負責人，因嚴重心臟病發離世，享年五十二歲。

傑烏就像我的兒子，這個消息讓我傷心欲絕。

若要總結自己混亂狂野的人生，有幾件事讓我感到安慰：我會一直工作到我死的那一天。話雖如此，由於我一生都在極度壓力之下，我不再被那種燃燒般的欲望所推動，不再匆匆將油門踩到最底。

坦白說，我是一個交易迷，直到我入土那天，我都會冒險。如果你好奇的話，是的，我心中的賭徒依然健在，而且活得很好，謝謝。最近，我從八十位應聘者中選了一位優秀的首席程式設計師，仍在計算每個因素和角度，以保持在運動博彩中那個難以捉摸的優勢。

像我這個年齡的大多數男性和女性一樣，我曾經思考過很多事情，當我與造物主相遇時，會得到什麼評價。你一無所有地來到這個世界，也一無所有地離開，唯有名聲留下。

我是個好人嗎？在衡量那些字句時，我發現自己反思的是一段充滿冒險的人生。我不由自主地回想起在紐約判刑前，人們為我寫的數十封信，因為那些信件的每一頁都提醒著我和蘇珊對他人生活所產生的正面影響。

想到那些事，我希望他人記得我，是因為我幫助了各種人。我想回饋社會，一言既出，駟馬難追。最後，我得出結論，這段獨特人生得到的回報遠遠超過了面臨的風險。

總而言之，有些人看著這個肯塔基小孩長成近八旬的老人，想知道老比利．華特斯是否還有牌要出，唱反調的人預測我即將退出舞臺。但對於那些懷疑我、貶低我或試圖摧毀我的人，我一向只有一句話：

別賭了。

致謝

本書能完成，必須歸功於我的人生伴侶蘇珊・B・華特斯，她付出了支持、貢獻和耐心，五十年來，她一直在我身邊，陪伴我走過這段旅程，字裡行間都存在她的建議和影響。

我在二〇〇五年和作者 Jack Sheehan 開始合作撰寫這本書，他早期對於草稿的擬定非常重要。在我入獄的那段時間，作者 Kevin Cook 也和我有過短暫的合作。我想特別感謝 Armen Keteyian，這位記者朋友也陪伴我走過這段漫長的旅程，他和我在二〇二〇年夏天相遇，我們在一起度過數百個小時，無論是面對面還是通過電話，仔細地梳理我的人生起伏。Armen 高超的報導和敘事技巧對於以我想要的方式講述我的生活故事至關重要。

同樣的，我要感謝 Glenn F. Bunting 及其所屬的戰略傳媒公司 G.F.Bunting+CO 團隊，感謝他們在監督這個計畫上所展現的專業知識和指導。Glenn 在整個過程中提供了鞭辟入裡的編輯建議和指導。Dave Satterfield 在關鍵時刻介入，並協助解決幾個較為複雜的章節。Miranda Jilka 確保這列高速列車不會脫軌。Jenny Coyne 自始至終都提供了重要的協助。

作家 Wes Smith 和研究員 Caroline Borge Keenan 也提供了不可或缺的支持。

在賽門舒斯特（Simon & Schuster）出版社，我對 Avid Reader Press 部門副總裁兼出版人 Jofie Ferrari-Adler 的感激之情難以言表，他細致且簡潔的編輯將這本書提升到另一個層次。除了 Jofie 之外，我也要感謝 S & S 團隊，包括總裁 Jon Karp、公共關係部負責人 David Kass、助理編輯 Carolyn Kelly，以及校對員 Rob Sternitzky。

在文學方面，我想感謝我的經紀人 David Vigliano，感謝他對這本書從第一次閱讀到最後的信任和管理。我多年的律師 Richard Wright，在過去四十多年一場又一場的法律戰鬥一直站在我的身邊，值得為他掌聲致敬。娛樂法律師 Ken Ziffren 和他的團隊也值得掌聲鼓勵，因為他們始終守護著我。

我真的很幸運，有如此多忠實而堅定的親朋好友和支持者，如果想列出所有人，我可能得再寫一本書。儘管如此，我還是想感謝生命中一些特殊人物。

名單從珍愛的家庭成員開始——我的父親瑟曼・華特斯、我的母親愛琳・昆森伯里・華特斯；更重要的是，我的奶奶露西・昆森伯里。我也要感謝祖父、外公、阿姨、舅舅、侄子女、表兄弟姐妹、孫子、曾孫子，尤其是我的女兒托妮婭，謝謝他們多年來對我充滿愛和理解。還有我的兒子史考特和德林，我對他們也擁有同樣的愛和情感。

我最親密的朋友包括 Jim Colbert、Ray “Cabbage” Coy、Mac Davis、Dr. Hugh

Greenway、Calvin Hash、Johnny Humphries、Luther James、Sammy Marrillia、Mo Moorman、Randy Peterson、Brent Rice、J.T. Sims、Herb Vine、Garland “Big Maverick” Walters 和 Bob Ward。

特此向華特斯公司的工作人員致以感激，包括領導公司的 Mike Luce、Jeff Colton、Joe Dahlstrom 和 Mitchell Epstein。衷心感謝我的賭博夥伴們，無論是現在還是過去，謝謝他們忍受了我的惡作劇，包括 Bobby Baldwin、Billy Baxter、Jack Binion、Carl Boblitt、Nick Bogdanovich、Doyle Brunson、Alan “Red” Dvorkis、Sarge Ferris、John Kent、Mike Kent、Jay Kornegay、Jack Newton、Gene McCarlie、Puggy Pearson、Chip Reese、Mark Thayer、Dewey Tomko、John Trijonis 和 Stu Unger。

我的高爾夫球導師和朋友們也值得特別提及：Jimmy Ballard、Scotty Cameron、Roger Cleveland、David Feherty、Jason Finley、Mark Ford、Hank George、Billy Harmon、Butch Harmon、Dick Helmstetter、Peter Jacobson、Joe Kelly、David Leadbetter、Jim “Bones” Mackay、Roger Maxwell、Gary McCord、Eddie Merrins、Mike Nuich、John Redman、Jerry Roberts、Greg Trias、Terry Turigliatti、Paul Vizanko 和 Bob Vokey。

最後，我要向汽車行業的夥伴們表示衷心感謝：Bob Bayer、Sam Brnovich、Jared Gaiennie、Nathan Stahl、Marius Telehoi 和 Dave Zuchowski。

焦點系列 032

天生賭徒

博彩教皇的傳奇一生，破解人生與賭局的勝負關鍵

Gambler: Secrets from a Life at Risk

作　　者　比利・華特斯 Billy Walters
譯　　者　許可欣

總 編 輯　蔣榮玉
資深主編　李志威
特約編輯　張小燕
校　　對　張小燕、李志威
封面設計　賴維明 @ 雨城藍設計
內文排版　薛美惠

企畫副理　朱安棋
行銷專員　江品潔
業務專員　孫唯瑄
印　　務　詹夏深

出 版 者　今周刊出版社股份有限公司
發 行 人　梁永煌

地　　址　台北市中山區南京東路一段 96 號 8 樓
電　　話　886-2-2581-6196
傳　　真　886-2-2531-6438
讀者專線　886-2-2581-6196 轉 1
劃撥帳號　19865054
戶　　名　今周刊出版社股份有限公司
網　　址　http://www.businesstoday.com.tw

總 經 銷　大和書報股份有限公司
製版印刷　緯峰印刷股份有限公司
初版一刷　2025 年 4 月
定　　價　600 元
I S B N　978-626-7589-23-6

國家圖書館出版品預行編目 (CIP) 資料

天生賭徒：博彩教皇的傳奇一生，破解人生與賭局的勝負關鍵 / 比利．華特斯 (Billy Walters) 著；許可欣譯. -- 初版. -- 臺北市：今周刊出版社股份有限公司，2025.04
464 面；14.8 × 21 公分. -- (焦點系列；32)
譯自：Gambler : secrets from a life at risk
ISBN 978-626-7589-23-6(平裝)

1.CST: 華特斯 (Walters, Billy, 1946-) 2.CST: 賭博 3.CST: 傳記 4.CST: 美國

785.28　　114003744

Focus

Focus